U0549350

冯卫国 王超 ◎著

个人极端暴力犯罪的防控与治理研究

RESEARCH ON THE PREVENTION,
CONTROL AND GOVERNANCE OF
INDIVIDUAL EXTREME VIOLENT CRIMES

知识产权出版社
全国百佳图书出版单位
—北京—

图书在版编目（CIP）数据

个人极端暴力犯罪的防控与治理研究/冯卫国，王超著. —北京：知识产权出版社，2025.1

ISBN 978-7-5130-8096-5

Ⅰ.①个… Ⅱ.①冯…②王… Ⅲ.①暴力—刑事犯罪—预防犯罪—研究 Ⅳ.①D917.6

中国国家版本馆 CIP 数据核字（2023）第 033539 号

策划编辑：庞从容	责任校对：谷　洋
责任编辑：赵利肖	责任印制：孙婷婷

个人极端暴力犯罪的防控与治理研究
冯卫国　王　超　著

出版发行：知识产权出版社 有限责任公司	网　　址：http://www.ipph.cn
社　　址：北京市海淀区气象路 50 号院	邮　　编：100081
责编电话：010-82000860 转 8725	责编邮箱：2395134928@qq.com
发行电话：010-82000860 转 8101/8102	发行传真：010-82000893/82005070/82000270
印　　刷：北京建宏印刷有限公司	经　　销：新华书店、各大网上书店及相关专业书店
开　　本：710mm×1000mm　1/16	印　　张：18
版　　次：2025 年 1 月第 1 版	印　　次：2025 年 1 月第 1 次印刷
字　　数：304 千字	定　　价：89.00 元
ISBN 978-7-5130-8096-5	

出版权专有　侵权必究

如有印装质量问题，本社负责调换。

本书系"陕西高校人文社会科学青年英才支持计划"资助项目成果

目 录

001　第一章　绪　论
　　第一节　问题的提出与研究意义 / 003
　　第二节　国内外研究现状 / 006
　　第三节　研究的基本思路与方法 / 014

017　第二章　个人极端暴力犯罪的概念厘定
　　第一节　个人极端暴力犯罪的词源考证 / 019
　　第二节　个人极端暴力犯罪的内涵及基本特征 / 022
　　第三节　个人极端暴力犯罪同相关犯罪类型之界分 / 034

043　第三章　个人极端暴力犯罪的宏观考察
　　第一节　研究素材与研究方法简介 / 045
　　第二节　个人极端暴力犯罪的时间特征 / 050
　　第三节　个人极端暴力犯罪的空间特征 / 062

071　第四章　个人极端暴力犯罪的微观分析
　　第一节　个人极端暴力犯罪的行为人特征 / 073
　　第二节　个人极端暴力犯罪的行为特征 / 086
　　第三节　个人极端暴力犯罪的被害人特征 / 100

103 **第五章　个人极端暴力犯罪的生成机理**
　　第一节　个人极端暴力犯罪的宏观原因 / 105
　　第二节　个人极端暴力犯罪的中观原因 / 123
　　第三节　个人极端暴力犯罪的微观原因 / 130

161 **第六章　个人极端暴力犯罪的治理路径**
　　第一节　个人极端暴力犯罪的综合治理方略 / 163
　　第二节　个人极端暴力犯罪的刑事制裁路径 / 175
　　第三节　个人极端暴力犯罪的治安防控路径 / 189
　　第四节　个人极端暴力犯罪的社会治理路径 / 233
　　第五节　个人极端暴力犯罪的心理防治路径 / 265

275 **参考文献**

281 **后　记**

第一章 绪 论

第一节　问题的提出与研究意义

一、问题的提出

改革开放以来，我国在经济快速增长、社会日益繁荣的同时，也面临着因社会转型、矛盾增多带来的犯罪高发的困扰，而暴力犯罪无疑是对社会治安影响较大的一类犯罪。随着我国治安防控体系的逐步完善、社会治理能力的日益加强，近年来，严重暴力犯罪呈明显的下降态势，社会治安总体向好。根据2020年最高人民检察院工作报告，1999年至2019年，全国检察机关起诉的严重暴力犯罪从16.2万人降至6万人，年均下降4.8%。[1] 另据2021年7月14日公安部举行的新闻发布会介绍，2014年开始在全国范围内开展的严厉打击暴力恐怖活动专项行动取得了显著成效，截至2021年，我国已经连续4年多未发生暴恐袭击事件。值得注意的是，虽然暴力犯罪案件整体呈现下降趋势，但是暴力犯罪中的一种特殊类型——个人极端暴力犯罪屡有发生，这类犯罪从外在表现到内在动因都具有不同于普通暴力犯罪的特点，其主要以报复社会为动机、以无辜民众为攻击对象，手段凶残，后果严重，且突发性较强，防范难度较大，往往造成极为恶劣的社会影响，严重冲击着人民群众的社会安全感，是当前治安工作乃至整个社会治理体系面临的突出问题与巨大挑战。最高人民检察院第二检察厅厅长元明在2021年2月3日接受新华社记者采访时表示："当前，严重暴力犯罪及重刑率大幅下降，社会治安形势持续好转，但是仍有少数严重暴力犯罪，特别是个人极端犯罪，性质极其恶劣，严重影响人民群众安全感。对此，检察机关将依法严厉打击。"[2]

个人极端暴力犯罪是起源于我国本土的概念，且这一理论术语的出现只有10余年的时间。但就具体个案而言，早在改革开放初期我国即出现此

---

[1] 张军：《最高人民检察院工作报告——2020年5月25日在第十三届全国人民代表大会第三次会议上》，最高人民检察院网2020年6月1日，https://www.spp.gov.cn/spp/gzbg/202006/t20200601_463798.shtml。

[2] 《最高检：当前严重暴力犯罪及重刑率大幅下降》，新华网2021年2月3日，http://www.xinhuanet.com/politics/2021-02/03/c_1127060433.htm。

类犯罪。例如，1981年发生的北京火车站"10·29"爆炸案[1]、1981年发生的厦门"6·24"公交车爆炸案[2]、1981年发生的山西阳泉"7·22"电影院爆炸案[3]、1982年发生的天安门广场"1·10"驾车撞人案[4]、1982年发生的河北廊坊"8·11"驾车撞人案[5]等，从现在的理论视角进行分析，这些案件都属于典型的个人极端暴力犯罪。

在我国，20世纪八九十年代，个人极端暴力犯罪案件虽有发生，但总的来说比较少见，加之当时互联网尚未出现或尚未普及，信息传播渠道单一，对社会造成的影响和震动相对有限。进入21世纪后，此类犯罪发案率逐步上升。以2001年石家庄靳如超爆炸案为开端，个人极端暴力犯罪现象逐渐引起社会和学界的关注。对个人极端暴力犯罪的防控也引起了党和政府的高度关注。2016年10月27日，习近平总书记在中共十八届六中全会第二次全体会议上的讲话中指出："以报复社会、制造影响为目的的个人极端暴力案件时有发生，严重暴力犯罪屡打不绝，等等。要坚持系统治理、依法治理、综合治理、源头治理……有效防范化解管控各种风险，确保人民生命财产安全。"[6] 在2019年5月7日至8日举行的全国公安工作会议上，习近平总书记再次提及打击个人极端暴力犯罪问题，强调"要围绕影响群众安全感的突出问题，履行好打击犯罪、保护人民的职责，对涉黑涉恶、涉枪涉爆、暴力恐怖和个人极端暴力犯罪，对盗抢骗、黄赌毒、食药环等突出违法犯罪，要保持高压震慑态势，坚持重拳出击、露头

---

[1] 1980年10月29日，北京知青、山西某拖拉机厂工人王志刚因返京等个人要求没有得到实现，心怀不满，蓄意在北京火车站制造爆炸事件，致使9人死亡、81人受伤，王志刚本人被当场炸死。

[2] 1981年6月24日，从劳改农场逃跑的黄可芬为报复社会，在厦门市一辆公交车上引爆炸药，造成包括自己在内40人死亡。

[3] 1981年7月22日晚，山西阳泉市矿务局工人高海平因失恋而报复社会，在三矿俱乐部制造一起爆炸案，夺去32人的生命、重伤44人，高海平本人被炸身亡。

[4] 1982年1月10日，北京市出租车女司机姚锦云，因与单位领导发生矛盾，为泄愤而驾车闯入天安门广场，横冲直撞，致使在场群众5人死亡、19人受伤。法院认定姚锦云构成以驾车撞人的危险方法危害公共安全罪，判处其死刑。

[5] 1982年8月11日，河北廊坊市某运输公司修配厂职工王云龙，因与单位发生矛盾解决未果，用菜刀将单位一名领导砍成重伤后，又私自开出单位一辆卡车在市区马路上驾车冲撞行人，造成13人死亡、17人重伤。法院认定王云龙构成以驾车撞人的危险方法危害公共安全罪和故意杀人罪，判处其死刑。

[6]《习近平谈治国理政》（第二卷），外文出版社2018年版，第366页。

就打"[1]。

按照中央的部署和要求，我国各地采取了一系列措施，不断加大惩治与防范力度，个人极端暴力犯罪多发的势头得到一定的遏制。但犯罪成因的复杂性决定了难以在短期内实现对其根治，对个人极端暴力犯罪的治理将是一个任重道远的长期过程。近年来，相关案件仍时有发生，媒体报道的属于个人极端暴力犯罪的重大案件就有：

2018年，先后发生了陕西米脂"4·27"砍杀中学生案、西安"6·22"公交车杀人案、山东烟台"6·25"驾驶叉车撞人案、上海"6·28"浦北路砍杀小学生案、湖南隆回"7·5"砍杀儿童及其他群众案、广西柳州"8·20"驾车撞击并砍杀群众案、湖南衡东"9·12"驾车撞击并砍杀群众案、重庆"10·26"幼儿园持刀砍伤儿童案、辽宁葫芦岛"11·22"撞击小学生案、四川乐山"12·5"公交车爆炸案、福建龙岩"12·25"劫持公交车撞人案等。

2019年，先后发生了北京西城区宣武师范附小"1·8"伤害小学生案、甘肃会宁"2·5"持刀报复伤害村民致8死7伤案、陕西陇县"2·5"纵火杀害父兄等7人案、南昌红谷滩"5·24"无故行凶杀害路人案、湖北恩施"9·2"校园杀害学生致8死2伤案、云南开远"11·11"幼儿园使用氢氧化钠液体伤人致54名师生受伤案等。

2020年，先后发生了广西梧州"6·4"小学保安持刀砍人案、福建仙游"6·4"某村庄超市内砍杀群众致3死7伤案、贵州安顺"7·7"公交车司机故意驾车坠湖致21人死亡案、广州番禺"9·21"幼儿园附近持刀伤害儿童案、辽宁开原"12·27"持刀砍杀路人致7人死亡案等恶性案件。[2]

2021年上半年，先后发生了昆明"1·22"中学门口砍杀群众并劫持人质案、广西北流"4·28"幼儿园持刀行凶致2死16伤案、大连"5·22"驾车撞人致5死5伤案、南京"5·29"驾车撞人并持刀捅人致8人受伤案、安徽安庆"6·5"商业步行街持刀行凶致5死15伤案等。

尽管相对于其他刑事犯罪而言，个人极端暴力犯罪发案数量比较小，在刑事案件总量中占比很低，然而，由于其多发生在公共场合，突发性强，

---

[1]《习近平出席全国公安工作会议并发表重要讲话》，中国政府网2019年5月8日，http://www.gov.cn/xinwen/2019-05/08/content_5389743.htm。

[2] 在我国台港澳地区，也存在类似的犯罪现象，如2014年发生的台北列车杀人案。21岁的郑捷搭乘台北捷运板南线列车，持刀肆意砍杀，91秒内造成4人死亡、22人受伤的惨剧。2年后，郑捷被执行死刑。

被害人为不特定的无辜民众，容易造成重大伤亡后果，尤其是相当一部分案件的攻击目标指向中小学生、幼儿园儿童等弱小群体，不仅严重降低公众的社会安全感，而且残暴践踏人类文明的底线，其危害性不容小觑。特别是随着互联网的发展、自媒体的兴起，每当此类案件发生时，都会迅速成为公众瞩目的焦点，由此加剧了其对社会心理造成的冲击和影响。

二、研究意义

个人极端暴力犯罪作为暴力犯罪的一种特殊类型，也是当前破坏我国社会安全的一个突出问题，对其防控与治理进行研究具有重要的理论与现实意义。

从理论层面看，个人极端暴力犯罪是特定历史时期出现的一种新的犯罪类型，同传统的个人暴力犯罪，以及恐怖组织和黑社会性质组织实施的有组织暴力犯罪相比，有很大不同。其形成原因相当复杂，表现形式比较特殊，对之进行深入、系统的探究，有助于揭示其生成机理和演变规律，丰富和发展我国刑事法学尤其是犯罪学及刑事政策学理论。

从实践层面看，目前，我国正步入改革的深水区与攻坚期，经济转轨与社会转型仍将持续相当长的时间。可以预见，社会矛盾纠纷数量增长、对抗性增强的局面短期内不可能彻底改变，个人极端暴力犯罪滋长的土壤与条件仍然存在。此类犯罪是当前我国社会治安面临的最大威胁之一，必须加强对其特点与规律的研究，以寻求有效的应对与防范之道。本研究有助于促进相关刑事政策设计的理性化，为有效控制此类犯罪、建设更高水平的平安中国起到理论支撑作用。

第二节 国内外研究现状

一、国内研究现状

个人极端暴力犯罪开始进入我国学者的研究视野，始于 2001 年石家庄靳如超爆炸案、2002 年陈正平投毒案两起特大恶性案件发生之后。黄政钢在《福建公安高等专科学校学报》2003 年第 4 期发表的《个人恐怖犯罪与社会公共安全对策研究》一文，是笔者查找到的国内最早公开发表的研究这一问题的论文，该文首次对此类犯罪的特征进行了描述。然而，之后几年有关此问题的研究归于沉寂。直到2009年张云良公交车纵火案、2010年系列校园袭童案发生后，更多的学者才开始关注这一问题。随着这类犯罪的数量激增，有关的研究成果逐渐增多。根据笔者在知网上的检索和统计，相关学术论文发表数量如下：2010年3篇；2011年5篇；2012年6篇；2013年13篇；2014年17篇。可见，学界对这一问题的关注度在不断提升，研究趋向深化，研究视角也从起初的刑法学、犯罪学领域扩展到社会学、心理学等领域。

关于个人极端暴力犯罪的研究，我国学界具有代表性的成果主要有：

靳高风的《当前中国个人极端暴力犯罪个案研究》一文，指出个人极端暴力犯罪在犯罪人、被害人、行为方式、危害程度上都不同于一般暴力犯罪和有组织的犯罪行为，具有突发性极强、犯罪手段残忍、犯罪人心理异常、被害人群特殊、犯罪后果严重、示范效应强等特点。个人极端暴力犯罪区别于其他严重犯罪的关键在于"个人性"和"极端性"。[1] 靳高风等的《个人极端暴力事件防控对策研究》一文，指出个人极端暴力事件是一类突发性的社会公共安全事件，必须采取特殊的刑事政策和社会政策。[2] 莫洪宪等的《论个体报复社会型犯罪的概念及发生原因》，将这类犯罪称为个体报复社会型犯罪，并对其发生作了较为全面的探究，认为其发生既有行为人的个人原因，也有复杂的社会原因。只有通过全社会协同努力，才能对之进行有效防控。[3] 莫洪宪的《我国报复社会型犯罪及其预防》一文指出，社会支持不足是报复社会型犯罪频发的重要原因，传统的社会控制型刑事政策存在明显缺陷，应当在坚持传统刑事政策的基础上，确立和推行社会支持型刑事政策，使预防报复社会型犯罪的刑事政策朝着二元化方向发展。[4]

魏猛的《社会排斥与社会融合：泄愤型个人极端暴力犯罪的社会学思

---

［1］ 靳高风：《当前中国个人极端暴力犯罪个案研究》，《中国人民公安大学学报（社会科学版）》2012年第5期。

［2］ 靳高风、吴敏洁、赵文利：《个人极端暴力事件防控对策研究》，《中国人民公安大学学报（社会科学版）》2013年第5期。

［3］ 莫洪宪、吴爽：《论个体报复社会型犯罪的概念及发生原因》，《河南警察学院学报》2013年第4期。

［4］ 莫洪宪：《我国报复社会型犯罪及其预防》，《山东大学学报（哲学社会科学版）》2015年第2期。

考》一文，引入了社会排斥与社会融合的社会学理论解读个人极端暴力犯罪。[1] 董士昙发表的《个体极端暴力犯罪及其心理问题剖析——以校园暴力袭童案为主要分析样本》一文，细致剖析了此类犯罪发生的心理原因，指出个体极端暴力事件大部分与犯罪分子的心理压力及其心理疾病有关，所以，要减少和消除社会极端暴力事件，除从宏观上防止两极分化，推行民主与法制建设，实现社会公平外，还必须从微观入手，加强对人们心理的疏导，关注人们的精神健康。[2] 曾赟的《论独狼恐怖主义犯罪的构成要素》一文，将个人极端暴力犯罪纳入独狼恐怖主义的范畴，认为独狼恐怖主义犯罪不是必须具备政治的、宗教的或意识形态的动机目的，其可以兼容个人的动机目的；出于纠正个人冤屈等动机目的，试图通过暴力活动来恫吓社会、报复社会的行为，也属于独狼恐怖主义。[3]

李玫瑾运用犯罪心理分析与画像理论，对个人极端暴力犯罪的心理动机与特点进行了研究，她在《滥杀犯罪的实案研究》一文中，将此类犯罪称为"滥杀犯罪"，属于杀人犯罪的一种类型。[4] 相对于将杀人作为另一目的手段的"工具性杀人"，如为抢劫、奸淫、报复、灭口、排除异己等而杀人，"滥杀犯罪"可概称为"目的性杀人"，即把杀更多的人作为一种行为目的，甚至不分对象，不需要理由。"滥杀犯罪"大致分为三类情形，即报复性滥杀、精神异常滥杀、表达性滥杀。[5]

王文华的《"仇恨犯罪"若干问题研究》一文，借鉴了西方关于仇恨犯罪的理论成果研究，对中西方相关犯罪及其概念进行了比较和辨析。[6] 在随后针对流动人口仇恨犯罪的一项研究中，她结合中国语境对"仇恨犯罪"进行了定义，即行为人自身的原因，以及家庭、社会等各种因素导致的对他人、国家机关、特定群体或社会的仇恨而引发的犯罪。"仇恨犯罪"多表现为暴力犯罪，但也不排除可能采取非暴力的形式。根据起因的不同，

---

[1] 魏猛：《社会排斥与社会融合：泄愤型个人极端暴力犯罪的社会学思考》，《北京人民警察学院学报》2012年第4期。

[2] 董士昙：《个体极端暴力犯罪及其心理问题剖析——以校园暴力袭童案为主要分析样本》，《山东警察学院学报》2011年第6期。

[3] 曾赟：《论独狼恐怖主义犯罪的构成要素》，《政法论坛》2016年第5期。

[4] 李玫瑾：《滥杀犯罪的实案研究》，《中国人民公安大学学报（社会科学版）》2014年第2期。

[5] 李玫瑾：《幽微的人性》，北京联合出版公司2019年版，第154—155页。

[6] 王文华：《"仇恨犯罪"若干问题研究》，《河北法学》2011年第4期。

"仇恨犯罪"可以分为六种：（1）误解型；（2）偏见、歧视型；（3）激愤冲动型；（4）维权未果型；（5）纯粹报复型；（6）其他类型。[1] 张旭、王晓滨的《符号互动理论视野下的仇恨犯罪原因探析》一文，也将本书所称的个人极端暴力犯罪称为仇恨犯罪，同时指出，与西方国家略有不同，我国的仇恨犯罪并非由宗教差异及宗族歧视等极端的社会矛盾引发，而是源于普通的社会矛盾，并借助符号互动理论对仇恨犯罪的原因进行了探究。[2]

上述研究成果对于解析个人极端暴力犯罪的成因、寻求有效的防控对策都有积极的价值。但总体而言，目前我国这一领域的研究还比较薄弱，不仅成果偏少，而且研究的深度、广度都亟待拓展；同时，在一些基本概念、范畴方面，如关于个人极端暴力犯罪的内涵及其表述，学界存在很大的争论，尚未达成共识，亟待解决基础性的理论建构问题。

二、国外研究现状

个人极端暴力犯罪并非中国的特有现象，虽然国外没有使用这一概念，但性质类似的犯罪案件时有发生，只是在表现形式上同我国的相关案件略有不同。一些国家的此类犯罪多表现为枪击事件（而在我国，由于严格的枪支管控制度，枪击事件极少发生），例如2017年美国拉斯维加斯枪击案[3]等。这些案件发生后，经警方调查，未发现凶手有精神病史，也未发现作案动机有政治因素，故都没有被定性为恐怖袭击（或有的国家所称的仇恨犯罪）。普遍认为，社会适应失败导致的敌视社会心理，是这些案件背后驱使行为人实施暴力袭击的主因。德国社会学家马塞尔·哈森认为，反社会暴力行为不仅在发展中国家频频出现，在欧美国家也越来越多。该类事件在发展中国家主要是因为社会转型，而在发达国家，主要原

---

[1] 王文华：《流动人口仇恨犯罪与刑事政策的发展》，载张凌、郭立新、黄武主编：《犯罪防控与平安中国建设——中国犯罪学学会年会论文集（2013年）》，中国检察出版社2013年版，第484—485页。

[2] 张旭、王晓滨：《符号互动理论视野下的仇恨犯罪原因探析》，《山东警察学院学报》2014年第2期。

[3] 2017年10月1日，美国64岁的白人史蒂芬·帕多克在拉斯维加斯某酒店32层向楼下观看演唱会的观众开枪扫射，导致59人死亡，凶手随后饮弹自尽。

因是各国经济衰退、贫富差距拉大。[1]

在国外，一些学者将此类案件称为个人实施的大屠杀案件（区别于有组织或者有政治动机的大屠杀事件），并概括其主要特点是：在同一时间同一地点杀死许多人，通常以凶手在杀人现场死亡告终。凶手一般是自杀或迫使警察采取行动而死。大多数凶手并无精神异常，看起来非常普通，与一般人无异。就常见的动机而言，有的是心怀不满的雇员向亏待他们的老板讨回公道，但在杀老板的过程中，同时杀了同事；有的是一家之长，他们杀害自己的妻儿往往是长期酗酒导致的孤独、疏离、无助和消沉；有的是军械狂热爱好者，他们把自己的家变成了一个军械库，然后用武器来攻击他们认为的不公正或邪恶的世界。[2]有学者对其个体特征和作案动机作了进一步描述："大肆杀戮者一般是沮丧愤怒的人，对自己的生活感觉无助。他们年龄通常在35岁至45岁之间，认为没有机会让自己的情况变得好一些了。按照他们的标准，他们的个人生活失败，他们常常遭受了一些悲剧性或严重的损失，比如失去了一份重要的工作。""大肆杀戮者也常常是一些与世隔绝的孤独者，他们没有朋友或支撑者的强大社会网络。他们的孤立很可能是因为不喜欢人加上缺乏人际和社会技巧所致。大肆杀戮就是他们去报复别人、支配别人，去控制、去发号施令、去获得承认的机会。"[3]

2010年，美国洛杉矶发生的一起幼儿园伤人事件，实际上就是一起典型的个人极端暴力犯罪。2010年4月29日上午，一名40岁左右的男子持刀闯入某幼儿园，砍伤31人，包括28名幼儿、2名教师、1名保安，其中5人伤势较重，嫌犯被当场制服。据调查，嫌犯名叫罗斯特，1963年生，为洛杉矶某镇的一名无业人员。他原在当地一家保险公司工作，于2001年被单位辞退，从此便种下了仇恨社会的种子。在后来的生活中，罗斯特事业不顺利，做生意失败，又找不到合适的工作，低保也因曾参加过诈骗而被取消，他看到身边的人日子过得比他好，便渐渐萌生了报复社会的念

---

[1]《个人极端暴行在全球遭围剿》，环球网2013年7月26日，https://world.huanqiu.com/article/9CaKrnJBvNq。

[2][美]亚历克斯·梯尔：《越轨社会学》（第10版），王海霞、范文明、马翠兰等译，中国人民大学出版社2016年版，第42页。

[3][美]考特·R.巴特尔、安妮·M.巴特尔：《犯罪心理学》（第9版），王毅译，上海人民出版社2018年版，第310页。

头。[1] 这一案件同我国发生的相关案件在形成原因、表现特点、行为人特征等很多方面十分类似。

韩国人把没有固定伤害对象的反社会犯罪称为"不要问"犯罪。根据韩国警察厅的早期统计，"不要问"杀人的嫌疑人人数从2000年的306人激增到2010年的465人。在所有暴力伤害和杀人案以及纵火案中，作案动机是"偶发"和"对现实不满"的占80%以上。[2] 2003年2月18日，韩国大邱市地铁发生一起人为纵火案件，导致198人死亡、147人受伤。纵火犯为56岁的男子金大汉。此人曾当过司机，后来身体出现问题，失去了工作，因此性情变得暴躁，患上了抑郁症，经常有自暴自弃的倾向。归案后他向警方供认，其行凶的目的出于一种愤世嫉俗的心理。"与其孤独地死去，不如与其他人一起死。"[3] 韩国另一起著名的报复社会案件，是2008年2月发生的崇礼门纵火案。蔡某因不满地产公司的用地补偿金额，上诉至法院，败诉后开始向当地政府和总统秘书室等部门多次申请"民愿"，但都没有得到解决。此后，蔡某产生仇视社会的情绪，先是2006年4月在韩国古迹昌庆宫文政殿纵火，法院考虑到他已年近七旬，只判处1年半刑期，缓期2年执行，并处以罚款；后蔡某感到生计日益艰难，更加仇视社会，在2008年2月又放火烧毁韩国头号国宝崇礼门，最后被法院判以10年徒刑。[4]

在日本，"无差别杀人"这一概念同我国所指的个人极端暴力犯罪的性质和特点比较近似。所谓"无差别杀人"，是指行为人和被害人没有仇怨，行为人随机选择作案目标，在作案现场见谁杀谁的杀人案件。这类案件的行为人作案一般是有预谋的，只是作案的对象是随机的，作案的目的一般是发泄不满情绪，报复社会。行为人以年轻人居多，大多内心孤独，与他人缺少沟通，一旦在情感或工作方面遭遇重大挫折，便会出现作案冲动。近年来，日本多次发生类似案件，如2001年的大阪池田小学砍杀小学

---

[1] 墨羽编著：《犯罪心理学》，清华大学出版社2016年版，第35页。

[2] 《日本持刀袭击案致2死16伤，"无差别杀人"阴霾其实从未离开》，搜狐网2019年5月28日，http://m.sohu.com/a/317082534_120044102。

[3] 《韩国大邱市地铁大火的嫌犯金大汉纵火前前后后》，新浪网2003年3月5日，http://news.sina.com.cn/w/2003-03-05/1459934111.shtml。

[4] 《个人极端暴行在全球遭围剿》，环球网2013年7月26日，https://world.huanqiu.com/article/9CaKrnJBvNq。

生案[1]、2008 年的秋叶原杀人事件[2]、2016 年的神奈川福利院杀人案[3]、2018 年的名古屋市顾客被刺死案[4]、2019 年的川崎持刀伤人事件[5]等。2019 年 7 月 18 日，日本京都动画第一工作室发生纵火案，造成 33 人死亡、36 人受伤，嫌疑人为 41 岁的青叶真司，其作案动机同"人生失意"不无关系。

在川崎惨案发生后，日本筑波大学犯罪心理学原田隆之教授分析认为，这是一种"扩大性自杀"的行为，行为人通过将毫无关系的第三者卷入自己的自杀行为，以此来消除之前对社会积累起来的愤怒，彰显自己的表现欲。原田教授表示，虽然扩张性自杀行为过去可见，几乎都是 20 岁到 30 岁的行为人，但令他感到最不可思议的是，为什么此案中的岩崎隆一已经 51 岁，按理处在攻击性减弱的年龄阶段，还有这样的攻击性及负能量？[6]"人生失意者"行凶事件增多，对号称社会安全度高的日本造成了很大冲击，也引起了社会和学界的普遍反思。日本立正大学犯罪学教授小宫信夫称这些袭击是"自杀式恐怖主义"，在此类袭击事件中，袭击者通常认为自己是失败者，将其愤怒的矛头对准社会，往往瞄准那些看上去幸

---

[1] 2001 年 6 月 8 日，38 岁的男子宅间守持刀进入大阪池田小学，造成 23 名师生死伤，其中 8 名小学生死亡。问及其作案理由时，宅间守称自己半生劳碌，一事无成，看着别人的日子越过越好，心里十分不平。加上小时候被父亲遗弃，后又被前妻抛弃，于是他时时想对过得比自己好的人发动攻击。至于为何选择小学生作案，宅间守说自己体质虚弱，无力攻击成年人，于是选择了小学生作案，而且看这个学校的小学生穿戴，似乎都像是有钱人家的孩子。2003 年 8 月 28 日，宅间守被法庭以"残忍而不加选择的大屠杀罪"判处死刑。

[2] 2008 年 6 月 8 日，在东京闹市区秋叶原，25 岁的凶手加藤智大驾驶货车连续撞倒碾轧 5 名行人后，又下车持利刃攻击路人，造成 7 人身亡、10 人受伤。2015 年 2 月 2 日，东京最高裁判所终审对加藤宣判死刑。"无差别杀人"一词的诞生，即起源于这一案件。

[3] 2012 年，植松圣因在工作中殴打残疾人，被神奈川福利院开除。2016 年 7 月 26 日，植松圣持刀闯入神奈川县相模原市残疾人福利院疯狂杀人，致使 19 人死亡、26 人受伤。

[4] 2018 年 5 月 17 日，爱知县名古屋市的一家漫画碟茶店里，一位男性顾客被另一位并不认识的男子用水果刀刺死，凶手是 22 岁的稻田府见洋，其被捕后供述道："因为听到细微的响声让自己很烦躁，所以拿刀去刺他。""因为自己不能死，所以很生气。我拿着刀，不管是谁，都想要去刺。"

[5] 2019 年 5 月 28 日，日本神奈川县川崎市发生一起杀人事件，嫌疑人 51 岁的岩崎隆一在毫无征兆的前提下突然对正在等着上校车的小学生及路人持刀行凶，导致 2 人死亡、17 人受伤，凶手随后自杀。

[6] 杨昕怡：《日本川崎无差别杀人事件》，《人物》杂志官方账号 2019 年 5 月 30 日，https://baijiahao.baidu.com/s?id=16349535106487669918&wfr=s。

福和成功的人。[1] 新潟青陵大学社会心理学教授碓井真史曾经探究过这些杀人犯的心理，他指出，多数人都是被孤独和绝望压垮的人。在秋叶原杀人事件中，嫌犯曾在网络上预告，但却未得到任何回应，而在被捕后他更指出，警察是第一个听他好好说话的人。《朝日新闻》旗下的 area dot 刊文分析，这些杀人事件与"时代的扭曲"也有关系。[2] 日本社会长久陷入泡沫经济难以自拔，而政府却坚持新自由主义经济政策，使贫富差距进一步拉大。与此同时，低生育、高龄化现象也在持续恶化。在这种情况下，日本社会出现了对未来的不安和焦躁。[3] 有日本学者提出，该国正在步入所谓的"无缘社会"，即无社缘（没有朋友）、无血缘（家庭关系疏离甚至崩溃）、无地缘（与家乡隔离断绝）、无业缘（工作无着落），在此情况下，一些人陷入强烈的绝望、自我否定和厌世情绪中，进而产生无缘死（自杀），也有一些人实施"无差别杀人"这样无缘由的攻击行为。

在以美国为代表的一些西方国家，还存在"仇恨犯罪"（hate crime）这一概念，也有学者称之为"歧视与敌意犯罪"（discrimination & hostility）、"偏见犯罪"（bias crime）。但此种犯罪主要是某种歧视或偏见（如种族歧视、宗教歧视等）而引发的，如 2011 年挪威发生的布雷威克爆炸及枪击案。西方一些国家制定了专门的反仇恨犯罪法，如美国的《2009 年联邦地方执行仇恨犯罪防治法》。在西方犯罪学、刑法学、社会学等领域，仇恨犯罪是重要的研究对象。美国学者詹姆斯·B. 雅格布与吉姆伯利·波特合著的《仇恨犯罪：刑法与身份政治》[4] 一书，是仇恨犯罪研究的代表性著作，该书从政治、社会和宪法角度论证了仇恨犯罪法的正当性，并对仇恨犯罪和身份政治的关系进行了深入探讨。尽管我国的个人极端暴力犯罪同西方的仇恨犯罪存在较大差异，但二者也有相似之处，借鉴西方国家的有关理论成果及实践经验，对我国有关的犯罪治理行动是有所裨益的。

在国外学界，虽然没有出现个人极端暴力犯罪这一概念，且专门研究

---

[1]《"人生失意者"行凶事件增多，日本社会反思京都动画纵火案》，搜狐网 2019 年 7 月 23 日，https://www.sohu.com/a/328656009_114911。

[2]《日本持刀袭击案致 2 死 16 伤，无差别杀人为何泛滥》，凤凰国际智库 2019 年 5 月 29 日，https://pit.ifeng.com/c/7n46v836vOC。

[3]《日本持刀袭击案致 2 死 16 伤，"无差别杀人"阴霾其实从未离开》，搜狐网 2019 年 5 月 28 日，http://m.sohu.com/a/317082534_120044102。

[4][美]詹姆斯·B. 雅格布、吉姆伯利·波特：《仇恨犯罪：刑法与身份政治》，王秀梅译，北京大学出版社 2010 年版。

此类犯罪的论著不多，但是，以美国为代表的西方国家在暴力犯罪的研究上成果颇丰，不同领域的学者从社会学、犯罪学、心理学、精神病学乃至生物学等角度展开研究，形成了诸多理论流派和代表性见解，如紧张理论与相对剥夺理论、挫折－攻击理论、暴力亚文化理论、敌意归因偏差理论等，这些理论资源对于分析我国的个人极端暴力犯罪现象颇有借鉴意义。

第三节　研究的基本思路与方法

本书秉持理论与实践相结合的宗旨，立足于中国的现实国情与犯罪状况，综合运用法学和其他学科的相关理论，以实证研究方法为基本路径，对个人极端暴力犯罪进行深度观察和理性解析，并努力寻求建设性的治理方案。研究从宏观和微观两个层面展开，从宏观层面分析个人极端暴力犯罪产生与演变的时代背景、社会环境与演变规律，从微观层面探究犯罪个体的人生境遇、人格特征、心理轨迹，在此基础上，寻求有效的控制、防范与治理对策。

具体而言，本书的研究方法有如下特点：

一、比较研究与语境分析并重

在参考国外相关的研究成果与实践经验的同时，结合中国语境对我国的个人极端暴力犯罪问题展开分析探讨，在客观、理性的比较中发掘国外理论与制度的借鉴价值，从而为中国的个人极端暴力犯罪治理提供理论支持。

二、实证考察与理论探讨相结合

通过实地调研、文献阅读、媒体及网络收集等途径获取相关案例及研究素材，运用统计分析法等方法对相关案例、数据进行类型化、定量化的统计分析，并运用相关学科的理论成果对涉及的问题进行较为细致的理论梳理与探究。在对问题的观察、描述、分析、论证过程中，把归纳与演绎、定性分析与定量分析、类型化分析与对比性分析等结合起来，力求研究结论的客观性和说服力。

三、注重跨学科的交叉性研究

广泛吸收相关学科（包括法学、心理学、社会学、政治学、教育学等）的最新成果，对研究主题开展多视角、立体化的研究。另外，在研究中践行"刑事一体化"的思路，综合运用犯罪学、刑法学、刑事执行法学、刑事政策学等诸刑事学科的理论知识，对个人极端暴力犯罪进行纵深化研究。通过促进相关学科的交流、融汇，提炼理论成果，寻求学术创新。

第二章 | 个人极端暴力犯罪的概念厘定

第一节　个人极端暴力犯罪的词源考证

改革开放之初，受"阶级斗争"等惯性思维的影响，我国对某些犯罪现象的解读具有过度的政治化色彩。例如，关于1980年发生的北京火车站"10·29"爆炸案，根据新华社的报道，当时公安机关将其定性为"反革命破坏案件"。[1]然而，该案件的行为人显然是出于发泄私愤、报复社会的动机，并不具有破坏社会主义制度、推翻现行政权的政治目的，这一定性无疑带有时代的局限性。1982年天安门广场"1·10"驾车撞人案发生后，司法机关最终以"以危险方法危害公共安全罪"追究行为人的刑事责任，说明对这类犯罪性质的认识趋于合理。但在相当长的时间内，无论是政法机关还是理论界，都只是将这类犯罪定性为严重暴力犯罪，未能对其特殊的表现形式、发生规律进行深入探讨和揭示。以2001年石家庄靳如超爆炸案的发生为契机，媒体、学界等开始对这类犯罪现象进行深度思考，通过探究惨案背后的深层原因，逐步认识到这类犯罪不同于普通暴力犯罪的特殊性。2008年7月1日，上海杨佳袭警案发生后，《瞭望》新闻周刊在采访多位专家的基础上，在报道中使用"个人极端暴力行为"对这类案件进行概括。[2]这是目前已知的最早使用这一称谓的媒体报道。此后，媒体报道中"个人极端暴力行为""个人极端暴力事件"类似词语越来越多地出现。

从官方角度看，尽管此类犯罪行为早有发生，但在2010年之前，官方文件和讲话中基本上都使用"严重暴力犯罪（或案件）"一词对之进行概括，并未将其作为暴力犯罪的一种特殊类型加以看待。官方文件最早使用"个人极端暴力犯罪"一词，是在2010年5月中央维稳工作领导小组办公室发布的《关于加强个人极端暴力犯罪案件防范 切实维护社会稳定的通知》中。随后在2010年6月13日召开的全国公安机关"2010严打整治行动"动员部署电视电话会议上，时任公安部副部长张新枫在讲话中指出："严厉打击严重影响群众安全感的个人极端暴力犯罪、涉枪涉爆犯罪、黑

---

[1]《1980年北京爆炸案》，知网2024年2月22日，https://zhuanlan.zhihu.com/p/683335368。

[2] 刘丹、季明：《"个人极端暴力"逼近》，《瞭望》2008年第27期。

恶势力犯罪等违法犯罪。"[1] 在上述文件出台及公安部开展严打整治行动的背景下，即2010年3月到5月短短1个多月，各地发生了一系列袭击幼儿园、小学的暴力案件，如"3·23"福建南平实验小学案、"4·12"广西合浦县西镇小学案、"4·28"广东雷州雷城第一小学案、"4·29"江苏泰兴市泰兴镇中心幼儿园案、"4·30"山东潍坊尚庄小学案、"5·12"陕西南郑幼儿园案等。一系列震惊全国的校园血案的发生，引发了全社会的关注和反思，由此个人极端暴力犯罪在官方文件中被单独列出来，以区别于普通暴力犯罪，这表明我国政法机关对这类犯罪的性质、特点和规律有了更加深入的认识。2010年至今，防控个人极端暴力犯罪一直是我国政法领域的一项重点工作，有关的会议和文件对此频频提及，个人极端暴力犯罪成为治安管理与犯罪防控方面的核心议题之一。2015年4月，中共中央办公厅、国务院办公厅印发《关于加强社会治安防控体系建设的意见》，该意见在目标任务部分指出："努力使影响公共安全的暴力恐怖犯罪、个人极端暴力犯罪等得到有效遏制。"这意味着，防控个人极端暴力犯罪成为中央权威文件明确的重要目标和任务。2019年1月召开的中央政法工作会议上，也把"严防发生个人极端暴力犯罪案件"作为当前政法领域重点工作之一。[2]

从中国知网的检索结果看，学界最早在研究成果中使用"个人极端暴力犯罪"一词的是张继东发表于《公安研究》2010年第9期的论文《浅析个人极端暴力犯罪》。[3] 在该文中，作者对个人极端暴力犯罪的概念、特征、发生机理等问题进行了初步阐释。在此前后，也有学者对这类犯罪现象进行探讨，只是没有使用个人极端暴力犯罪的表述，有的称之为"个体反社会性犯罪"[4]，有的称之为"报复社会型危害公共安全犯罪"[5]，

---

[1] 潘科峰：《公安部召开电视电话会议部署"2010严打整治行动"》，中国政府网2010年6月13日，http://www.gov.cn/gzdt/2010-06/13/content_1627471.htm。

[2] 郭声琨：《学习贯彻习近平总书记重要讲话精神，不断开创新时代政法工作新局面》，中国法院网2019年2月28日，https://www.chinacourt.org/article/detail/2019/02/id/3740022.shtml。

[3] 张继东：《浅析个人极端暴力犯罪》，《公安研究》2010年第9期。

[4] 陈晓娟：《新时期我国个体反社会性犯罪的预防对策》，《山东警察学院学报》2009年第5期。

[5] 王瑞山：《"报复社会"型危害公共安全行为研究——以2005年以来的22个案例为考察对象》，《法学杂志》2011年第S1期。

有的称之为"个人恐怖犯罪"[1]，还有的借鉴西方国家的相关概念称之为"仇恨犯罪"[2]。

笔者认为，"个体反社会性犯罪"一词范围过于宽泛，不能有针对性地概括这类犯罪的基本特征，因为从本质上讲，一切犯罪都属于个体反社会的行为。"报复社会型危害公共安全犯罪"一词较为准确地指出了这类犯罪的动机特点（报复社会）与后果特点（危害公共安全），但易使人误认为此类犯罪的范围限于《刑法》分则规定的"危害公共安全罪"一章。事实上，此类犯罪不限于爆炸、放火等危害公共安全犯罪罪名，常见的还有故意杀人、故意伤害等罪名；同时，这一表述稍显冗长，不符合法学语言的精炼性要求。至于"个人恐怖犯罪"一词，容易使人混淆个人极端暴力犯罪与恐怖主义犯罪的界限，这两类犯罪虽然有相近之处，但在起因与表现等方面也存在显著差异，对此后文会进一步加以厘清。此外，李玫瑾教授提出了"滥杀犯罪"的概念，即在一个地点同时杀3人以上或在一个相对短暂的时间内连续杀数人的犯罪案件。[3] 虽然论者对"滥杀犯罪"的心理特点等作了细致分析，但这一概念本身也存在范围比较宽泛的问题，因为从客观表现看，恐怖主义犯罪、连环杀人案等都具有滥杀的特点，但这些犯罪同个人极端暴力犯罪在某些方面还是有着明显差别的。关于"仇恨犯罪"的表述，笔者认为也存在词不达意的问题，且容易同国外的相关犯罪类型相混淆，亦不足取，下文将有专门论述。

综上，笔者赞同"个人极端暴力犯罪"这一表述，其较好地对这一特殊犯罪类型的内涵与特征进行了比较简练的概括，且在理论和实务上得到多数人的认同。

---

[1] 黄政钢：《个人恐怖犯罪与社会公共安全对策研究》，《福建公安高等专科学校学报》2003年第4期。

[2] 张旭、施鑫：《我国当前仇恨犯罪的原因解析——以2010年以后仇恨犯罪典型案例为研究样本》，《吉林大学社会科学学报》2017年第3期。

[3] 李玫瑾：《滥杀犯罪的实案研究》，《中国人民公安大学学报（社会科学版）》2014年第2期。

第二节　个人极端暴力犯罪的内涵及基本特征

个人极端暴力犯罪这一表述由三个词语组成,即"个人"、"极端"和"暴力犯罪"。通过对这三个关键词进行剖析,有助于认识和把握这类犯罪的基本特征。

一、主体特征:"个人"

个人极端暴力犯罪中的"个人",首先是相对于有组织的暴力犯罪而言的,这类犯罪不存在任何组织形式,这是其确定无疑的一个特点。其次,这类犯罪基本上是由一个人单独实施的,一般不存在共同犯罪的情形,但这一点不是绝对的。在极个别个人极端暴力犯罪中,存在合伙作案的情况,而共同犯罪人一般有密切的关系,如夫妻等共同生活的家庭成员。从有关案件看,在夫妻实施的共同犯罪中,妻子一般处于从属或帮助地位。如 2003 年北京"6·15"特大系列杀人碎尸纵火案、2007 年重庆发生的"10·2"公交车纵火案等。尽管这类共同作案的情形在个人极端暴力犯罪案件中极其少见,但毕竟客观存在,因此,不能把个人极端暴力犯罪中的"个人"绝对地理解为"一个人"。

从实践中发生的个人极端暴力犯罪案件看,行为人有如下一些共同特点:

1. 从性别来看,以男性为主,女性作案极为少见。这与犯罪学的一般规律相符合,女性由于心理、生理及文化等方面因素,相对于男性而言,实施犯罪的概率较小,尤其是实施攻击性的暴力犯罪行为的概率更小。当然,实践中也有女性实施此类犯罪的案例,如前述的 1982 年姚锦云驾车撞人案,以及 1994 年发生的郑州李云特大投毒案[1]、1993 年发生的董杨玲

---

〔1〕 李云原为河南某专科学校学生,因与该校干训班某男学员发生感情纠纷而被学校处分,其认为受到部分同学的歧视,遂产生报复心理。其于 1992 年 6 月 18 日,将非法购买的 700 克砒霜投入学校食堂的发酵面团和面粉里,造成 700 多名学生中毒住院,所幸无人员死亡。法院最终以投毒罪判处李云死缓。

纵火案[1]等。在为数极少的女性作案案例中，行为人多采用投毒、放火、驾车冲撞等方式作案，与男性不同，使用凶器砍杀的作案方式在女性犯罪中十分罕见，但也有相关的案例，如2018年重庆"10·26"幼儿园持刀砍伤儿童案，作案者就是一名39岁的妇女。

2. 从年龄来看，以30岁到50岁的中年人居多。这一年龄段的人，生活压力更大，如果面临生活挫折不能有效调整自己的情绪和心态，容易产生绝望心理，走上极端道路。这一年龄特征同普通暴力犯罪是有明显差异的。多项研究报告显示，普通暴力犯罪的行为人以30岁以下青年人为主。如周路等通过对天津市1993年入狱服刑的全部3859名罪犯研究发现，暴力罪犯的平均年龄是24.5岁，而非暴力犯罪的平均年龄是26.6岁，实施暴力犯罪的高峰年龄在20岁以下。[2] 可见，较之普通暴力犯罪，个人极端暴力犯罪的行为人整体年龄偏大一些。

3. 从职业与经济情况看，行为人多为普通工人、农民、农民工、个体摊贩、小本生意人等，也有一部分为无业人员或失业者，普遍经济状况较差，体制内的公职人员以及社会富裕阶层作案的十分罕见。因为个人极端暴力犯罪的主体主要是社会底层人员，有人将之归结为社会弱势群体犯罪的范畴。[3] 笔者认为，这两类犯罪存在一定的交集，甚至可以说多数个人极端暴力犯罪是弱势群体成员实施的，但是，也有一些个人极端暴力犯罪的行为人不属于弱势群体的范围。如2009年11月23日发生的北京大兴灭门案，行为人李磊在家中用尖刀将妻子、妹妹、父母及两名幼子刺死，案发起因是其与妻子因投资问题发生纠纷。李磊在北京经营餐饮生意，名下有8套房产，案发前其一家还获得了600万元拆迁补偿款，可以说家境殷实，显然不属于弱势群体。

4. 从文化程度来看，行为人的文化程度总体偏低，属于初中及以下文化程度的居多，受过高等教育的人极少。

5. 从生活境况来看，行为人一般都遭遇一定的困难或挫折，如患病、失业、生意失利、失恋、离婚、与他人发生纠纷、人际关系紧张等。有鉴

---

[1] 董杨玲原为福州某纺织公司女工，因盗窃公司财物被开除，1993年12月13日凌晨，董杨玲为报复泄愤而在工厂内纵火，结果酿成大火，烧毁了大量货物并造成职工宿舍内正在夜间休息的61名女工死亡。法院最终以放火罪判处董杨玲死刑。
[2] 周路、周仲飞：《暴力、非暴力犯罪比较研究》，《青少年犯罪问题》1995年第4期。
[3] 郭建安：《弱势群体犯罪的理论阐释》，《犯罪与改造研究》2014年第4期。

于此，一些研究者把这类犯罪的行为人称为"社会失意者"。如 2010 年制造福建南平"3·23"校园惨案的郑民生，曾是一名社区诊所医生，收入微薄，与母亲、哥哥一家蜗居在 60 平方米的房屋内，恋爱多次受挫，42 岁尚未成家，与单位领导发生矛盾辞职后，一直未能再就业，处于无房、无钱、无妻、无家、无子的状态。再如 2013 年黑龙江海伦市"7·26"敬老院纵火案的行为人王贵，是一名 45 岁的脑血栓患者，因无人照顾被送入敬老院，其因怀疑自己的 200 元被盗情绪失控，为泄私愤纵火，造成 11 人死亡，本人也被烧死在火灾现场。

二、主观特征："极端"

对个人极端暴力犯罪中的"极端"一词，可以从两个角度进行理解：

1. 从客观角度理解，意在修饰和限定"暴力"一词，强调暴力行为及其危害后果的严重程度，亦即行为人采用了极端残酷的犯罪方式，造成了极其严重的后果。

2. 从主观角度理解，表明行为人具有极端化的思维方式和心理动机。

以上两种理解都在一定意义上反映了个人极端暴力犯罪的特点，但就区别于普通犯罪的根本特性而言，将"极端"一词理解为主观特征更为妥当。在某些普通暴力犯罪中，行为人的作案手段同样极其残忍、造成的后果极为严重，但并不具有报复社会的动机等特征，因而不能归属于个人极端暴力犯罪。因此，这里着重从主观角度探讨何谓"极端"。总体而言，个人极端暴力犯罪的行为人往往存在比较严重的心理问题及人格障碍，具有极端化的思维和认知，这应是此类犯罪中"极端"的主要含义。需要指出的是，个人极端暴力犯罪中的"极端"与通常所指的"极端主义"是有所不同的。所谓"极端主义"，是指"信仰某种信仰体系或价值体系达到极端和绝对的程度，以至于完全不能容忍任何相异于这种信仰体系或价值体系的观点和态度的存在，对于异己者、异见者采取完全的歧视、敌视、仇恨的态度，主张用暴力手段或者侵犯他人合法权利与自由的手段实现其主张、消灭不同的思想以及持不同思想的人群、组织或政治实体的思想主张"[1]。极端主义的主要形式包括宗教极端主义、民族极端主义、种族极端主义等。可见，"极端主义"同一定的思想主张、信仰体系或政治见解

---

[1] 贾宇主编：《中国反恐怖主义法教程》，中国政法大学出版社 2017 年版，第 90 页。

存在关联，而个人极端暴力犯罪一般不具有这样的特点。不过，极端主义的信奉者显然具有极端化的思维和认知，在这一点上二者是存在共同之处的。

个人极端暴力犯罪的行为人在人格和思维等方面，通常表现为以下特点：

1. 过度地以自我为中心，思维模式呈现极端化和两极化的趋势，对问题的判断往往是非此即彼。在他们的思维模式里，只有"全"和"无"的框架，即要么全对，要么全错，他们没有能力进行"既"和"又"的辩证思维。因此，在愿望不能得到满足时，这类人群很容易表现出强烈的偏执性以及攻击性。

2. 情绪不稳定，自控力差。行为人缺乏自省，对挫折耐受力差，哪怕一点很小的挫折，都可能在他们的内心引起强烈的反应；他们性格固执、敏感、多疑、心胸狭窄、报复心强，不善与人沟通，常与他人发生冲突，人际关系紧张。

个人极端暴力犯罪的行为人在生活、工作中遇到困难挫折后，不能理性地分析面临的问题，积极寻求正常的解决路径，而是完全迁怒于他人，归责于社会，最终产生发泄私愤、报复社会的念头，并且将他人乃至无辜的社会弱者作为攻击目标。这种极端化的思维模式和报复社会的动机，正是个人极端暴力犯罪不同于普通犯罪的关键区别。正如中国人民公安大学靳高风教授所指出的，这类犯罪的行为人实施的"报复"行为已经不是"冤有头债有主"式的报复，而成了犯罪人通过向社会宣泄私愤来实现其"自身价值"的途径。[1]

报复社会动机可以说是个人极端暴力犯罪的核心特征。犯罪动机作为刺激、促使行为人实施犯罪行为的内心起因，体现了人的深层次心理活动，具有抽象性、复杂性、隐蔽性、动态性等特点。对犯罪动机的探寻，不仅要观察客观的犯罪事实，参考行为人的供述，还要深入考察行为人的生存状况、生活境遇、人际交往、社会关系等。在个人极端暴力犯罪的实际案例中，有的案件行为人报复社会的动机十分明显，如公交车纵火案、幼儿园伤害幼儿案等，这种在公共场所对素不相识的无辜者痛下杀手的行

---

[1] 《个人极端暴力事件多发，部分犯罪人向社会泄私愤》，中国新闻网 2013 年 8 月 19 日，https：//www.chinanews.com.cn/fz/2013/08－19/5176230.shtml。

为，不言而喻就是仇恨社会情绪的最激烈表达。如南平校园惨案的行为人郑民生事后交代自己的动机是，其想要引起轰动，要让所有人知道其存在，知道其对社会的不满，所以要做件惊天动地的大事；至于为何选择孩童为发泄不满的对象，则是因为觉得孩子没有什么反抗力，好下手。也有一些案件中，行为人通过网上发帖、给亲友留遗言等方式，公开表示出报复社会的作案动机。

但也有一些案件中，行为人报复社会的动机并不明显，比如某些针对特定对象实施的暴力犯罪（如马加爵杀害同学案等），或者某些冲动型的暴力犯罪（如北京大兴摔死幼童案等）。在这些案件中，行为人没有公开对抗社会的意思表示，暴力行为的实施看似由一些生活纠纷偶然引发，行为人在激烈的情绪波动下实施了非理智的极端行为，难以看出其有直接对抗社会的心理倾向。[1] 但是，细致考察案中案外、罪前罪后的各种事实和细节，仍然可以得出结论：生活的失意加之个性的缺陷、心理的偏差，使之潜意识中形成了极端的思维和深层的"社会敌意"，在得不到有效自我调节和外部干预的情形下，对社会的失望、不满情绪与暴戾之气日积月累，最终一个偶发的不良事件可能会成为其爆发的导火索。对于这类犯罪，李玫瑾教授称之为"报复性滥杀"，即犯罪人因为自己的某种需要或诉求得不到满足而出现愤怒性的攻击行为。报复的方式可分为两种：一种是针对令自己痛苦的人并围绕这一对象扩展报复，如因夫妻关系紧张而杀害对方一家人；另一种则是惧怕令自己痛苦的人，因此选择在无关场所对与之完全无关但容易得手的对象实施报复，如因失恋跑到小学校园里实施犯罪。当个人发现自己对他人的支配和控制失效，如失恋、婚姻失控、失业、失去朋友等，而且自己已经无力改变这一切时，对他人的愤怒自然就会产生，绝望的情绪也就随之而来，有人就选择把他人作为毁灭的对象。这是"报复性滥杀"的重要心理原因。[2]

在一些个人极端暴力犯罪案件中，没有明确的案件起因，行为人并未面临具体、明显的外部性困难或挫折，只是因为极端孤僻的个性而无法融入社会，其实施极端行为就是为了发泄自己的被疏离感、被抛弃感。这些

---

[1] 一些犯罪学者将类似这样的犯罪称为无动机的犯罪。笔者认为，直接故意犯罪一定是有动机的，只是有的案件作案动机不明显，但仍存在隐性的动机。

[2] 李玫瑾：《幽微的人性》，北京联合出版公司2019年版，第155—157页。

案件中，可以说行为人具有隐性的报复社会的动机，区别于那些报复社会动机明显的显性的个人极端暴力犯罪。李玫瑾教授提出的"表达性滥杀"，有助于解释某些动机不明或不明显的个人极端暴力犯罪。表达性滥杀往往事发突然，找不到刺激源，也一时看不明引起犯罪的理由，但犯罪人具有明显的犯罪前准备过程和预谋特点。从作案预谋和行为控制得当等方面观察，这一切并非精神异常的人所能完成的，如设计爆炸装置及选择犯罪时间、地点等。这种"预谋性"说明他们具有心理辨别力和控制力。这类犯罪人往往事先没有引起警方注意，他们没有犯罪前科，也无精神异常的记录，且有良好的表现，如礼貌待人，自我掩饰能力较强。这类滥杀行为因其动机不明，事先征兆不明显，更让人感受到一种未知的恐惧。李玫瑾教授从行为人的早期经历中寻找犯罪的心理刺激因素，认为行为人在年幼时情感抚养不足导致心理创伤和社会性缺陷，成年后通过犯罪的方式释放某种长期积压在内心的感受，犯罪行为本身就是一种表达。[1]

个人极端暴力犯罪在主观方面的另一个特点，即行为人大都有悲观厌世的心理，作案者"生无可恋，死无所惧"，不惧怕法律制裁，甚至有一些人采取了自杀式袭击的手段，通过爆炸、纵火等方式，与被袭击者同归于尽。例如，2009年6月5日成都张云良公交车纵火案、2013年6月7日厦门陈水总公交车纵火案等，都造成大量人员伤亡，而行为人也在案发现场当场死亡。另外一些案件中，行为人在实施犯罪后自杀身亡，如2010年湖南永州法院枪击案的行为人朱军、2014年9月1日湖北郧西校园杀人案的行为人陈严富等，都在作案后自杀，其自杀行为并不是一般案件中的"畏罪自杀"，而是行为人事前就有轻生的念头。相当一部分行为人存在的这种不畏生死、不惧制裁的特点，也是个人极端暴力犯罪难以打击和防范的原因之一，刑罚制裁乃至死刑惩罚对其威慑力有限。

需要指出的是，就刑法学意义上的罪过形式而言，个人极端暴力犯罪都属于故意犯罪是没有疑问的，但故意的具体类型需要进一步研究。笔者认为，这类犯罪行为人对于造成人员伤亡的严重后果，大多出于直接故意的心理态度，即积极追求危害后果的发生，但不排除一些案件中存在间接故意的情形，即对危害结果的发生持放任心态。如1982年天安门广场"1·10"驾车撞人案中的案犯姚锦云、2012年汕头内衣厂"12·4"纵火

---

[1] 李玫瑾：《幽微的人性》，北京联合出版公司2019年版，第159—160页。

案中的案犯刘双云等，就属于这样的犯罪心态。另外，在突发性的个人极端暴力犯罪当中，有一些属于激情犯罪，即行为人在短暂而强烈的激情推动下实施爆发性和冲动性的犯罪。激情犯罪往往是在外界出现强烈的激惹因素的刺激下发生的，如行为人受到别人的挑衅、侮辱，在争吵中产生激情冲动等。激情犯罪的明显特点是行为发生突然，决策过程很短，行为人往往具有人格和心理方面的缺陷，如情绪不稳定、易受暗示、易激惹、易冲动等。[1]

三、客观特征："暴力犯罪"

（一）暴力犯罪概述

暴力是在敌意的驱使下，运用自身的力量或借助某种工具，使他人身体或财产受到伤害或损害的行为。[2] 我国学者皮艺军教授认为，在考察暴力时，不可忽视主观敌意的因素。"敌意与暴力是高度相关的。尽管有些暴力是偶发的或是激情的，尽管有些暴力没有直接伤害他人的肉体，这些仍然是有敌意的，因为他们是违背对方意志的，并且让对方感到痛苦的。"[3]

暴力犯罪，是指运用暴力手段或以暴力相威胁，侵犯他人生命健康或侵害他人财产的犯罪行为。如果把"敌意"作为暴力的一个构成要素，那么所有的暴力犯罪都属于故意犯罪。暴力犯罪是人类社会古老的犯罪形态之一，直到今天也是生活中常见的犯罪类型。暴力犯罪并不是法定概念，而是理论上和实务中对使用暴力手段实施的所有犯罪行为的概括。

对于暴力犯罪，可以从不同角度进行分类：

1. 按侵害对象划分，可以将暴力犯罪分为三大类：（1）对人的犯罪，如杀人犯罪、伤害犯罪、强奸犯罪；（2）对物的犯罪，如破坏交通工具的犯罪、毁坏公私财物的犯罪；（3）混合型的犯罪，如抢劫犯罪、爆炸犯罪等。[4]

2. 按侵犯的客体（或称法益）区分，可以将暴力犯罪分为八种类型：

---

[1] 吴宗宪：《犯罪心理学总论》，商务印书馆2018年版，第644页。
[2] 李锡海：《人性与犯罪研究》，中国人民公安大学出版社2013年版，第229页。
[3] 皮艺军主编：《越轨社会学概论》，中国政法大学出版社2004年版，第246页。
[4] 李锡海：《人性与犯罪研究》，中国人民公安大学出版社2013年版，第231页。

（1）以暴力危害国家安全的犯罪，如武装叛乱、暴乱罪等。（2）以暴力危害公共安全的犯罪，如放火罪、爆炸罪、劫持航空器罪、暴力危及飞行安全罪等。（3）以暴力破坏社会主义市场经济秩序的犯罪，如抗税罪、强迫交易罪等。（4）以暴力侵犯公民人身权利、民主权利的犯罪，如故意杀人罪、故意伤害罪、强奸罪等。（5）以暴力侵犯财产的犯罪，如抢劫罪、敲诈勒索罪等。（6）以暴力妨害社会管理秩序的犯罪，如妨害公务罪、聚众斗殴罪、暴动越狱罪、强迫卖血罪、强迫卖淫罪等。（7）以暴力危害国防利益的犯罪，如阻碍军人执行职务罪，破坏武器装备、军事设施、军事通信罪，等等。（8）军人以暴力方式实施的违反职责犯罪，如阻碍执行军事职务罪等。[1] 从我国《刑法》分则的规定来看，暴力犯罪的分布是比较广泛的，只有两章未涉及暴力犯罪，即第八章贪污贿赂罪和第九章渎职罪。就个人极端暴力犯罪涉及的具体罪名而言，集中在第二章危害公共安全罪以及第四章中的侵犯公民人身权利罪当中，实践中常见的罪名包括放火罪、爆炸罪、投放危险物质罪、以危险方法危害公共安全罪、故意杀人罪、故意伤害罪等，这些犯罪严重危害公共安全和公民的生命健康权利，性质十分恶劣、危害极大，是刑法惩治的重点。需要强调的是，并非所有具有暴力性质的犯罪都可以被归为个人极端暴力犯罪。一些具有政治属性的暴力犯罪如武装叛乱、暴乱罪，尽管性质恶劣、危害极其严重，但不属于个人极端暴力犯罪的范围；一些暴力程度较低、没有危及公共安全或严重侵害公民生命健康权利的犯罪，如强迫交易罪、妨害公务罪等，也不属于个人极端暴力犯罪；此外，尽管侵犯到公民的人身权利，也可能表现为暴力形式，但侵犯的主要是人格权、名誉权或隐私权的，如侮辱罪等，尚达不到"极端暴力"的程度，也不可能成为个人极端暴力犯罪。

3. 以暴力犯罪的动机为标准，可将暴力犯罪分为以下类型：贪利性暴力犯罪（如抢劫罪）、流氓性暴力犯罪（如寻衅滋事罪）、报复性暴力犯罪（如仇杀、情杀行为）、义愤性暴力犯罪（如遭受家庭暴力的妻子杀害丈夫）、恐怖性暴力犯罪。[2] 此外，还有性暴力犯罪（如强奸罪）、政治性暴力犯罪（如武装形式的颠覆国家政权罪，恐怖性暴力犯罪可以划归此类型）、滥用权力的暴力犯罪（如刑讯逼供罪）、黑社会性质的暴力犯罪以及

---

[1] 李锡海：《人性与犯罪研究》，中国人民公安大学出版社2013年版，第229页。
[2] 张远煌主编：《犯罪学》，中国人民大学出版社2007年版，第153页。

变态性暴力犯罪（如连环杀手的变态杀人行为）等。从动机的角度看，个人极端暴力犯罪同上述传统的暴力犯罪都有所不同，可谓暴力犯罪的新形态，其虽有报复动机，但报复的对象超出了特定的目标，而指向了整个社会；其虽然有制造社会影响的意图，客观上也有可能引发公众的心理恐慌，但并不具有政治动机。

（二）个人极端暴力犯罪的行为特点

暴力性是个人极端暴力犯罪最直观的外在特征，同普通的暴力犯罪相比，其客观方面一般有下列一些特点：

1. 攻击的被害人目标具有一定的随机性。这里的随机性，意指目标选择具有一定的不确定性或偶然性。对行为人来说，被害人是谁并不重要，其只是满足自己报复欲望的一个工具性存在。如2019年5月24日发生的南昌市红谷滩杀人案，被告人万某弟产生杀人想法后，携带尖刀到闹市区寻找作案目标，其见到三位同行的年轻女子后，持尖刀朝其中一人脖颈处连刺数刀，致使被害人沈某某经抢救无效死亡。本案中，行为人同被害人素不相识，其杀人完全是随机选择作案目标。

从犯罪被害人学的角度分析，此类案件的行为人往往有一个将被害人"非人格化"的过程，即将被害人视为事物而非人。犯罪人在将被害人非人格化的过程中，会降低或消除可能产生的罪恶感、罪责感，使自己的行为合理化，进而丧失人性，变得凶恶、残暴，草菅人命。从多数此类案件看，被害人具有不特定性，往往是陌生的路人，因而暴力行为会危及不特定多数人的生命健康安全，故一般具有危害公共安全罪的性质。在一些案件中，行为人事前有一定的计划和选择，甚至进行了踩点，把作案地点限定在某一特定场所或机构，如火车站、机场、电影院、商场，或者幼儿园、学校、医院、政府机关，以及公共交通工具上，等等。但由于这些场所人员流动密集或者人员较多，暴力行为的具体对象及造成的危害结果仍然具有不确定性。如西安"6·22"公交车杀人一案，被告人辛海平因怀疑在乘坐302路公交车时被人恶意扎针，遂产生对该路公交车乘客报复泄愤的恶念。2018年6月22日，辛海平携带剔骨刀乘坐302路公交车，在公交车行驶途中，持刀对车上人员进行砍杀，车内人员纷纷从门窗逃离，辛海平持续对从公交车上逃离的乘客及过往群众进行砍杀，先后砍杀群众11人，致4人死亡、7人轻伤。

实践中，还有的行为人把攻击对象指向某一类特定群体。如2002年，刘某武在江苏、安徽等地，采取石砸、刀刺等手段，杀死乞丐 22 人，杀伤 1 人；2003 年 5 月 24 日，浙江省温州市鹿城区公安分局巡逻队员在巡逻时破获一起重大命案，凶手交代他已杀死 10 人，而且专门找那些走街串巷收购旧家电的外地人下手。[1] 上述案例指向的是乞丐、流动人口等社会边缘群体。还有的案例则指向警察、法官等在国家司法机关履职的人员，这种情况往往是行为人对执法、司法行为不满而造成的，如杨佳袭警案。2008 年 7 月 1 日，杨佳因对警察的执法行为不满，持刀闯入上海某警察局行凶，致 6 名民警死亡。其行为指向了特定的机构（警察局）及特定的群体（警察），但其进入警察局后见人就砍，具体攻击对象仍具有一定随机性。

需要指出的是，随机性只是此类案件的一般特征，并不排斥个别案件中作案目标可能会指向特定对象，包括行为人的邻居、同事、同学甚至是关系密切的家庭成员等，只要行为人主观上具有极端化地发泄私愤、报复社会的动机，仍然可以将其行为归类于个人极端暴力犯罪。例如，2004 年的马加爵案、前述 2009 年的北京大兴灭门案等。

就具体的被害人目标而言，个人极端暴力犯罪的指向具有随机性特点，但如上所述，很多案件中行为人对作案地点和场所是有意选择的，多数选择在公共场所，这样选择能制造更大的社会影响，更能发泄行为人对社会的不满情绪。另外，大多数此类案件中的被害人同行为人并无利益瓜葛，甚至与行为人素不相识，只是因为偶然因素而成为无辜的被害人。在个别案件中，一些被害人同行为人相识甚至有较为密切的关系，如在一些家庭纠纷、邻里纠纷、同事纠纷及执法冲突引发的个人极端暴力犯罪案件中，个别被害人言行不当、工作偏差等成为激发行为人暴力行为的诱因之一，其对案件的起因负有一定责任，但是行为人无限制地扩大了攻击范围，或者进行了替代性攻击，对同纠纷无任何关联的无辜者实施暴力行为。多数被害人同行为人利益无涉，只是偶然成为被害目标，这是个人极端暴力犯罪同普通报复性暴力犯罪的不同之处。

2. 作案手段具有无节制性，即作案手段十分残忍，行为没有节制、不计后果，滥杀无辜。这也是对这类犯罪"极端"一词的客观理解。可以说，在个人极端暴力犯罪中，主观方面的极端化与客观方面的极端性是有

---

[1]《为什么变态杀人者是社会公敌？》，找法网 2013 年 8 月 16 日，http://china.findlaw.cn/bianhu/fanzui/fzxlx/9177_2.html。

内在关联的，正是在极端心理的支配下，行为人才不择手段、不计后果，实施极其恶劣的暴力行为。

通过分析以往发生的相关案件可以发现，此类犯罪常见的作案手段包括爆炸、纵火、驾车冲撞、使用凶器砍杀等。这些方法都具有相当的危险性，尤其是爆炸、纵火、驾车冲撞等方法，具有极大的杀伤力，很短的时间内就会造成大量的人员伤亡。另外，这些犯罪在进入着手阶段后，普遍持续时间较短，行为人从实施犯罪到被抓获（或者自杀）往往仅用几分钟甚至不到一分钟时间。例如：2008 年上海闸北袭警案中，行为人杨佳在十几分钟内即在 5 个楼层刺中 11 人，导致 6 人死亡、5 人受伤；在 2010 年福建南平校园砍杀案中，凶手郑民生在 55 秒内连续砍杀 13 名小学生，导致 8 名孩子死亡、5 名孩子受重伤。在一些自杀性爆炸犯罪中，更是转瞬之间就造成严重后果，一旦实施几乎无法防范。

3. 被害对象更多的是社会弱者。一些个人极端暴力犯罪案件中，行为人基于对公权力机关或特定行业的不满和愤恨，攻击的目标是特定的职业群体，如警察、法官、医生等。但在更多的案件当中，被害对象往往是儿童、中小学生、老人、妇女，或者公共交通工具内的乘客等，这些人群相对而言自我防卫的能力比较弱，更容易受到暴力侵害。此类案件的行为人大多处在社会底层，普遍经济状况不好，有的还患有疾病，在"仇官""仇富"等极端情绪支配下，却攻击同属社会弱者的人群，甚至把"屠刀"挥向最弱小的幼童，这看似存在一定矛盾，实则行为动机不难理解。对此，社会心理学中的"踢猫效应"可以提供一种解释的路径。根据这一理论，当一个人产生负面情绪时，潜意识会驱使他向等级低于自己的对象或者无力还击的弱者发泄，由此产生连锁反应，最弱小的"猫"成为最终的承受对象和最大的受害对象。个人极端暴力犯罪这一偏向于攻击弱者的特点，既使得暴力行为更容易得逞，也更容易产生震荡和撕裂社会的恶果。

4. 案发情况兼有预谋性和突发性。从已发案件情况看，行为人作案多数是有预谋的，在犯罪意图产生之后，大多会经历拟定计划、准备工具、制造条件等犯罪预备环节，最终付诸实施。但也有一部分案件是临时起意、事发突然，属于非预谋性犯罪。例如，北京大兴"7·23"摔死幼童案中，行为人韩磊因小事与他人发生争执后，为泄愤报复而采取极端手段，将 2 岁多的幼儿抓起举过头顶并猛摔在地，致被害人当场颅骨崩裂重度颅脑损伤死亡。即便是行为人预谋作案的情形，由于多是在公共场所突然对无辜的陌生人下手,被害人猝不及防,对被害人而言仍然具有突发性。

5. 犯罪方式以单次性作案为主,也有系列性作案的情况。个人极端暴力犯罪以单次性作案为主,此种情形下,犯罪往往是在行为人负面情绪累积到一定程度后突然爆发的,案件多发生在公共场所,波及面大、死伤众多、后果惨烈,不少行为人甚至有意制造社会影响,如公交车纵火案、校园杀童案、驾车冲撞行人案及各种爆炸案等。由于案件公然发生,凶手身份容易被锁定,行为人在作案后一般很快就会被抓捕,部分行为人选择作案过程中同归于尽或作案后自杀。也有一部分此类案件是系列作案的情况,这主要表现为一些具有明显的报复社会动机的连环杀人案,这一类案件行为人往往精心预谋,作案手段隐蔽,每次作案对象基本上都是单一的,行为人反侦查意识和自我保护能力比较强,如杨新海案、杨树明案等。

6. 危害后果的严重性。个人极端暴力犯罪往往造成极其严重的后果,行为人攻击的目标不限于利益直接相关者,而是扩大到某个单位、某一人群乃至不特定民众。这种现象被一些学者称为"犯罪过剩",即犯罪行为造成的后果与犯罪原因不相称并且明显超过实现犯罪目的所需限度。犯罪心理学的研究发现,一些犯罪人在轻微刺激下就会产生异常强烈的情绪反应或者暴怒,从而导致与其产生原因很不相称的严重后果。这种现象的发生,与犯罪情境中存在着能够诱发起犯罪人内心深处不断积累的消极情绪有关。[1] 如上海闸北袭击案、甘肃民乐法院爆炸案等都是如此。在2001年靳如超制造的石家庄"3·16"特大爆炸案中,共炸毁四栋居民楼,造成108人死亡、多人受伤,其中重伤5人、轻伤8人;2002年南京汤山"9·14"投毒案,造成42人死亡、数百人中毒;2009年成都"6·5"公交车纵火案,造成27人死亡、74人受伤;2013年厦门"6·7"BRT纵火案,导致47人死亡、34人受伤。这些案件除造成有形的危害结果——人员伤亡及财产损失外,还会导致无形的危害结果,即使得公众社会安全感下降、对政府治安管控能力和社会治理能力丧失信心等。

通过以上剖析,笔者提出以下关于"个人极端暴力犯罪"的定义:个别社会成员因为极端化的思维和认知,不能理性面对生活中的矛盾、挫折,在悲观厌世、绝望或泄愤等心理动机支配下,实施的攻击不特定或多数人,意在报复社会的严重暴力行为。

---

[1] 吴宗宪:《犯罪心理学总论》,商务印书馆2018年版,第640页。

第三节　个人极端暴力犯罪同相关犯罪类型之界分

一、个人极端暴力犯罪同普通暴力犯罪的界分

个人极端暴力犯罪同普通暴力犯罪的主要区别有两点：

第一，主观上是否有报复社会的动机。个人极端暴力犯罪具有发泄私愤、报复社会的动机，行为人往往公然作案，甚至有意企图制造社会影响，而其他暴力犯罪一般不具有这样的特点。

第二，客观上对作案目标是否有选择性。个人极端暴力犯罪对袭击的具体被害人一般不会刻意选择，属于"无差别杀人"，而普通暴力犯罪基本上有明确的指向，如很多财产性的暴力犯罪中，行为人会精心选择作案目标，以便于犯罪得逞。在一般的报复杀人案以及冲动性杀人案件中，行为人攻击的目标是与之发生冲突或者对其利益构成威胁的特定的人。如2010年10月西安发生的药家鑫杀人案中，行为人杀害的是自己违章行为引起的交通事故的受伤者，其动机是为逃避责任而杀人灭口，应属于普通暴力犯罪。另外，在激情杀人、义愤杀人等案件中，被害人不仅是特定的，而且往往具有一定的过错，这成为其遭受攻击的诱因。

观察现实发生的案例，可以看到犯罪类型的界分并不总是清晰的，有的案件性质比较复杂，可能存在多种属性交织在一起的情况，因而产生犯罪类型的竞合。例如，2018年陕西汉中张扣扣报复杀人案，表面看，行为人具有"为母复仇"的动机，杀害的是同其家庭有过冲突的"仇人"；但从深层分析，其由于工作不顺、经济拮据、恋爱无着、人际关系紧张等而对社会产生失望情绪，也是促成其杀人犯罪的重要因素。正如其供述的那样："打工打工，两手空空，穷得只剩一条命了，对未来看不到希望，对人生也迷茫了。"[1] 因此，张扣扣案不仅是一起普通的报复杀人案，也有发泄对社会不满的动因，可以将该案归属于个人极端暴力犯罪的范畴。

---

[1]《死刑！张扣扣案一审宣判！检察机关公诉意见书全文公布》，新浪财经2019年1月8日，https://finance.sina.com.cn/roll/2019-01-08/doc-ihqfskcn5220321.shtml。

在暴力杀人犯罪中，还有一类比较特殊的案件，即连环杀人案。这类案件的行为人人格上极为冷酷、残暴，作案手段极其残忍，对社会造成的心理震动也非常大。这些特点同个人极端暴力犯罪有类似之处，但连环杀人案也有着明显不同的特点：这类案件的行为人具有变态人格，实施犯罪是为了满足其变态欲望，行为人在虐杀他人时会获得心理快感，在作案过程中会极力折磨被害人，甚至于侮辱、毁坏被害人尸体。另外，连环杀人案都是隐蔽进行、反复实施的，每次作案前行为人都会物色一个容易得手的加害目标，作案后会千方百计地逃避抓捕和法律制裁。这不同于个人极端暴力犯罪，后者常常是"高调作案"，多发生在公开场所，虽然大都是一次性作案，也不精心选择具体的被害对象，但杀伤范围大，行为人甚至有意制造社会影响。不过，实践中一部分连环杀人案的行为人也有报复社会的动机，因而同个人极端暴力犯罪存在竞合的情况。例如，山西阳泉杨树明连环杀人案中，行为人杀人一方面是基于变态的杀人欲望，另一方面也存在对现实不满、报复社会的原因。在庭审交代作案动机时，其回答是："那还不是给社会造成一种恐惧，让受害人家属对公安机关发难，看他们公安是干什么吃的，我就是要和执法机关斗，就是要报复社会。"[1] 2016年侦破的白银连环杀人案也属于这种情况。侦办人员在分析案犯高承勇的作案动机时说道："他骨子里觉得社会待他不公平，他要报复社会，我觉得他的反社会心态比变态心理更甚一点。"[2]

二、个人极端暴力犯罪同群体性暴力事件的界分

群体性暴力事件是指，由某些社会矛盾引发，一定数量的社会成员临时聚集，通过非法方式向政府表达诉求、施加压力、发泄不满、制造影响的行为。在群体性事件不能被及时有效处置的情形下，容易引起堵塞交通、冲击国家机关、打砸抢烧等暴力行为，从而升级演变为群体性暴力事件。2000年以后，由于社会矛盾的加剧以及网络社交媒体的助推等，群体性事件一度在我国呈上升趋势，其中一部分演化为恶性群体性暴力事件，对社会稳定造成严重破坏。例如，2008年贵州瓮安"6·28"事件，参与

---

[1]《第十七号未破大案（下）》，知网2020年5月6日，https://zhuanlan.zhihu.com/p/138567988。

[2]《"高承勇比较具有反社会性格"｜独家对话"白银杀人案"侦办民警》，搜狐网2018年3月30日，https://mt.sohu.com/20180330/n533602855.shtml。

打砸烧的人员超过300人，造成150余人不同程度受伤，直接经济损失达1600多万元。[1]

对于群体性暴力事件，我国也有学者称之为社会敌意事件[2]、社会泄愤事件[3]或者群体性泄愤事件。有学者归纳了此类事件的一般特征：(1)事件的起因大多源于普通的社会事件，但往往政府的处置不当成为此类事件爆发的导火索，突发性极强。(2)事件的参与主体具有非直接利益性，即大多数参与者与事件本身没有直接利益关系，只是借机表达对社会不公的不满，发泄郁积在心中的愤懑情绪。如贵州瓮安"6·28"事件的绝大多数参与者与女学生的非正常死亡没有任何利益关系。(3)事件的表现形式具有一定的自发性，一般没有明确的组织者和周密的计划、目标，多数参与者是在群体情绪的暗示和感染下卷入其中，使事态迅速恶化、难以控制。(4)参与主体行为表现出激烈的对抗性，一旦激化往往演变成各种极端行为或违法行为，如冲击基层党政机关、阻断交通、破坏公共设施等。(5)群众情绪引导不力使事态演化升级。例如，政府处置时延迟公布信息，使流言和谣言产生，在网络新媒体的传播下，不实传言加剧群众对立情绪，可能导致事件升级。(6)事态发展呈现链式反应，即如果事件处置不及时、不妥当，就可能转化升级，由局部问题发展到整体问题，由经济问题转化为政治问题，该类事件还具有广泛的示范性和传播性特点。[4]

群体性暴力事件的参与者不同程度上有着发泄对政府及社会不满情绪的动机，这一点同个人极端暴力犯罪相近。但二者也有显著区别：群体性暴力事件参与人数较多，事件发生通常有一定的具体利益诉求（多为经济性利益诉求，也有对执法、司法活动公正公开等方面的要求），且暴力行为多表现为针对政府机关的打砸抢烧等，其发生、发展有一个较长的时间过程，加之人员多、声势大，很快会在警方的掌控之下，因此，其虽然会造成一定的人员受伤及财产损失，但一般不会造成严重的人员伤亡后果。而个人极端暴力犯罪通常是由单个人实施的，一般没有具体利益诉求，是

---

[1]《贵州瓮安"6·28"事件》，https://www.sppm.tsinghua.edu.cn/__local/7/3B/FC/B2ED0034FA5B23308735C98C762_72B07AA8_18F029.pdf?e=.pdf。

[2] 皮艺军：《动态中的和谐——"社会敌意事件及调控·犯罪学高层论坛"发言摘要》，《刑事法评论》2009年第2期。

[3] 于建嵘：《中国的社会泄愤事件与管治困境》，《当代世界与社会主义》2008年第1期。

[4] 邓国良主编：《公共安全及风险应对》，法律出版社2014年版，第286—289页。

在绝望心理支配下直接攻击无辜民众的行为，其突发性更强，持续时间很短，暴力的强度更大，容易造成严重的伤亡后果。在群体性暴力事件中，由于人群聚集，人与人之间通过心理暗示、行为模仿互相感染，具有明显的"同频共振"特征，导致参与人员的非理性情绪滋长、行为失控；同时，由于人多势众，参与者普遍有一种"集体无责任"或者"法不责众"心理[1]，这也是此类案件特有的表现。从心理学角度分析，群体性暴力事件中存在参与者"去个体化"的现象，这是法国社会心理学家古斯塔夫·勒庞在其《乌合之众：大众心理研究》一书中提出的观点。所谓"去个体化"，是指当一个人身处某一群体之中时，可能会失去对个体的感觉，去除了自我施加的控制，自己内在的道德约束失效了。勒庞认为，在人群的影响之下，即使受过教育的人也变得头脑简单和非理性，平常温良守法的人也可能变得极度暴力、偏狭和残忍。[2] 在个人极端暴力犯罪案件中，基本上都是单独作案，不存在群体影响的问题，因而也不存在这种"去个体化"现象。

三、个人极端暴力犯罪同暴力恐怖犯罪的界分

个人极端暴力犯罪同暴力恐怖犯罪在外在表现上亦有颇多相似之处。二者都是针对无辜民众实施的"无差别杀人行为"，作案目标都具有一定的随机性，作案手段都十分残忍，都容易造成严重的人员伤亡后果，行为都有可能造成一定的社会恐慌，且行为人都具有报复政府和社会、制造社会影响的动机。传统的暴恐犯罪基本上是由恐怖组织实施的，因为"有组织"，同单个人实施的个人极端暴力犯罪在主体人数上存在区别。然而，近年来，随着各国反恐力度的加大，恐怖势力为逃避打击，出现了分散化、松散化的趋向，"独狼式"暴恐活动增多。"独狼式"恐怖分子不隶属于某个恐怖组织，不接受外界指令，自己策划、单独行动，行动更加灵活、机动，防范和打击难度更大。[3] 由此还带来一个问题，即如何区分"独狼式"暴恐活动与个人极端暴力犯罪，从表象来看，二者的界限是比

---

[1] 何杏娜：《暴力突发事件之安保应急处置》，中国人民公安大学出版社2014年版，第196—197页。

[2] [美]考特·R.巴特尔、安妮·M.巴特尔：《犯罪心理学》（第9版），王毅译，上海人民出版社2018年版，第101—106页。

[3] 冯卫国：《总体国家安全观与反恐对策思考》，《理论探索》2017年第5期。

较模糊的。

我国《反恐怖主义法》第 3 条规定了恐怖主义的定义，即通过暴力、破坏、恐吓等手段，制造社会恐慌、危害公共安全、侵犯人身财产，或者胁迫国家机关、国际组织，以实现其政治、意识形态等目的的主张和行为。从该定义可以看出，恐怖主义除具有暴力性等特点外，还具有政治性特点，即具有一定的政治诉求或动机。"独狼式"暴恐活动作为恐怖主义活动的一个类型，仍然具备政治性特点，是一种具有政治背景与政治动机的政治性暴力活动。个人极端暴力犯罪同"独狼式"暴恐活动的关键区别就在于，是否具有政治诉求或动机。

需要提及的是，恐怖主义同极端主义有密切关系，极端主义是恐怖主义的思想基础，恐怖主义是极端主义的极端化表现。在我国，极端主义主要表现为宗教极端主义与极端民族主义，这是以"东突"为主体的恐怖主义势力的思想土壤。同个人极端暴力犯罪的行为人一样，极端主义者通常具有极端化的思维模式，即片面地看待问题，采取偏激的方式解决问题，但在此基础上，其接受了极端化的政治主张和意识形态，这是不同于个人极端暴力犯罪的。从某种意义上讲，个人极端暴力犯罪实施暴力是为了报复社会，而恐怖主义犯罪实施暴力不仅是为了报复社会，也是为了改变社会，亦即实现民族分离、国家分裂、颠覆政权、建立神权政治等目的。因此，个人极端暴力犯罪仅是危害公共安全的犯罪，而暴力恐怖犯罪兼有危害公共安全与危害国家安全的双重性质。

当前，我国一些学者将个人极端暴力犯罪称为个体（个人）恐怖主义或者独狼恐怖主义。如刘玉雁认为，个体恐怖主义犯罪是个人为了达到报复社会、发泄怨愤等目的而实施的犯罪，这类案件通常不具有政治目的和组织性，与有组织的恐怖主义存在一定的区别，但是它们的效果是"恐怖"的，因此不能把这类犯罪与普通刑事犯罪等量齐观，因为其是以无辜的平民作为袭击对象的，造成的生命财产损失及社会恐慌不亚于恐怖组织犯罪，具有明显的反社会性与反人类性。[1] 笔者同意这一论点中对这类犯罪特点的概括，但不赞成将其表述为个体恐怖主义犯罪。一些学者认为恐怖主义不必具备政治或意识形态动机，笔者对这种见解持否定态度。关于

---

[1] 刘玉雁：《中国政府恐怖主义危机管理问题研究》，北京师范大学出版社 2011 年版，第 33 页。

恐怖主义的定义，一直争议不断，至今没有形成一个国际上被广泛接受的定义，但恐怖主义是滥杀无辜的政治暴力行为，具有一定的政治动机，在这一点上基本达成了共识。例如，美国研究恐怖主义问题的经典学术著作——娜克丝的《反恐原理》一书中这样定义恐怖主义："恐怖主义是由团体或个人实施的、旨在影响目标公众和政府的行为和行动的、故意瞄准平民或非战斗人员的政治暴力或暴力威胁。"[1] 我国《反恐怖主义法》第3条关于恐怖主义的定义中，实际也强调了恐怖主义的政治特性。由于在是否具有政治属性上的不同，个人极端暴力犯罪在形成机理、治理路径等方面同恐怖主义犯罪也有很多差异，因此，应当将二者加以区分，这有助于针对各自的不同特点进行更有针对性的防范和治理。

四、个人极端暴力犯罪同仇恨犯罪的界分

仇恨犯罪的概念产生于美国20世纪80年代，也被称为"歧视与敌意犯罪""偏见犯罪"。根据美国国会的定义，仇恨犯罪是"全部或部分因种族、宗教、残疾、民族或性取向等方面的偏见而侵犯个人权利或财产的刑事犯罪"[2]。近年来，西方一些国家仇恨犯罪数量连年上升，成为一个引发广泛关注的社会问题。为了加强对仇恨犯罪的打击，西方国家纷纷出台相关立法，如美国于2009年通过了专门的《仇恨犯罪防治法》。

在西方国家，仇恨犯罪与恐怖犯罪都不是明确的法律概念，且都有一定的政治因素，因而二者的界限相当模糊，在具体案件的定性上经常充满争议。如有学者批评道："美国境内的恐怖事件数量很少，乍看上去让人感到宽慰，但这些数据可能忽略了许多具有恐怖主义的所有特征，但被归类为仇恨犯罪的袭击。"[3] 在一些相关案件发生后，官方表态或者媒体报道对其定性会受到意识形态、政治策略等因素的影响，从而引发争议。"传统上，新闻媒体把右翼极端分子的暴力行为描述为仇恨犯罪，而非恐怖主义。但是，在这些案例中使用恐怖主义字眼会更精确，因为右翼极端

---

[1] [美] 布丽奇特·L. 娜克丝：《反恐原理：恐怖主义、反恐与国家安全战略》（第4版），陈庆、郭刚毅译，金城出版社、社会科学文献出版社2016年版，第46页。

[2] [美] 贝思·M. 许布纳、蒂莫西·S. 拜纳姆主编：《犯罪学与刑事司法测量问题手册》，付欣、程乐、孟超等译，法律出版社2020年版，第176页。

[3] [美] 布丽奇特·L. 娜克丝：《反恐原理：恐怖主义、反恐与国家安全战略》（第4版），陈庆、郭刚毅译，金城出版社、社会科学文献出版社2016年版，第109页。

分子有明确的政治怨怼，他们认为这是其暴力行为的动机和理由。例如，反堕胎狂热分子对堕胎服务提供者进行袭击并经常将其杀害、致残，原因是他们反对堕胎合法化……反移民的极端分子以移民为目标，因为他们认为政府没有保障美国的边界安全，未能制定有效的（反）移民改革；反税收极端分子武装袭击国税局，因为他们反对政府强加的税。"[1]

笔者同意有学者的见解，这两类犯罪实际上存在竞合现象，二者在一定条件下也可以相互转化。[2] 例如，2011年发生的挪威爆炸枪击事件，警方将其定性为国内恐怖袭击，该案也被普遍认为具有仇恨犯罪的性质，案犯布雷维克属于极右翼分子，具有强烈的民粹主义和反移民倾向。另外，通过对西方国家相关案件及其处理情况的梳理可以发现，袭击的范围、暴力程度及后果的严重性，也是案件定性考虑的重要因素。如果袭击的是单个的或极个别的被害人，暴力程度较轻或者仅仅是语言上的攻击，没有造成严重的人员伤亡后果，则官方或者媒体倾向于将其定性为仇恨犯罪；反之，如果被害人范围广，暴力没有节制，伤亡后果严重，则有关方面更倾向于将其定性为恐怖袭击犯罪。

西方的"仇恨犯罪"同我国的个人极端暴力犯罪亦有诸多近似之处，如行为人主观上都有极端化的思维和仇视心理，客观上都有一定程度的针对无辜者的暴力行为。不过，两者也存在较大的差异。西方的"仇恨犯罪"主要是由被害人的种族、宗教、族群起源或性取向等因素引发的，攻击目标一般指向的是某一特定族群或人群，行为人可能是一人作案，也可能是共同作案，而且行为人有可能加入一个仇恨团体。另外，"仇恨犯罪"不一定都伴随严重的暴力行为，调查显示，相当多的被害人只是受到恐吓或骚扰，这些行为在西方一些国家的刑法上也构成独立的犯罪。而我国的"个人极端暴力犯罪"则是某一社会成员（多为社会底层成员）因为对生活绝望而报复社会、滥杀无辜的行为，其背后并没有民族、宗族、宗教等歧视性的原因，虽然行为人也存在仇恨心理，其仇恨的是抽象的整个社会，或即使其对某些社会阶层或职业群体抱有敌意，如官员、富人等（即所谓的"仇官""仇富"），但其攻击目标的选择具有一定的随机性，往往

---

[1] [美]布丽奇特·L.娜克丝：《反恐原理：恐怖主义、反恐与国家安全战略》（第4版），陈庆、郭刚毅译，金城出版社、社会科学文献出版社2016年版，第88—89页。

[2] 兰迪：《仇恨犯罪与恐怖主义犯罪的比较研究——在中国语境下的考察》，《中国人民公安大学学报（社会科学版）》2015年第1期。

指向无辜民众甚至是少年儿童等社会弱者，借此来发泄对整个社会的不满。

当前，我国学界有人借鉴西方的"仇恨犯罪"来指称本书所述的个人极端暴力犯罪。[1] 笔者认为，西方的"仇恨犯罪"同我国的个人极端暴力犯罪在生成原因、外在表现等方面都有显著不同；另外，这一概念本身在西方存在很大争议，被一些学者批评"充满了模糊性、主观性，在刑事司法中很难准确界定"[2]。鉴于此，我国不宜简单照搬西方的这一概念。相对而言，"个人极端暴力犯罪"这一本土化概念表述更为准确、合理，且业已在我国理论界和实务界得到较为广泛的认可，应当在坚持这一概念表述的前提下，推进对这一特殊犯罪类型的研究，以服务于犯罪治理实践。

---

[1] 张旭、施鑫：《我国当前仇恨犯罪的原因解析——以2010年以后仇恨犯罪典型案例为研究样本》，《吉林大学社会科学学报》2017年第3期。

[2] 王文华：《美国反"仇恨犯罪"刑事法研究》，《中国刑事法杂志》2010年第1期。

第三章 个人极端暴力犯罪的宏观考察

第一节 研究素材与研究方法简介

本章着重分析个人极端暴力犯罪的宏观特点与总体趋势，主要采用实证研究方法中的统计分析法进行研究。首先，将研究素材、研究方法进行必要的介绍与说明。

一、研究素材

本部分的研究素材主要是从媒体公布的相关案件中选取的典型案例，共选取 152 件，去除在性质归属上存在理论争议的一些案例后[1]，共得到有效案例 138 件。针对这些案例还需要说明以下几点：

1. 案例主要来源于我国媒体的公开报道，案例的时间跨度为 2001 年至 2019 年上半年。[2] 有的案例涉及的某些信息存在多个媒体报道不一致的情况，本书在选取案例时，对相关信息进行了甄别；同时，就部分案例查找到司法机关的生效裁判文书，通过梳理和对比，以确保相关信息的可靠性和准确性。

2. 本次统计的均为我国国内（不含港澳台）发生的个人极端暴力犯罪案例。在全部案例中，除西藏自治区没有统计案例外（可能是没有收集到相关案例的原因），其他各省市区均有典型案例统计。

3. 涉及的罪名主要有故意杀人罪、故意伤害罪、放火罪、爆炸罪、以危险方法危害公共安全罪等。个案中的具体罪名原则上以生效裁判文书认定的罪名为准；如果没有判决书或裁定书的，则以犯罪人可能涉嫌的罪名为准[3]；如果该数据缺失的，则以缺失值表示。缺失的数据可能是因为犯罪人被当场击毙或犯罪人当场自杀或犯罪后不久自杀身亡等无法收集到。

---

[1] 包括去除精神病类犯罪人的案例，但只去除了不负刑事责任的精神病人案例，而保留了经鉴定为限制行为能力人的案例。

[2] 本研究没有统计 2000 年之前的案例：一是因为该部分案例经公开媒体报道得很少，能够收集到的案例数极少，且该部分案例的时间较久远，如果统计在内会造成统计数据的不均衡，大部分年份会缺失数据；二是该部分案例的典型特征已包含在本研究统计的案例中；三是相关案例在其他章节中有所体现，也作了一定分析，本研究没有完全忽视 2000 年之前的案例。

[3] 因为存在有的犯罪人被当场击毙或自杀身亡而没有被法院判决或裁定等情况。

4. 案例中部分犯罪人信息由于公开媒体发布的信息不完整而缺失，在统计时作了说明和标注。其中，缺失信息较多的为犯罪人个人信息部分，如犯罪人的家庭、文化程度等情况。这些信息的缺失均对案例的统计分析结果造成一定的影响，在统计分析时已经作了相关说明。

5. 本研究在选取个人极端暴力犯罪样本时是在公开媒体上随机选取的，尽量选取能收集到的最大样本量，从而保证了研究样本的随机性和客观性。本研究收集的案例有138件，作为全国样本来说，似乎数量不够多，但已经达到了统计学上的基本要求。同时，本研究选取的样本案例具有较强的代表性，也具有较高的研究价值。

二、研究方法

本研究通过统计分析软件（如SPSS、Modeler）进行数据统计分析，在统计分析前首先对数据进行了提取和整理等基础工作。本研究使用的数据来自138件个案，研究涉及犯罪人的性别、年龄、文化程度、作案手段、犯罪对象、刑罚情况等主要变量，具体情况见表3.1。

表 3.1 主要研究变量及其分类

序号	变量名称	变量分类
1	性别	男，女
2	年龄阶段	17—35岁，36—50岁，51岁及以上
3	文化程度	文盲，小学，初中，高中、中专、技校，大学以上
4	婚姻状况	未婚，已婚，离异，丧偶
5	生活状态	贫困，一般，富裕
6	职业情况	学生，农民，工人（含农民工），公司职员，无业，其他（含自主职业）
7	作案地点	居民社区，学校，广场、商场等公共场所，公交车，公路（含高速公路），其他（含农村）
8	作案手段	爆炸，纵火，杀人伤害，开车撞人，其他（含抢劫、劫持人质、强奸等）
9	犯罪对象	家属亲人，邻居朋友，学生，公务员、军警，普通公众
10	刑罚情况及后果	有期徒刑，无期徒刑，死刑，死刑立即执行，当场击毙，自杀身亡
11	心理状态	精神病（含间歇性精神病），人格障碍（如偏执、反社会人格等），心理问题（如自卑、孤独等），心理正常，未鉴定

续表

序号	变量名称	变量分类
12	前科次数	用数字表示前科次数
13	学校类别	幼儿园，小学，中学，大学
14	社会问题	经济压力，家庭矛盾，邻里纠纷，单位矛盾（同学矛盾），执法冲突，其他

对个人极端暴力犯罪典型案例的统计分析主要采用描述性统计、频率性统计、交叉表分析、独立样本 t 检验、方差分析和回归分析等方法进行。研究中的数据挖掘算法及模型验证通过数据挖掘软件 Modeler 来实现，涉及案例特征筛选、犯罪人特征提取等相关数据整理工作。本部分在分析个人极端暴力犯罪案件的宏观特征时，除进行各特征的描述性统计分析外，还对某些特征之间的差异进行了比较分析，如采用交叉表和卡方检验方法进行特征差异检验等。

三、典型案例

本研究收集了发生在 2001 年至 2019 年上半年的我国媒体公开的 138 件典型案例。从不同角度出发，可将个人极端暴力犯罪案件划分成不同类型，如：根据行为人有无预谋分为预谋型和突发型；根据作案次数分为单次作案型与系列作案型；根据攻击对象特点分为目标随机型与目标特定型；根据行为人是否有自杀行为分为自杀式攻击型与非自杀式攻击型；等等。本研究主要根据不同犯罪实施场所进行划分，这种划分有助于根据犯罪实施场所的特性，设计有针对性的防控对策。据此标准，主要分为以下类型：校园个人极端暴力犯罪、公共交通个人极端暴力犯罪、公共场所个人极端暴力犯罪、农村个人极端暴力犯罪、其他个人极端暴力犯罪等。

（一）校园个人极端暴力犯罪

校园个人极端暴力犯罪，是指发生在校园内或者校园附近，主要针对学生群体实施的个人极端暴力犯罪。这里所指的校园，包括幼儿园、小学、中学、大学。但从实践看，发生在大学校园的相关案件极少，典型案例如 2003 年北大清华食堂爆炸案、2004 年云南大学马加爵杀害同学案等。校园个人极端暴力犯罪案件大多发生在中小学或者幼儿园，相对于以成年人为主的大学生，中小学生及幼儿防范能力弱，犯罪分子针对其作案更容易得逞；而且，这类案件把"魔爪"伸向未成年人，严重挑战人类道德良知的底线，造成的社会影响更为恶劣。由于安保意识不强、安保力量薄弱等，我国的校园个人极端暴力犯罪一度出现高发势头，在2010年曾经出现40天内发生5起校园惨案的情况。2010年之后，随着全国各地校园普遍加强了安保力量，校园个人极端暴力犯罪呈现下降趋势，但仍时有发生。

发生在幼儿园、中小学的此类典型案件有：2003年广东吴川"11·24"某幼儿园投毒案，2003年广西北海"3·7"某幼儿园砍杀案，2004年河北辛集"2·27"某幼儿园行凶案，2004年甘肃宕昌"4·29"某小学凶杀案，2004年江苏宿迁"9·11"某幼儿园砍杀案，2004年山东莒县"9·20"某小学行凶案，2004年湖南郴州"9·30"某小学砍杀、劫持案，2004年河南汝州"11·25"某中学凶杀案，2004年北京"10·21"某幼儿园凶杀案，2006年河南巩义"5·8"某幼儿园纵火案，2007年广东徐闻"6·13"砍杀小学生案，2010年福建南平"3·23"某小学凶杀案，2010年广西合浦"4·12"某小学凶杀案，2010年广东雷州"4·28"某小学凶杀案，2010年江苏泰兴"4·29"某幼儿园凶杀案，2010年山东潍坊"4·30"某小学凶杀案，2010年陕西南郑"5·12"某幼儿园凶杀案，2012年广西平南"9·21"砍杀小学生案，2012年河南光山"12·14"某小学持刀伤害案，2012年河北丰宁"12·24"驾车袭击学生案，2013年广西灵川"9·9"某学校大门附近爆炸案，2014年湖北麻城"5·20"校园砍杀案，2014年湖北潜江"6·10"劫持小学生案，2014年湖北十堰"9·1"校园砍杀案，2016年河南南阳"2·29"驾车袭击学生案，2016年海南海口"2·29"砍杀小学生案，2016年山东济南"10·21"某中学砍人、劫持案，2018年陕西米脂"4·27"袭击学生案，2018年浙江瑞安"9·21"校园杀人案，2018年辽宁建昌"11·12"开车冲撞学生案，2019年北京"1·8"伤害小学生案，等等。

（二）公共交通工具个人极端暴力犯罪

这里的公共交通工具，包括公交车、长途大巴车、地铁、火车、飞机、轮船等。从实际发案情况看，个人极端暴力犯罪主要发生在公交车和长途大巴车上，个别案件涉及地铁，发生在火车、飞机、轮船上的此类案件十分罕见。究其原因，除了轮船作为客运工具相对来说使用范围有限，在客运中的运输量占比不高，主要原因还在于火车、飞机的安检制度更为严格，针对这些交通工具作案很难得逞。由于运营中的公共交通工具具有速度快、场所相对封闭、人员密集等特点，一旦针对其实施暴力犯罪，很容易造成较大人员伤亡和财产损失，引发社会恐慌心理，严重威胁人民群众的出行安全。这方面的典型案件有：2004年湖南望城"9·1"公交车爆炸案、2004年长沙"10·26"公交车爆炸案、2005年新疆奎屯"1·20"中巴车爆炸案、2005年福州"8·8"公交车爆炸案、2007年重庆"10·2"公交车纵火案、2008年昆明"7·21"公交车连环爆炸案、2009年成都"6·5"公交车纵火案、2010年长沙"7·21"机场大巴纵火案、2011年广州"1·10"地铁纵火案、2011年湖北荆州"10·14"公交车纵火案、2013年厦门"6·7"公交车纵火案、2013年河南安阳"8·19"公交车持刀抢劫杀人案、2013年成都"8·25"公交车杀人案、2014年陕西蒲城"1·5"大巴车纵火案、2014年贵阳"2·27"公交车纵火案、2014年四川宜宾"5·12"公交车纵火案、2014年杭州"7·5"公交车纵火案、2014年长沙"7·11"公交车纵火案、2014年广州"7·15"公交车纵火案、2014年山东烟台龙口"8·20"公交车纵火案、2014年广西柳州"11·21"公交车纵火案、2015年北京通州"5·5"公交车纵火案、2015年福建厦门"1·15"公交车纵火案等。

（三）公共场所个人极端暴力犯罪

个人极端暴力犯罪常发生在公共场所，常见的公共场所包括广场、商场、市场、超市、营业大厅、影剧院、医院、宾馆饭店、旅游景区、机场、汽车站、火车站等。公共场所人流量大，在此发生的个人极端暴力犯罪案件容易造成重大人员伤亡，严重破坏社会秩序。这方面的典型案件有：2001年北京西客站"5·13"持刀持爆劫持人质案、2007年云南丽江"4·1"导游砍人事件、2011年内蒙古包头"1·23"商厦纵火案、2011年长沙"4·25"水泥车闹市区冲撞行人车辆案、2013年北京"7·20"首都机场T3航站楼爆炸案、2013年北京"7·22"某超市持刀行凶案、2013年黑龙江海伦"7·26"敬老院纵火案、2013年武汉"8·16"商场砍人案、2013年浙江温岭"10·25"医院杀人案、2013年太原"11·6"迎泽大街连环爆炸案、2018年广东英德"4·24"KTV纵火案等。

（四）农村个人极端暴力犯罪

农村个人极端暴力犯罪主要是指发生在农村地区的个人极端暴力犯罪，但不包括发生在农村学校的个人极端暴力犯罪，因为第一类校园个人极端暴力犯罪已统计。典型案件如 2001 年陕西横山马坊村"7·16"特大爆炸案、2009 年湖北随州洛阳镇"1·4"杀人案、2009 年贵州黔西花溪乡"3·1"特大凶杀案、2009 年吉林农安合隆镇"9·11"杀人案、2009 年内蒙古清水河宏河镇"11·26"特大凶杀案、2009 年湖南安化高明乡"12·12"杀人纵火案、2010 年江西吉水八都镇"5·8"特大杀人案、2011 年河北泊头"9·26"特大凶杀案、2013 年宁夏彭阳红河乡"10·14"灭门案、2014 年云南腾冲猴桥镇"1·30"除夕持枪杀人案、2016 年云南会泽待补镇"9·29"特大杀人案、2018 年湖南隆回桃洪镇"7·5"砍杀群众案等。

（五）其他个人极端暴力犯罪

其他个人极端暴力犯罪是指除以上分类之外的个人极端暴力犯罪，如发生在居民社区、国家机关等场所的个人极端暴力犯罪。发生在居民社区的个人极端暴力犯罪案件，从起因看，多数由家庭矛盾、邻里纠纷等恶性转化而来，如 2001 年石家庄"3·16"特大爆炸案、2009 年北京大兴"11·23"灭门案、2009 年河北清河"12·28"持枪杀人案等。发生在国家机关的个人极端暴力犯罪案件，大多是因为行为人对执法机关、司法机关的执法或司法行为不满，进而产生非理性的敌对和报复举动，如 2005 年湖南永兴"2·25"法院爆炸案、2006 年甘肃民乐"1·6"法院爆炸案、2008 年上海闸北区"7·1"袭警案、2011 年江西抚州"5·26"连环爆炸案、2011 年湖南长沙"7·30"某税务分局爆炸案、2013 年山东荣成"9·3"镇政府爆炸案等。

第二节　个人极端暴力犯罪的时间特征

一、时间变量

对个人极端暴力犯罪时间特征的分析，主要包括该类犯罪在时间维度上的数量分布情况和变化趋势，其中时间变量包括年份特征、月份特征、时点特征和时长特征。

年份特征中，除分析每年的数量分布情况外，还按每五年为一个时间段进行分类，分析各年份段个人极端暴力犯罪案件的数量分布情况和变化趋势。

月份特征中，是按个人极端暴力犯罪案件发生的月份进行统计分析，以公历月份 1—12 月计算。

时点特征中，是按个人极端暴力犯罪案件发生的时间点进行统计分析，时间点一般不为整数，但这里为统计方便取其四舍五入值，即不到半点的舍去，过半点的计入下一时点，如 8∶20 计为 8 点、8∶40 计为 9 点。

时长特征中，是按犯罪人的作案时间进行统计分析，分为 10 分钟以内、1 小时以内、1 天以内、1 天以上和其他几个时间长度，其中下一个时间长度均不包含上一个时间长度，如 1 小时以内的时长包括 10 分钟（不含）以上到 1 小时。

在数据整理过程中，犯罪案例在时间维度上存在不同程度的数据缺失，大部分缺失时点和时长数据，故这两部分的内容统计信息并不完整，其他缺失数据均在统计时作了说明。

二、年份特征

根据对个人极端暴力犯罪案件在 2001 年到 2019 年上半年的不完全统计结果，可以发现其在年份上的基本数量分布规律。

（一）逐年数量分布特征

个人极端暴力犯罪案件在 2001 年到 2019 年上半年的数量分布并不均衡，其各年限的数量分布统计情况见表 3.2。

表 3.2　个人极端暴力犯罪案件各年限的数量分布情况统计表[1]

年限	案件数量/件	百分比/%	有效百分比/%	累积百分比/%
2001	4	2.9	2.9	2.9
2002	4	2.9	2.9	5.8
2003	3	2.2	2.2	8.0
2004	12	8.7	8.7	16.7
2005	3	2.2	2.2	18.8
2006	6	4.3	4.3	23.2
2007	5	3.6	3.6	26.8
2008	5	3.6	3.6	30.4

[1] 表格中，百分比是指某项目下案件数量在全部案件数量（138 件）中的占比；有效百分比是指某项目下案件数量在有效样本案件数量（即全部案件数量减去数据缺失案件数量后剩余的案件数量）中的占比，累积百分比是指某项目及其之前项目下案件数量之和在有效样本案件数量中的占比。本书后文表格中的"百分比""有效百分比""累积百分比"意思相同。

续表

年限	案件数量/件	百分比/%	有效百分比/%	累积百分比/%
2009	12	8.7	8.7	39.1
2010	8	5.8	5.8	44.9
2011	8	5.8	5.8	50.7
2012	6	4.3	4.3	55.1
2013	17	12.3	12.3	67.4
2014	19	13.8	13.8	81.2
2015	3	2.2	2.2	83.3
2016	4	2.9	2.9	86.2
2017	1	0.7	0.7	87.0
2018	14	10.1	10.1	97.1
2019	4	2.9	2.9	100.0
合计	138	100.0	100.0	

总体来看，个人极端暴力犯罪案件在2001年到2019年上半年各年间的数量分布并不均衡，呈现出有多有少的分布差异。具体来说，在2004年、2009年、2013年、2014年、2018年案件数量分布较多，尤以2014年的案件数量最多；在2001—2003年、2005年、2015—2017年案件数量较少。一方面，主要是因为能够在公开媒体上收集到的各年的个人极端暴力犯罪案件的情况不同；另一方面，从侧面显示了我国公安机关及司法机关打击个人极端暴力犯罪的效果，从某种程度上使该类案件的发生得到了一定遏制，比如该类案件在2014年之后总体发案数量呈相对下降态势（2018年除外）。个人极端暴力犯罪案件的各年限数量分布情况见图3.1。

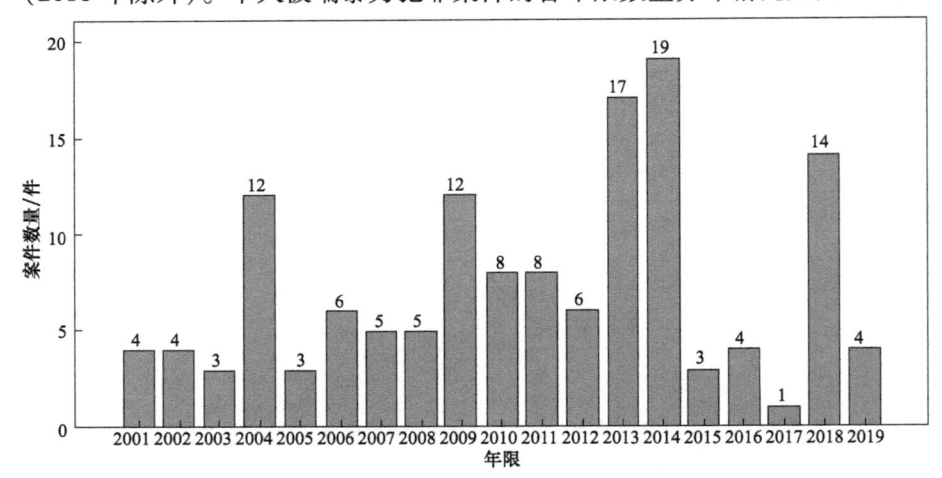

图3.1 个人极端暴力犯罪案件各年限的数量分布条形图

（二）五年段数量分布特征

将个人极端暴力犯罪案件按每五年进行分段统计，然后分析其数量分布特征。每五年的案件数量分布情况见表3.3。

表 3.3 个人极端暴力犯罪案件各分类年限中的数量分布情况统计表

年限分类	案件数量/件	百分比/%	有效百分比/%	累积百分比/%
2001—2005 年	26	18.8	18.8	18.8
2006—2010 年	36	26.1	26.1	44.9
2011—2015 年	53	38.4	38.4	83.3
2016—2019 年上半年	23	16.7	16.7	100.0
合计	138	100.0	100.0	

总体来看，在2001年到2019年上半年四个时间段区间，个人极端暴力犯罪案件的数量分布也不均衡。在第一个五年段和第二个五年段，案件数量分布相差不大，均在30件左右；在第三个五年段区间，案件数量则达到53件，平均每年在10件以上；而在第四个时间段，案件数量又有了大幅下降，为23件，平均每年6件左右（最后一个时间段仅统计了3.5个年份）。各年限区段的案件数量分布情况见图3.2。

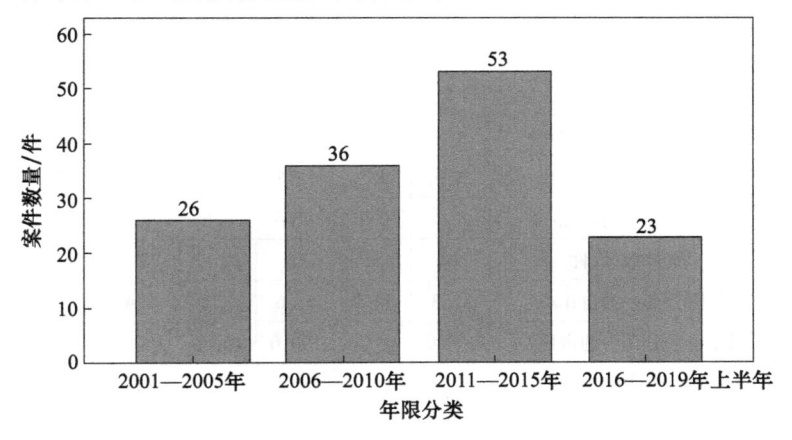

图 3.2 个人极端暴力犯罪案件五年段数量分布条形图

为了更深入地了解各五年段内个人极端暴力犯罪案件犯罪手段[1]的变

---

〔1〕 因为个人极端暴力犯罪案件的罪名数据并不完整且不均衡，所以用犯罪手段的数据来观察各年限段内个人极端暴力犯罪案件的变化情况。

化情况，通过各年限段与犯罪手段的交叉表分析，可以发现更深层次的规律，具体结果见表3.4。

表3.4　个人极端暴力犯罪案件中年限分类与犯罪手段的交叉表

年限类别		犯罪手段						合计
		爆炸	纵火	杀人伤害	开车撞人	投毒	其他	
2001—2005年	案件数量/件	8	1	13	1	2	1	26
	年限分类中的占比/%	30.8	3.8	50.0	3.8	7.7	3.8	100.0
	犯罪手段分类中的占比/%	47.1	4.5	15.3	10.0	100.0	50.0	18.8
	案件总数中的占比/%	5.8	0.7	9.4	0.7	1.4	0.7	18.8
2006—2010年	案件数量/件	1	6	27	2	0	0	36
	年限分类中的占比/%	2.8	16.7	75.0	5.6	0	0	100.0
	犯罪手段分类中的占比/%	5.9	27.3	31.8	20.0	0	0	26.1
	案件总数中的占比%	0.7	4.3	19.6	1.4	0	0	26.1
2011—2015年	案件数量/件	7	14	29	2	0	1	53
	年限分类中的占比/%	13.2	26.4	54.7	3.8	0	1.9	100.0
	犯罪手段分类中的占比/%	41.2	63.6	34.1	20.0	0	50.0	38.4
	案件总数中的占比/%	5.1	10.1	21.0	1.4	0	0.7	38.4
2016—2019年上半年	案件数量/件	1	1	16	5	0	0	23
	年限分类中的占比/%	4.3	4.3	69.6	21.7	0	0	100.0
	犯罪手段分类中的占比/%	5.9	4.5	18.8	50.0	0	0	16.7
	案件总数中的占比/%	0.7	0.7	11.6	3.6	0	0	16.7
合计	案件数量/件	17	22	85	10	2	2	138
	年限分类中的占比/%	12.3	15.9	61.6	7.2	1.4	1.4	100.0
	犯罪手段分类中的占比/%	100.0	100.0	100.0	100.0	100.0	100.0	100.0
	案件总数中的占比/%	12.3	15.9	61.6	7.2	1.4	1.4	100.0

通过表3.4可以发现，在2001—2005年，个人极端暴力犯罪以爆炸案和杀人伤害案为主；在2006—2010年，以杀人伤害案为主，纵火案也相对较多；在2011—2015年，杀人伤害案、纵火案及爆炸案均较多；在2016—2019年上半年，以杀人伤害案为主，也有多件开车撞人案发生。整体来看，四个年限区间的犯罪案件所使用的犯罪手段存在较大差异。

各年限段与犯罪手段的卡方检验结果如表3.5所示。

表 3.5 个人极端暴力犯罪案件中各年限段与犯罪手段的卡方检验结果

维度	值	df	渐进 Sig.（双侧）
Pearson 卡方	39.988a	15	.000
似然比	37.232	15	.001
线性和线性组合	.726	1	.394
有效案例中的 N	138		

卡方检验结果显示，各年限段与个人极端暴力犯罪的犯罪手段之间存在统计学上的显著性差异（P<0.001）。这也印证了前文的结论，即在各年限段内个人极端暴力犯罪的犯罪手段存在显著差异。换言之，个人极端暴力犯罪案件中犯罪手段随着时间的变化而发生改变，虽然各年限段内的杀人伤害案件均发生较多，但其他作案手段存在变化，从开始的爆炸发展到后来的纵火和开车撞人等方式。这也间接反映出，随着公安机关、司法机关对个人极端暴力犯罪打击力度的加大，犯罪人也会在犯罪手段上出现相应的变化。例如：随着公安机关"缉枪治爆"行动的逐步深入，犯罪分子对爆炸物的获取日益困难，爆炸类的案件呈现下降势头；而伴随着家用汽车的不断普及，开车撞人的案件有增长之势。

（三）年度发展态势

综合这类案件的逐年数量分布情况和各年限段数量分布情况的统计数据来看，个人极端暴力犯罪案件发案量呈现出忽高忽低的不稳定发展态势。个人极端暴力犯罪案件逐年数量分布趋势见图 3.3。

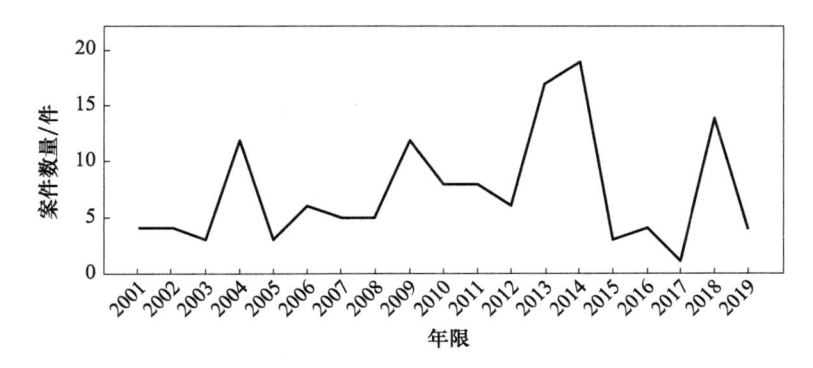

图 3.3 个人极端暴力犯罪案件逐年数量分布趋势图

从个人极端暴力犯罪案件逐年数量分布趋势图看，个人极端暴力犯罪案件呈现出四个高峰阶段，第一个高峰是在 2004 年，第二个高峰是在 2009 年，第三个高峰是在 2013 年到 2014 年，第四个高峰是在 2018 年；而在其他年份则呈现相对较低的发展态势。相对来说，个人极端暴力犯罪案件的发案量在 2013 年到 2014 年达到了最高值，从 2015 年之后则出现了较大幅度的下降态势（2018 年除外）。这也显示出，近年来国家针对该类案件加大打击力度、推进综合治理，取得了一定效果。

三、月份特征

个人极端暴力犯罪案件在各月份的数量分布也呈现出一定的变化趋势，其各月份数量分布情况统计见表 3.6。

表 3.6　个人极端暴力犯罪案件各月份数量分布情况统计表

犯罪月份	案件数量/件	百分比/%	有效百分比/%	累积百分比/%
1	9	6.5	6.5	6.5
2	14	10.1	10.1	16.7
3	8	5.8	5.8	22.5
4	10	7.2	7.2	29.7
5	14	10.1	10.1	39.9
6	11	8.0	8.0	47.8
7	16	11.6	11.6	59.4
8	14	10.1	10.1	69.6
9	14	10.1	10.1	79.7
10	10	7.2	7.2	87.0
11	10	7.2	7.2	94.2
12	8	5.8	5.8	100.0
合计	138	100.0	100.0	

总体来看，个人极端暴力犯罪案件在各月份的数量分布也不均衡。其中，7 月数量最多，达到 16 件；在 2 月、5 月、8 月、9 月均为 14 件；相对来说，较少的月份有 1 月、3 月和 12 月。由于各月份的案件数量差异并不太大，加之收集案例的局限性，我们认为，个人极端暴力犯罪案件在各月份的数量分布没有明显的变化趋势，即无明显规律可循。但基本可以得出的结论是，天气寒冷月份如冬季的发案数量相对较少。

个人极端暴力犯罪案件各月份的数量分布趋势见图 3.4。

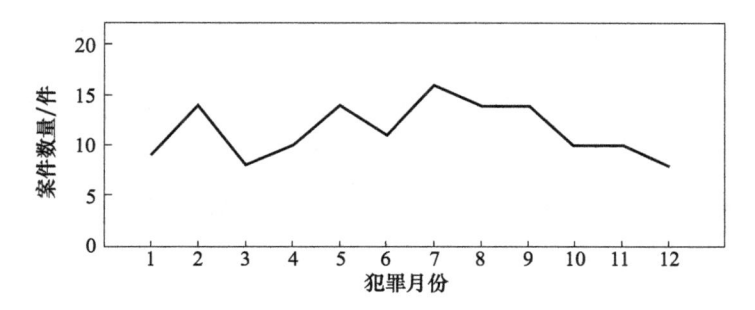

图 3.4　个人极端暴力犯罪案件各月份数量分布趋势图

由图 3.4 可以明显看出，个人极端暴力犯罪案件在各月份的数量分布不均，其中冬季月份的案件数量相对较少，春季和秋季月份的案件数量相对平稳，夏季月份的案件数量相对较多。例如，仅 2013 年 6 月至 7 月，就发生了厦门公交车纵火、北京朝阳大悦城持刀行凶、冀中星首都机场引爆自制炸弹、北京马连道家乐福持刀行凶、北京大兴摔死女童等 7 起个人极端暴力案件，造成了大量人员伤亡、财产损失，并产生了不良社会影响。

上述夏季个人极端暴力犯罪案件较多的发现，同一些学者的相关研究结论是吻合的。我国一些犯罪学论著提出，暴力犯罪在夏季发案较多，与夏季气候炎热，致人烦躁不宁、易受刺激，以及户外活动增多，社会性摩擦、纠纷亦增多的外在因素有关。[1] 国外也有类似的研究结论。2013 年 8 月 1 日，美国《科学》杂志发表一项由普林斯顿大学和加利福尼亚大学伯克利分校联合研究的暴力冲突与气候关系问题的成果，研究通过大数据分析得出结论，高温和暴力行为呈现很紧密的正相关性，即天气越热人越暴力，导致犯罪率上升。[2] 2013 年，韩国大检察厅的一项调查也显示，类似我国个人极端暴力犯罪的"不要问"犯罪多发生在 7 月到 9 月的夏季。[3]

---

[1] 储槐植、许章润等：《犯罪学》，法律出版社 1997 年版，第 177 页。
[2] 《美国研究表明：天气越热 人越暴力》，临沂大众网 2013 年 8 月 15 日，https：//linyi.dzwww.com/health/zxxw/201308/t20130815_8769132.htm。
[3] 《个人极端暴行在全球遭围剿》，环球网 2013 年 7 月 26 日，https：//world.huanqiu.com/article/9CaKrnJBvNq。

四、时点特征

个人极端暴力犯罪案件在犯罪时点上的数量分布呈现出一定的变化规律,其各犯罪时点上的数量分布情况见表 3.7。

表 3.7 个人极端暴力犯罪案件在犯罪时点上的数量分布情况统计表

	犯罪时点	案件数量/件	百分比/%	有效百分比/%	累积百分比/%
有效样本	1	1	0.7	0.8	0.8
	2	4	2.9	3.1	3.9
	3	1	0.7	0.8	4.7
	4	2	1.4	1.6	6.3
	5	4	2.9	3.1	9.4
	6	1	0.7	0.8	10.2
	7	12	8.7	9.4	19.5
	8	9	6.5	7.0	26.6
	9	11	8.0	8.6	35.2
	10	9	6.5	7.0	42.2
	11	7	5.1	5.5	47.7
	12	11	8.0	8.6	56.3
	13	5	3.6	3.9	60.2
	14	2	1.4	1.6	61.7
	15	5	3.6	3.9	65.6
	16	9	6.5	7.0	72.7
	17	6	4.3	4.7	77.3
	18	7	5.1	5.5	82.8
	19	3	2.2	2.3	85.2
	20	2	1.4	1.6	86.7
	21	8	5.8	6.3	93.0
	22	2	1.4	1.6	94.5
	23	7	5.1	5.5	100.0
	合计	128	92.8	100.0	
数据缺失样本		10	7.2		
合计		138	100.0		

总体来看，如果排除个案收集的样本差异影响，个人极端暴力犯罪案件在犯罪时点上的数量分布并不均衡，除 0 时没有案件发生外，其他时点都有案件发生。相对来说，在 7 时、9 时和 12 时发生的案件数量较多；而在 20 时、22 时、1 时和 3 时发生的案件数量较少。由此，基本上可以认为，在人们休息的时间段内（包括晚上休息和中午休息的时间段）发生个人极端暴力犯罪案件的数量相对较少，而在人们工作活动的时间段内，特别是上午，发生个人极端暴力犯罪案件的数量相对较多。

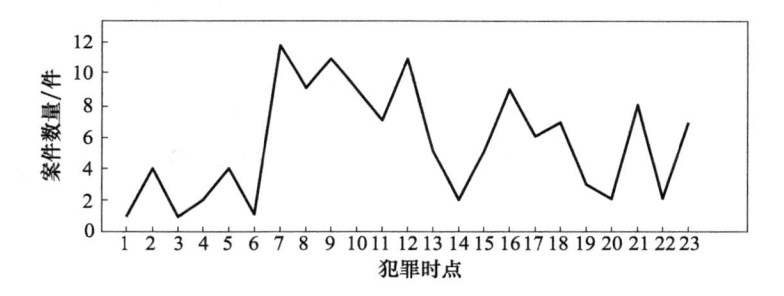

个人极端暴力犯罪案件在犯罪时点上的数量分布趋势见图 3.5。

图 3.5　个人极端暴力犯罪案件在犯罪时点上的数量分布趋势图

图 3.5 显示，相对来说，在上午的工作时间段内发生个人极端暴力犯罪案件的数量较多，而在下午工作时间段内发生个人极端暴力犯罪案件的数量少一些；在工作时间段内发生的案件数量较多，在休息的时间段内发生的案件数量较少。这其中的原因主要有二：一是犯罪人也遵循大多数人的作息规律，反映在个人极端暴力犯罪案件发生的时间点上就体现为与人们的作息时间紧密相关；二是多数个人极端暴力犯罪案件在人员较多的地方发生，因此也与人类的活动时间相关。另外，有的行为人实施个人极端暴力犯罪是为了制造社会影响，其当然会选择人类活动较多的时间段和地点进行作案，如果其选择人类活动稀少的地点和时间点作案则不会受到太多关注。

五、时长特征

个人极端暴力犯罪案件存在着犯罪时长上的差异和特征，具体情况见表 3.8。

表 3.8　个人极端暴力犯罪案件的犯罪时长情况统计表

犯罪时长	案件数量/件	百分比/%	有效百分比/%	累积百分比/%
10 分钟内	32	23.2	23.2	23.2
1 小时内	64	46.4	46.4	69.6
1 日以内	34	24.6	24.6	94.2
1 日以上	4	2.9	2.9	97.1
其他	4	2.9	2.9	100.0
合计	138	100.0	100.0	

总体来看，个人极端暴力犯罪案件在犯罪时长上呈现出一定的特征：大部分个人极端暴力犯罪案件会在 1 小时以内完成，甚至有相当一部分案件在 10 分钟内完成；也有部分案件在 1 日内完成；极少数案件犯罪时长超过 1 日。之所以大多数案件在 1 小时内就实行完毕，主要是因为犯罪人通常出于急于泄愤或报复的动机，企图在尽可能短的时间内伤害尽可能多的人，以寻求某种变态的心理快感，同时造成强烈的社会反响，达到报复社会的目的。另外，由于犯罪人大多是有预谋作案，事先精心选择了作案方式，准备了作案工具，因此也提高了犯罪的"效能"。典型例子如福建南平校园凶杀案，该案中，犯罪人郑民生手持砍刀，在上学时间连续砍死砍伤 13 名等待入校的小学生，总共用时 55 秒。个人极端暴力犯罪案件在犯罪时长上的数量分布情况见图 3.6。

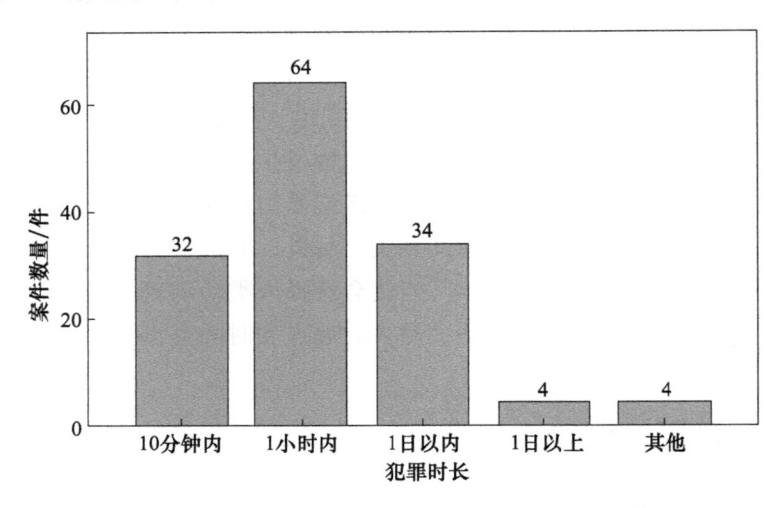

图 3.6　个人极端暴力犯罪案件的犯罪时长数量分布条形图

另外，我们还需要考虑到犯罪人的作案时长与其实施的犯罪手段有关，比如通过爆炸实施个人极端暴力犯罪相对时间较短（笔者统计的时间并不包括犯罪人的犯罪预备时间，只是其实施犯罪的时间长度）。个人极端暴力犯罪案件的犯罪时长较短，也是这类犯罪的一个典型特征。

通过犯罪手段与犯罪时长的交叉表分析，可以发现二者之间的关系，详见表3.9。

表3.9 个人极端暴力犯罪案件中犯罪时长与犯罪手段的交叉表

犯罪时长		犯罪手段						合计
		爆炸	纵火	杀人伤害	开车撞人	投毒	其他	
10分钟内	案件数量/件	9	10	10	1	2	0	32
	犯罪时长分类中的占比/%	28.1	31.3	31.3	3.1	6.3	0	100.0
	犯罪手段分类中的占比/%	52.9	45.5	11.8	10.0	100.0	0	23.2
	案件总数中的占比/%	6.5	7.2	7.2	0.7	1.4	0	23.2
1小时内	案件数量/件	7	9	41	6	0	1	64
	犯罪时长分类中的占比/%	10.9	14.1	64.1	9.4	0	1.6	100.0
	犯罪手段分类中的占比/%	41.2	40.9	48.2	60.0	0	50.0	46.4
	案件总数中的占比/%	5.1	6.5	29.7	4.3	0	0.7	46.4
1日以内	案件数量/件	1	3	26	3	0	1	34
	犯罪时长分类中的占比/%	2.9	8.8	76.5	8.8	0	2.9	100.0
	犯罪手段分类中的占比/%	5.9	13.6	30.6	30.0	0	50.0	24.6
	案件总数中的占比/%	0.7	2.2	18.8	2.2	0	0.7	24.6
1日以上	案件数量/件	0	0	4	0	0	0	4
	犯罪时长分类中的占比/%	0	0	100.0	0	0	0	100.0
	犯罪手段分类中的占比/%	0	0	4.7	0	0	0	2.9
	案件总数中的占比/%	0	0	2.9	0	0	0	2.9
其他	案件数量/件	0	0	4	0	0	0	4
	犯罪时长分类中的占比/%	0	0	100.0	0	0	0	100.0
	犯罪手段分类中的占比/%	0	0	4.7	0	0	0	2.9
	案件总数中的占比/%	0	0	2.9	0	0	0	2.9
合计	案件数量/件	17	22	85	10	2	2	138
	犯罪时长分类中的占比/%	12.3	15.9	61.6	7.2	1.4	1.4	100.0
	犯罪手段分类中的占比/%	100.0	100.0	100.0	100.0	100.0	100.0	100.0
	案件总数中的占比/%	12.3	15.9	61.6	7.2	1.4	1.4	100.0

从表 3.9 可以看出，爆炸和纵火手段的犯罪时长较短，一般在 1 小时以内完成；而杀人伤害手段时间略长，但一般也在 1 日内完成；只有极少数案件超过 1 日完成。

犯罪手段与犯罪时长的卡方检验结果见表 3.10。

表 3.10 个人极端暴力犯罪案件中犯罪手段与犯罪时长的卡方检验结果

维度	值	df	渐进 Sig.（双侧）
Pearson 卡方	34.767a	20	.021
似然比	36.640	20	.013
线性和线性组合	9.075	1	.003
有效案例中的 N	138		

卡方检验结果显示，个人极端暴力犯罪案件中犯罪手段与犯罪时长存在统计学上的显著性差异（P<0.05）。

第三节 个人极端暴力犯罪的空间特征

个人极端暴力犯罪案件的空间特征主要分析城乡分布差异、作案地点分布差异（居民社区、学校、公共场所、公交车、农村等）以及学校类别分布差异等方面。

一、城乡分布差异

个人极端暴力犯罪案件在城市和农村的发案数量存在明显差异，具体情况见表 3.11。

表 3.11 个人极端暴力犯罪案件的城乡发案数量差异统计表

犯罪地类别	案件数量/件	百分比/%	有效百分比/%	累积百分比/%
城市	94	68.1	68.1	68.1
农村	44	31.9	31.9	100
合计	138	100	100	

从该类犯罪的城乡分布来看，发生在农村的共有 44 件，占总数的 31.9%；发生在城市的共有 94 件，占总数的 68.1%。可见，大多数的个人极端暴力犯罪案件发生在人口密度较大的城市当中，也有一些案件发生

在农村地区，主要在农村的学校、街道等人口相对密集地区。

个人极端暴力犯罪案件的城乡分布差异，还可通过条形图直观显现，见图3.7。由图3.7可发现，该类案件的城市发案数量远高于农村地区。

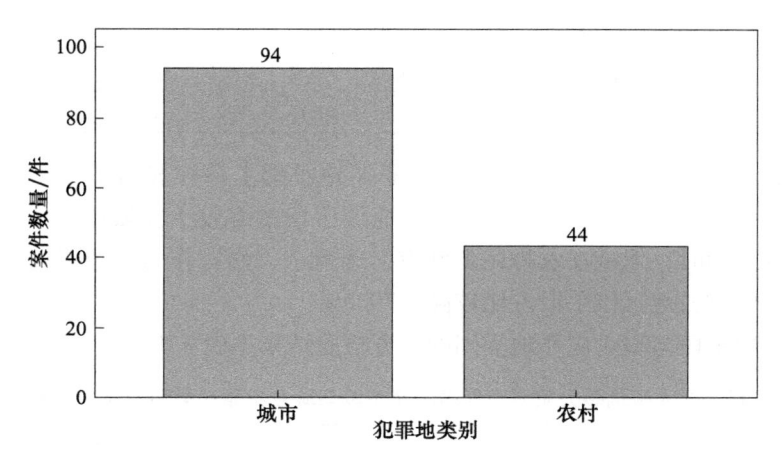

图3.7 个人极端暴力犯罪案件的城乡分布差异条形图

通过城乡犯罪地类别与犯罪手段的交叉表分析，可以发现二者的统计学差异，结果见表3.12。

表3.12 个人极端暴力犯罪案件中城乡犯罪地类别与犯罪手段的交叉表

犯罪地类别		犯罪手段						合计
		爆炸	纵火	杀人伤害	开车撞人	投毒	其他	
城市	案件数量/件	13	19	50	10	2	0	94
	犯罪地类别中的占比/%	13.8	20.2	53.2	10.6	2.1	0	100.0
	犯罪手段分类中的占比/%	76.5	86.4	58.8	100.0	100.0	0	68.1
	案件总数中的占比/%	9.4	13.8	36.2	7.2	1.4	0	68.1
农村	案件数量/件	4	3	35	0	0	2	44
	犯罪地类别中的占比/%	9.1	6.8	79.5	0	0	4.5	100.0
	犯罪手段分类中的占比/%	23.5	13.6	41.2	0	0	100.0	31.9
	案件总数中的占比/%	2.9	2.2	25.4	0	0	1.4	31.9

续表

犯罪地类别		犯罪手段						合计
		爆炸	纵火	杀人伤害	开车撞人	投毒	其他	
合计	案件数量/件	17	22	85	10	2	2	138
	犯罪地类别中的占比/%	12.3	15.9	61.6	7.2	1.4	1.4	100.0
	犯罪手段分类中的占比/%	100.0	100.0	100.0	100.0	100.0	100.0	100.0
	案件总数中的占比/%	12.3	15.9	61.6	7.2	1.4	1.4	100.0

表3.12显示，犯罪手段在城乡犯罪地类别上存在显著差异。相对来说，选择爆炸、纵火和开车撞人作为犯罪手段的多发生在城市，而在农村则较少。同时，无论在农村还是城市，选择杀人伤害作为犯罪手段的均比较多，但农村地区该手段占比较高（79.5%）。

犯罪手段与城乡犯罪地类别的卡方检验结果见表3.13。

表3.13 个人极端暴力犯罪案件中犯罪手段与城乡犯罪地类别的卡方检验结果

维度	值	df	渐进 Sig.（双侧）
Pearson 卡方	17.189a	5	.004
似然比	21.524	5	.001
线性和线性组合	1.645	1	.200
有效案例中的 N	138		

卡方检验结果显示，犯罪手段与城乡犯罪地类别存在统计学上的显著性差异（$P<0.01$）。这表明，犯罪人关于犯罪手段的选择在城市和农村存在较大差异。

二、作案地点差异

个人极端暴力犯罪案件还存在具体作案地点上的分布差异，对其作案地点的统计见表3.14。

表3.14 个人极端暴力犯罪案件的作案地点分布差异统计表

作案地点	案件数量/件	百分比/%	有效百分比/%	累积百分比/%
居民社区	16	11.6	11.6	11.6
学校（含幼儿园）	38	27.5	27.5	39.1
公共场所	21	15.2	15.2	54.3

续表

作案地点	案件数量/件	百分比/%	有效百分比/%	累积百分比/%
公交车	29	21.0	21.0	75.4
公路（含高速公路）	6	4.3	4.3	79.7
农村及其他	26	18.8	18.8	98.6
政府机关	2	1.4	1.4	100.0
合计	138	100.0	100.0	

具体而言，个人极端暴力犯罪案件发生在居民社区的有16件，占案件总数的11.6%；发生在学校（含幼儿园）的有38件，占比27.5%；发生在公交车上的有29件，占21.0%；发生在公共场所的有21件，占总数的15.2%；发生在农村及其他地区的有26件，占比18.8%。显然，个人极端暴力犯罪更多地发生在学校、公交车、公共场所等人群聚集的地方。笔者曾参与过一项基于100起个人极端暴力犯罪案件的实证分析，发现该类案件作案地点主要集中在四类区域：一是发生在犯罪人或被害人居住地及其附近区域。此类案件多为熟人作案，犯罪数量占全部样本的39%。犯罪人多与被害人相识，此前产生过或大或小的纠纷或矛盾。如2012年河北秦皇岛除夕夜灭门案。二是发生在商场等公共场所以及政府等机关单位。此类案件占全部样本的28%。行为人选择在这些场所作案，就是要制造社会恐慌，发泄对政府和社会的不满。如2006年甘肃法院爆炸案，犯罪人钱文昭因对司法判决不服，携带爆炸物闯进甘肃省民乐县法院会议室，引爆爆炸物，造成5人死亡、22人受伤。[1] 三是发生在行驶中的公共交通工具上或其停靠场所。此类案件占比为17%。选择在行驶中的公共交通工具上作案，是因为交通工具的空间与外界相对隔离，一旦发生危险，乘客只能自救，然后等待外部救援，在这个过程中，往往会造成较大的人员伤亡。另外，在公共交通工具的停靠点作案的动机和在其他公共场所作案相似，都是为了造成不特定的人员伤亡和重大的公私财产损失，借此泄愤或引起关注。如在冀中星案中，身体残疾的犯罪人多年维权未果，为反映个人诉求，在首都机场T3航站楼引爆自制爆炸装置，企图引起关注。四是发生在校园及其周边区域，即校园袭童案。此类案件占比为16%。犯罪人

---

〔1〕《甘肃法院爆炸案后续——民乐县委副书记被炸身亡》，新浪网2006年1月8日，https://news.sina.com.cn/c/2006-01-08/11097926116s.shtml。

对毫无反抗力、未经世事的幼童下手,是最为丧心病狂、惨无人道的行为。典型的案例有江西万载县小学教学楼爆炸案、陕西南郑幼儿园凶杀案、江苏泰兴幼儿园凶杀案等。[1]

个人极端暴力犯罪案件的作案地点差异可通过条形图直观显现出来,见图3.8。由图3.8可直观地发现该类犯罪的作案地点差异:在学校发生的案件数量最多,其次是在公交车上,在政府机关的最少。可能的原因有二:一是政府机关有门卫把守,相对实施起来较为困难;二是在学校、公交车上等场所实施个人极端暴力犯罪案件同样能达到引起关注和报复社会的效果。

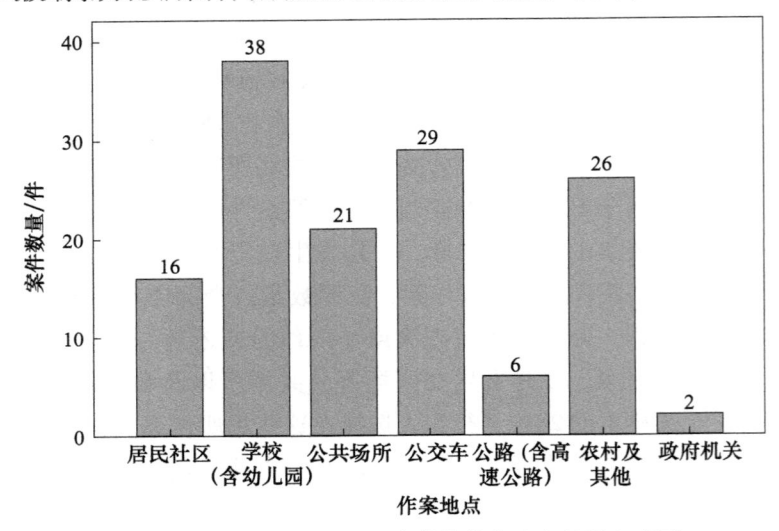

图3.8 个人极端暴力犯罪案件的作案地点差异条形图

通过对犯罪人作案地点与犯罪手段的交叉表分析,可以发现二者的差异特征,交叉表结果见表3.15。

表3.15 个人极端暴力犯罪案件中作案地点与犯罪手段的交叉表

作案地点		犯罪手段						合计
		爆炸	纵火	杀人伤害	开车撞人	投毒	其他	
居民社区	案件数量/件	1	1	13	0	1	0	16
	作案地点分类中的占比/%	6.3	6.3	81.3	0	6.3	0	100.0

---

[1] 冯卫国、王敏芝:《个人极端暴力犯罪及其防范治理——基于100起犯罪案例的实证分析》,《浙江工业大学学报(社会科学版)》2018年第2期。

续表

作案地点		犯罪手段						合计
		爆炸	纵火	杀人伤害	开车撞人	投毒	其他	
居民社区	犯罪手段分类中的占比/%	5.9	4.5	15.3	0	50.0	0	11.6
	案件总数中的占比/%	0.7	0.7	9.4	0	0.7	0	11.6
学校(含幼儿园)	案件数量/件	3	1	27	4	1	2	38
	作案地点分类中的占比/%	7.9	2.6	71.1	10.5	2.6	5.3	100.0
	犯罪手段分类中的占比/%	17.6	4.5	31.8	40.0	50.0	100.0	27.5
	案件总数中的占比/%	2.2	0.7	19.6	2.9	0.7	1.4	27.5
公共场所	案件数量/件	3	3	13	2	0	0	21
	作案地点分类中的占比/%	14.3	14.3	61.9	9.5	0	0	100.0
	犯罪手段分类中的占比/%	17.6	13.6	15.3	20.0	0	0	15.2
	案件总数中的占比/%	2.2	2.2	9.4	1.4	0	0	15.2
公交车	案件数量/件	8	16	5	0	0	0	29
	作案地点分类中的占比/%	27.6	55.2	17.2	0	0	0	100.0
	犯罪手段分类中的占比/%	47.1	72.7	5.9	0	0	0	21.0
	案件总数中的占比/%	5.8	11.6	3.6	0	0	0	21.0
公路(含高速公路)	案件数量/件	0	0	2	4	0	0	6
	作案地点分类中的占比/%	0	0	33.3	66.7	0	0	100.0
	犯罪手段分类中的占比/%	0	0	2.4	40.0	0	0	4.3
	案件总数中的占比/%	0	0	1.4	2.9	0	0	4.3
农村及其他	案件数量/件	1	1	24	0	0	0	26
	作案地点分类中的占比/%	3.8	3.8	92.3	0	0	0	100.0
	犯罪手段分类中的占比/%	5.9	4.5	28.2	0	0	0	18.8
	案件总数中的占比/%	0.7	0.7	17.4	0	0	0	18.8
政府机关	案件数量/件	1	0	1	0	0	0	2
	作案地点分类中的占比/%	50.0	0	50.0	0	0	0	100.0
	犯罪手段分类中的占比/%	5.9	0	1.2	0	0	0	1.4
	案件总数中的占比/%	0.7	0	0.7	0	0	0	1.4
合计	案件数量/件	17	22	85	10	2	2	138
	作案地点分类中的占比/%	12.3	15.9	61.6	7.2	1.4	1.4	100.0
	犯罪手段分类中的占比/%	100.0	100.0	100.0	100.0	100.0	100.0	100.0
	案件总数中的占比/%	12.3	15.9	61.6	7.2	1.4	1.4	100.0

表 3.15 显示，一般情况下，犯罪人在公交车上实施爆炸和纵火的个人极端暴力犯罪案件较多；在学校（含幼儿园）和农村及其他地区实施杀人伤害的案件较多，在居民社区和公共场所也有相当数量的杀人伤害案件发生。

个人极端暴力犯罪案件中，犯罪人作案地点与犯罪手段的卡方检验结果见表 3.16。

表 3.16　个人极端暴力犯罪案件中作案地点与犯罪手段的卡方检验结果

维度	值	df	渐进 Sig.（双侧）
Pearson 卡方	108.306	30	.000
似然比	90.953	30	.000
线性和线性组合	4.260	1	.039
有效案例中的 N	138		

卡方检验结果显示，犯罪人作案地点与犯罪手段存在统计学上的显著性差异（$P<0.001$）。这表明，个人极端暴力犯罪的犯罪人会在不同的作案地点选择不同的犯罪手段。

三、学校类别差异

由于个人极端暴力犯罪案件选择作案地点最多的是学校，因此，有必要对学校类别进行单独分析，以发现更深层次的规律。个人极端暴力犯罪案件的发生在学校类别上的差异情况见表 3.17。

表 3.17　个人极端暴力犯罪案件的发生在学校类别上的分布差异统计表

学校类别		案件数量/件	百分比/%	有效百分比/%	累积百分比/%
有效样本	幼儿园	9	6.5	22.0	22.0
	小学	21	15.2	51.2	73.2
	中学	8	5.8	19.5	92.7
	大学	3	2.2	7.3	100.0
	合计	41	29.7	100.0	
数据缺失样本		97	70.3		
合计		138	100.0		

从个人极端暴力犯罪案件的发生在学校类别上的差异来看，共有 41 件案例发生在学校，其中发生在小学的案件数量最多，其次为幼儿园，最少

的是大学。其原因也较好理解，因为小学生和幼儿园的孩子们身体发育还未成熟，智识方面也较成人存在一些差距，个人极端暴力犯罪人对他们较易造成更大的伤害或制造更大的影响。而在大学则不一样，犯罪人实施犯罪成功的可能性会偏低一些。

个人极端暴力犯罪案件的发生在学校类别上的差异情况，还可通过条形图直观显现出来，具体见图3.9。由图3.9可见，该类案件发生在小学的数量明显高于其他类型的学校。

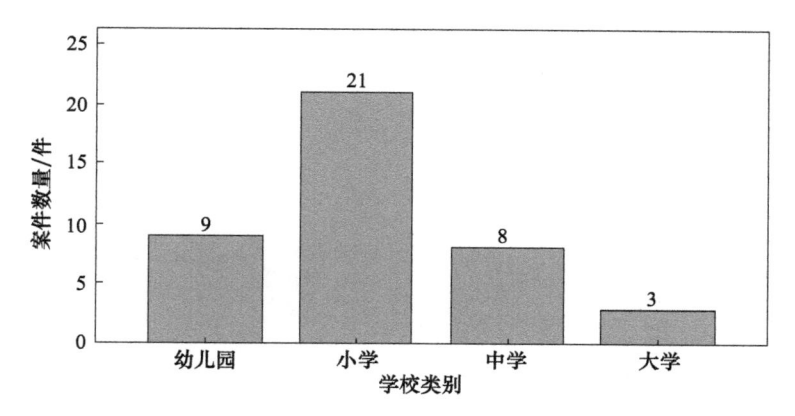

图3.9 个人极端暴力犯罪案件的发生在学校类别上的分布差异条形图

第四章 个人极端暴力犯罪的微观分析

个人极端暴力犯罪的微观分析，主要指通过对全部样本数据进行统计分析，结合典型案例，对此类犯罪的行为人特征、行为特征及被害人特征等进行深层次剖析。本部分仍使用在第三章所使用的案例。

对个人极端暴力犯罪案件的微观特征分析，首先是对犯罪行为人的特征分析，具体包括行为人的性别、年龄、文化程度、职业、婚姻状态、心理与精神状态等；其次是对犯罪行为的特征分析，具体包括作案地点、作案工具、作案手段等；最后是对被害人的特征分析，主要是对被害人的类型进行分析。本部分在分析个人极端暴力犯罪案件的微观特征时，除进行各特征的描述性统计分析外，还对某些特征之间的差异进行了比较分析，如采用交叉表和卡方检验方法进行特征差异检验等。

第一节 个人极端暴力犯罪的行为人特征

个人极端暴力犯罪案件的行为人特征，主要包括犯罪行为人在性别、年龄、文化程度、职业、婚姻状态、家庭状况、心理与精神状态、生活状况等多个方面的特征。

一、性别特征

个人极端暴力犯罪案件行为人的性别特征见表4.1。

表4.1 个人极端暴力犯罪案件中行为人的性别特征统计表

行为人性别	案件数量/件	百分比/%	有效百分比/%	累积百分比/%
男	135	97.8	97.8	97.8
女	3	2.2	2.2	100.0
合计	138	100.0	100.0	

从个人极端暴力犯罪行为人的性别来看，除3件案例的行为人为女性外，其余135件均为男性。可见，男性行为人在个人极端暴力犯罪中占绝大多数。国内其他学者的研究也证实了这一点，如李春雷等人的研究发现："在性别特征上，男性犯罪人成为各个时间段的绝对主角。这与极端暴力案件的作案手段要求的力量、身体素质、作案方式以及男女的生理心理差异、社会地位差别等均有一定关联。"[1]

---

[1] 李春雷、任韧：《报复社会型个人极端暴力犯罪的历史演变与综合防治（1978—2013）》，《贵州警官职业学院学报》2014年第3期。

二、年龄特征

关于个人极端暴力犯罪案件中行为人的年龄特征，通过统计行为人的年龄阶段分布情况进行分析。我们将行为人的年龄分为三个阶段：17—35岁为青年阶段；36—50岁为中年阶段；51岁及以上为老年阶段。之所以将51岁及以上界定为老年阶段，主要是平衡数据的需要，因为60岁以上的行为人过少，单独统计会造成数据的极不平衡。个人极端暴力犯罪案件中行为人的年龄特征见表4.2。

表4.2 个人极端暴力犯罪案件中行为人的年龄阶段统计表

行为人年龄阶段	案件数量/件	百分比/%	有效百分比/%	累积百分比/%
17—35岁	58	42.0	42.0	42.0
36—50岁	65	47.1	47.1	89.1
51岁及以上	15	10.9	10.9	100.0
合计	138	100.0	100.0	

对138件案例犯罪行为人的年龄进行分类的统计结果显示：行为人为17—35岁的有58件，占比42.0%；行为人为36—50岁的有65件，占比47.1%；行为人为51岁及以上的有15件，占比10.9%。其中，包括未成年行为人2人、60岁以上老年行为人5人。可见，个人极端暴力犯罪的作案人中，36—50岁的中年犯罪人占比最高。

通过对行为人年龄阶段与犯罪手段的交叉表分析，可以发现二者之间的差异，具体情况见表4.3。

表4.3 个人极端暴力犯罪案件中行为人年龄阶段与犯罪手段的交叉表

行为人年龄阶段		犯罪手段					合计
		爆炸	纵火	杀人伤害	开车撞人	投毒	其他	
17—35岁	案件数量/件	6	7	39	5	0	1	58
	年龄段分类中的占比/%	10.3	12.1	67.2	8.6	0	1.7	100.0
	犯罪手段分类中的占比/%	35.3	31.8	45.9	50.0	0	50.0	42.0
	案件总数中的占比/%	4.3	5.1	28.3	3.6	0	0.7	42.0

续表

行为人年龄阶段		犯罪手段						合计
		爆炸	纵火	杀人伤害	开车撞人	投毒	其他	
36—50岁	案件数量/件	8	9	43	3	2	0	65
	年龄段分类中的占比/%	12.3	13.8	66.2	4.6	3.1	0	100.0
	犯罪手段分类中的占比/%	47.1	40.9	50.6	30.0	100.0	0	47.1
	案件总数中的占比/%	5.8	6.5	31.2	2.2	1.4	0	47.1
51岁及以上	案件数量/件	3	6	3	2	0	1	15
	年龄段分类中的占比/%	20.0	40.0	20.0	13.3	0	6.7	100.0
	犯罪手段分类中的占比/%	17.6	27.3	3.5	20.0	0	50.0	10.9
	案件总数中的占比/%	2.2	4.3	2.2	1.4	0	0.7	10.9
合计	案件数量/件	17	22	85	10	2	2	138
	年龄段分类中的占比/%	12.3	15.9	61.6	7.2	1.4	1.4	100.0
	犯罪手段分类中的占比/%	100.0	100.0	100.0	100.0	100.0	100.0	100.0
	案件总数中的占比/%	12.3	15.9	61.6	7.2	1.4	1.4	100.0

表4.3显示，大多数17—35岁与36—50岁的中青年行为人通常在实施个人极端暴力犯罪时会选择杀人伤害的犯罪手段；51岁及以上的行为人则较少选择杀人伤害的犯罪手段，而选择纵火等犯罪手段。

通过对行为人的年龄阶段与犯罪手段的卡方检验，同样可以发现二者的差异，卡方检验结果见表4.4。

表4.4 个人极端暴力犯罪案件中行为人年龄阶段与犯罪手段的卡方检验结果

维度	值	Df	渐进 Sig.（双侧）
Pearson 卡方	19.380a	10	.036
似然比	19.518	10	.034
线性和线性组合	1.027	1	.311
有效案例中的 N	138		

个人极端暴力犯罪案件中行为人年龄阶段与犯罪手段的卡方检验结果显示，二者存在统计学上的显著性差异（P<0.05）。这表明，不同年龄阶段的犯罪行为人在实施个人极端暴力犯罪时，会选择不同的犯罪手段。

三、文化程度特征

个人极端暴力犯罪行为人的文化程度是相对来说缺失较多的一类数

据，因此，该统计数据可供参考，但并不全面。个人极端暴力犯罪案件中行为人的文化程度分布情况见表4.5。

表4.5 个人极端暴力犯罪案件中行为人的文化程度统计表

行为人文化程度		案件数量/件	百分比/%	有效百分比/%	累积百分比/%
有效样本	小学	9	6.5	13.0	13.0
	初中	33	23.9	47.8	60.9
	高中、中专	21	15.2	30.4	91.3
	大学以上	6	4.3	8.7	100.0
	合计	69	50.0	100.0	
数据缺失样本		69	50.0		
合计		138	100.0		

通过对69件有效样本案例中行为人的文化程度进行分析发现：行为人为小学文化程度的有9件，占比6.5%；初中文化程度的有33件，占比23.9%；高中、中专文化程度的有21件，占比15.2%；大学以上文化程度的有6件，仅占4.3%。可见，个人极端暴力犯罪中，行为人为初中文化程度的占大多数，其次是高中、中专文化程度，小学文化程度和大学以上文化程度的行为人占极少数。文化程度偏低也是此类犯罪行为人的共同特征。

通过个人极端暴力犯罪案件中行为人的文化程度情况条形图，可直观反映出行为人的文化程度特征，见图4.1。

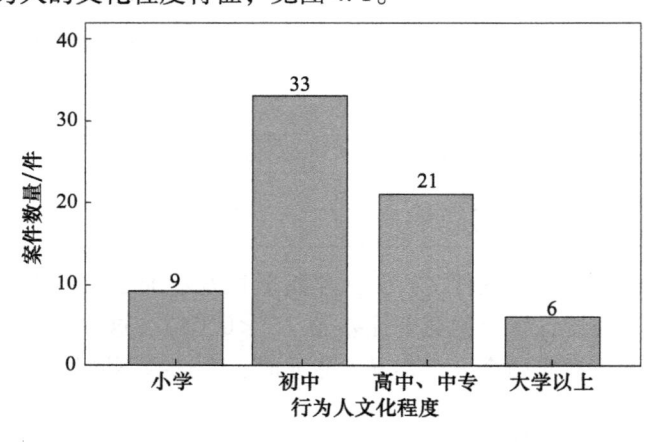

图4.1 个人极端暴力犯罪案件中行为人的文化程度条形图

由图 4.1 可直观看出，在该类案件中，行为人为初中及高中、中专文化程度的较多，大学以上文化程度的最少。由于多数行为人文化程度不高，他们从事的职业收入有限甚至没有固定收入。不稳定或较低的收入不能有效提高生活质量，经济上的弱势地位使得他们缺乏尊严与成就感，以至于在面对挫折时不知如何调适，由此埋下了犯罪隐患。如 2005 年北京王府井驾车撞人案，就是艾某某强烈的"仇富"心理导致的。

四、职业特征

我们将行为人的犯罪前职业情况分为学生、农民、工人（含农民工）、无业、其他（含自主职业）等类别，分别进行统计分析。在统计样本中，有效样本 133 件，数据缺失样本 5 件。行为人职业的具体情况见表 4.6。

表 4.6　个人极端暴力犯罪案件中行为人的职业特征统计表

行为人职业类别		案件数量/件	百分比/%	有效百分比/%	累积百分比/%
有效样本	学生	3	2.2	2.3	2.3
	农民	45	32.6	33.8	36.1
	工人（含农民工）	34	24.6	25.6	61.7
	无业	33	23.9	24.8	86.5
	其他（含自主职业）	18	13.0	13.5	100.0
	合计	133	96.4	100.0	
数据缺失样本		5	3.6		
合计		138	100.0		

从行为人的职业特征来看，在 133 件有效案例中，行为人为农民 45 件、工人（含农民工）34 件、无业 33 件、其他（含自主职业）18 件、学生 3 件，分别占比 33.8%、25.6%、24.8%、13.5%、2.3%。可见，个人极端暴力犯罪的行为人中，绝大多数为农民、工人（含农民工）、无业者，这三类职业共占全部有效样本的 84.2%。

个人极端暴力犯罪案件中行为人的职业分布特征，可通过条形图直观反映出来，见图 4.2。

通过图 4.2 可看出，在个人极端暴力犯罪案件中，行为人占比最大的为农民，其次是工人（含农民工）和无业者，其他职业（含自主职业）也占有一定比例。

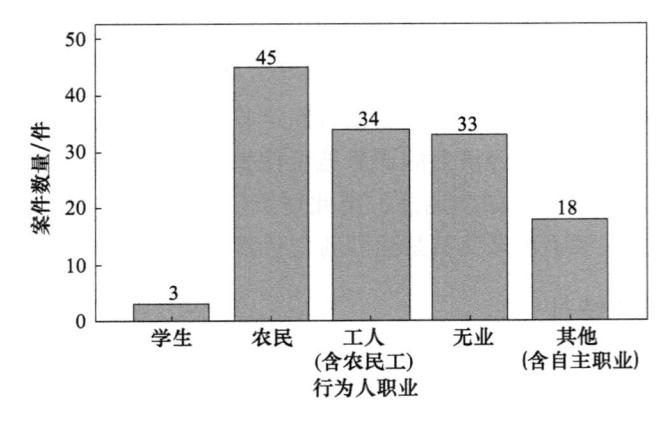

图 4.2　个人极端暴力犯罪案件中行为人的职业特征条形图

五、婚姻状态特征

在个人极端暴力犯罪案件中，行为人的婚姻状态有未婚、已婚、离异和丧偶[1]等类别。在统计样本中，有效样本 121 件，数据缺失样本 17 件。个人极端暴力犯罪案件中行为人的婚姻状态情况见表 4.7。

表 4.7　个人极端暴力犯罪案件中行为人的婚姻状态统计表

行为人婚姻状态		案件数量/件	百分比/%	有效百分比/%	累积百分比/%
有效样本	未婚	50	36.2	41.3	41.3
	已婚	51	37.0	42.1	83.5
	离异	18	13.0	14.9	98.3
	丧偶	2	1.4	1.7	100.0
	合计	121	87.7	100.0	
数据缺失样本		17	12.3		
合计		138	100.0		

表 4.7 显示，在 121 件有效样本案例中，犯罪行为人的婚姻状态为已婚 51 件，占比 42.1%；未婚 50 件，占比 41.3%；离异 18 件，占比 14.9%；丧偶 2 件，占比 1.7%。另通过对行为人的家庭婚姻状况进行了解得知，即使行为人已婚的，其婚姻状态也大多不好，存在家庭矛盾多、婚姻不幸福等特征。

---

[1]　丧偶是指犯罪人在该犯罪前已经丧偶，不包括犯罪人在此次案件中将配偶杀害的情况。

在个人极端暴力犯罪案件中，行为人的婚姻状态可通过条形图直观反映出来，见图 4.3。

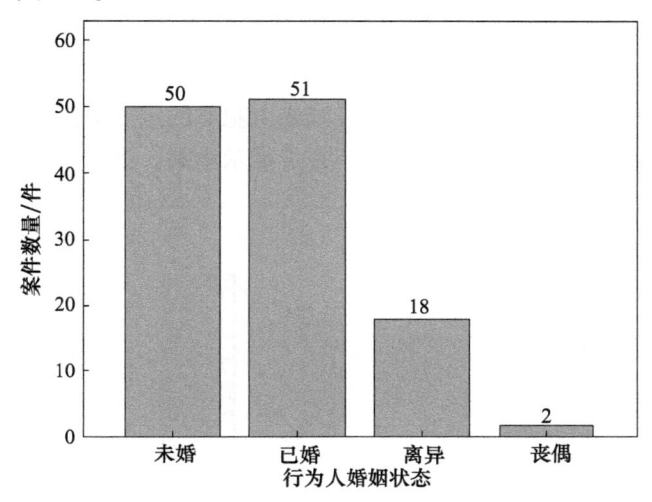

图 4.3　个人极端暴力犯罪案件中行为人的婚姻状态条形图

通过图 4.3 可看出，在个人极端暴力犯罪案件中，大部分行为人为未婚或已婚，离异的占比较少，丧偶的最少。

六、家庭状况特征

在个人极端暴力犯罪案件中，家庭状况也是影响行为人犯罪的重要因素。我们将行为人的家庭状况分为父母双亡、父母离异、家庭不和、正常家庭等类型。个人极端暴力犯罪案件中行为人的家庭状况见表 4.8。

表 4.8　个人极端暴力犯罪案件中行为人的家庭状况统计表

	行为人家庭状况	案件数量/件	百分比/%	有效百分比/%	累积百分比/%
有效样本	父母离异	16	11.6	12.8	12.8
	单亲家庭	10	7.2	8.0	20.8
	家庭不和	44	31.9	35.2	56.0
	正常家庭	52	37.7	41.6	97.6
	父母双亡	3	2.2	2.4	100.0
	合计	125	90.6	100.0	
数据缺失样本		13	9.4		
合计		138	100.0		

在统计样本案件中，有 13 件数据缺失，有效样本 125 件。表 4.8 显示，在 125 件有效样本案例中，犯罪行为人的家庭状况为正常家庭的有 52 件，占 41.6%；家庭不和的有 44 件，占 35.2%；父母离异的有 16 件，占 12.8%；单亲家庭有 10 件，占 8.0%；父母双亡的有 3 件，占 2.4%。可见，家庭因素成为影响行为人实施极端暴力犯罪的重要原因之一。

行为人的家庭状况可通过条形图直观展示出来，见图 4.4。

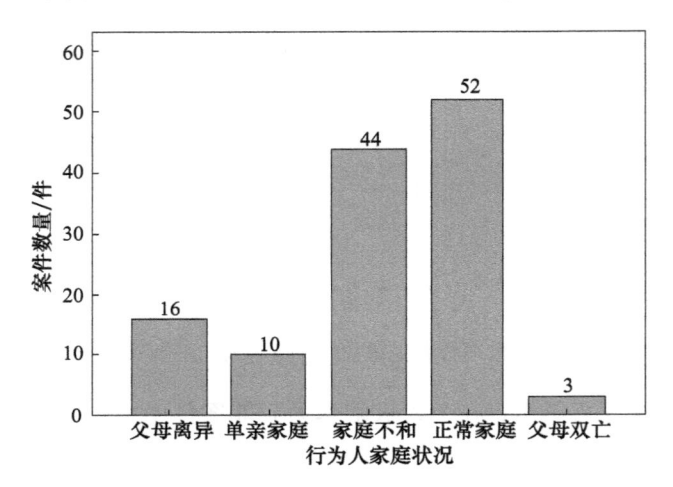

图 4.4　个人极端暴力犯罪案件中行为人的家庭状况条形图

由图 4.4 可看出，行为人的家庭多存在不和的情况，其次是父母离异和单亲家庭也较多。

七、心理与精神状态特征

在个人极端暴力犯罪案件中，行为人的心理与精神状态是影响其犯罪的重要因素之一。有学者对我国 34 例个人极端暴力犯罪案件进行了个案分析，发现这些案件的行为人在心理上具有一定的共性，即都具有一定的心理障碍，主要表现为偏执、冲动、报复心强、内心封闭、社会交往能力差、责任感缺乏、社会适应性差、自我调适能力弱等特点，心理状态具有"极端性"。这种极端性还往往表现为主观归因缺陷，即行为人往往把自己生活、感情的失败和经济、地位上的损失归因于他人、社会或政府，进而对他人、社会甚至政府产生强烈的憎恨或仇恨情绪，这种情绪往往是其实施极端暴力行为的动机。而且，犯罪行为的发生、犯罪行为方式的选择、犯罪对象的选择以及后果的严重性都与这种极端的心理状态密切相关。[1]

为了更全面和系统地了解此类犯罪行为人的心理与精神状态，我们将样本扩大到了138件，调查中将行为人的心理与精神状态分为精神病、人格障碍、心理问题和心理正常四类。这里统计的精神病案例并不包括完全不负刑事责任的精神病患者的案例，而包括了部分负刑事责任的精神病患者的案例。运用统计分析方法进行分类统计，然后再进行卡方检验以寻找更深层次的差异。行为人的心理与精神状态情况见表4.9。

表4.9 个人极端暴力犯罪案件中行为人的心理与精神状态统计表

行为人心理与精神状态	案件数量/件	百分比/%	有效百分比/%	累积百分比/%
精神病	21	15.2	15.2	15.2
人格障碍	8	5.8	5.8	21.0
心理问题	91	65.9	65.9	87.0
心理正常	18	13.0	13.0	100.0
合计	138	100.0	100.0	

行为人的心理与精神状态是影响其实施个人极端暴力犯罪的重要主观原因。由于收集行为人的心理与精神特征较为困难，本研究主要根据媒体报道的行为人自述及其家人、邻居、亲友的描述进行分析，有的案件司法机关直接对行为人进行了精神鉴定，其鉴定结果可直接作为心理与精神状态的证据使用。表4.9显示，在个人极端暴力犯罪案件中，行为人大部分（91件）存在心理问题，占比65.9%。这些心理问题包括性格孤僻、顽固、思考问题偏执、仇视他人、心理失衡、情绪低落、烦躁、易冲动等。也有一部分行为人（21件）有精神病，占比15.2%。可见，绝大部分个人极端暴力犯罪的行为人都存在不同程度的心理与精神问题，也存在一些人格方面的问题，如自卑、孤僻、冲动、报复心强、内心封闭、社会交往能力差等。而行为人心理正常的只有18件，占比13.0%。其中，具有人格障碍的行为人较少，这也是符合社会实际情况的，因为在社会中具有人格障碍的人相对较少。这里只统计了媒体报道中标明的行为人具有人格障碍的案例。

个人极端暴力犯罪案件中行为人的心理与精神状态，可通过条形图直

---

[1] 靳高风：《当前中国个人极端暴力犯罪个案研究》，《中国人民公安大学学报（社会科学版）》2012年第5期。

观反映出来，见图 4.5。

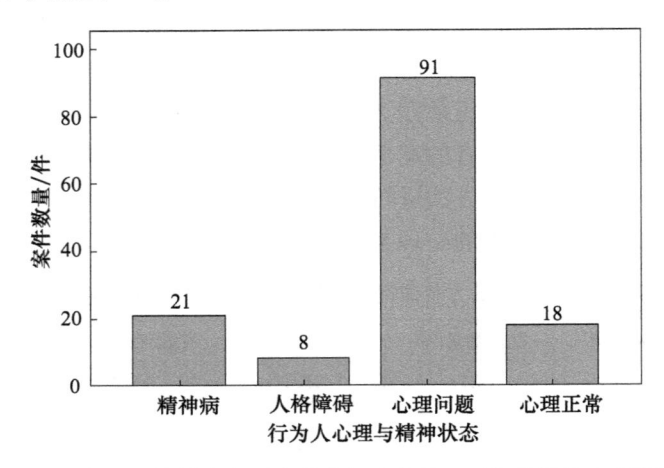

图 4.5　个人极端暴力犯罪案件中行为人的心理与精神状态条形图

通过图 4.5 可看出，在个人极端暴力犯罪案件中，存在心理问题的行为人占大多数，有精神病的行为人位居其次。通过对 138 件个人极端暴力犯罪样本案例中行为人的心理与精神状态进行统计可以发现，87% 的案件中行为人在犯罪之前存在不同程度的心理问题或精神问题，大部分行为人曾遭遇过情感或生活挫折。如 2014 年广州公交车纵火案，犯罪人欧某某由于身体因素失去工作，染上赌博恶习，开始仇视社会，最终酿成惨剧。[1] 此外，情感挫折、婚恋纠纷也是引发此类犯罪行为的重要原因。如 2013 年宁夏灭门案中，犯罪人麻某某因家务琐事与妻子兰某英发生矛盾，其对妻子一家怀恨在心，当晚将妻子一家七口杀害。[2] 上述案例中，犯罪人都因缺乏正确的挫折反应方式而自暴自弃、仇恨社会，并因此实施个人极端暴力犯罪。挫折感的存在与犯罪行为的发生并没有必然或较高的相关性，缺乏应对挫折的能力或采取了不良的应对方式才是这类犯罪产生的主要个体因素之一，这也是犯罪人心理缺陷的主要表现。[3] 同时，这也符合犯罪心

---

[1] 王晓芳：《广州公交爆燃嫌疑人：从"农村娃"到纵火犯》，中国新闻网 2014 年 7 月 18 日，https://www.chinanews.com.cn/sh/2014/07-18/6399210.shtml。

[2] 张亮：《宁夏彭阳一家七口遭灭门，犯罪嫌疑人 16 日被执行死刑》，中国新闻网 2014 年 10 月 16 日，https://www.chinanews.com.cn/fz/2014/10-16/6687357.shtml。

[3] 冯卫国、王敏芝：《个人极端暴力犯罪及其防范治理——基于 100 起犯罪案例的实证分析》，《浙江工业大学学报（社会科学版）》2018 年第 2 期。

理学中的挫折－攻击理论。这一理论最早由美国心理学家罗森茨威克于20世纪30年代提出。该理论指出，人的需要和欲求不能获得满足时就会产生挫折感，面对挫折一般有外罚性、内罚性、无罚性三种反应形式。[1] 个人极端暴力犯罪的行为人就属于外罚性反应，他们将自己遭遇的挫折归咎于外部世界，并由此引发不满、愤懑或者仇恨的情绪，最终将这些不良情绪通过暴力方式向外部世界肆意发泄。

另外，在对个人极端暴力犯罪的个案分析中发现，行为人存在心理问题最多的是偏执、冲动和报复心强。如河北的殷铁军，因对女儿殷某某被害一案一审判决结果不服，"性情偏执，存在厌世情绪，产生寻机滋事念头"，开车将20余名学生撞伤。[2] 再如，2010年3月，福建省南平市延平区实验小学门口发生一起凶杀案，犯罪嫌疑人郑民生因感情受挫，进而产生报复社会心理，引发犯罪行为。[3] 正如有学者指出的："很多犯罪行为看起来是偶然的，其实背后都有一个犯罪结构，这是长期形成的必然结果。""犯罪结构包括一个人的性格特点、个人能力、犯罪动机、个人所处的外部环境以及意识和意志力。""但是犯罪结构是可以破坏的，打破其中任何一个环节，我们就有可能制止犯罪。""其中最关键的一个环节，就是对其性格特点和意识的影响，也就是心理预防层面的问题。当一个人存在心理缺陷时，肯定会通过其行为表现出来。如果我们能多关心身边的每一个人，发现心理问题时及时进行疏导，就有可能打破这个环节，破坏犯罪结构，从根本上预防犯罪。"[4]

此外，精神病人的极端暴力行为也不容忽视（虽然本研究将完全不负刑事责任的精神病相关案例排除在统计之外）。比如，2003年1月，浙江省诸暨市江藻镇龙山村村民钱伯均，持刀闯入该村一家私人幼儿园，当场将6岁男孩儿钱某杀死，并将多名孩子的头部砍伤。后经鉴定，40岁的钱

---

[1] 李欣：《基于挫折—攻击理论的极端暴力犯罪心理问题研究》，《学习与探索》2014年第11期。

[2] 王怡波、刘星：《河北丰宁撞学生案背后：嫌犯女儿做小三，被原配杀害》，人民网2012年12月26日，http://www.people.com.cn/24hour/n/2012/1226/c25408-20019143.html。

[3] 孟昭丽：《南平"3·23"杀人案件犯罪嫌疑人为蓄意行凶杀人》，中国政府网2010年3月25日，https://www.gov.cn/jrzg/2010-03/25/content_1564263.htm。

[4] 余飞：《河北丰宁撞学生事件：心理失衡难获疏导成犯罪诱因》，新浪网2012年12月27日，https://news.sina.com.cn/c/2012-12-27/065925904426.shtml。

伯均为精神病人，此次为精神病突发。[1] 由于生活节奏加快、生存压力增大等，我国精神障碍患者的人数呈上升趋势，加强对这一群体的关注，有效预防精神病人的危害行为，是社会治理和治安防范中必须正视的问题。

八、生活状况特征

在个人极端暴力犯罪案件中，行为人的生活状况也是影响其犯罪的重要因素之一。我们把行为人的生活状况分为贫困、一般和富裕三类，具体情况见表4.10。

表4.10 个人极端暴力犯罪案件中行为人的生活状况统计表

行为人生活状况	案件数量/件	百分比/%	有效百分比/%	累积百分比/%
贫困	107	77.5	77.5	77.5
一般	29	21.0	21.0	98.6
富裕	2	1.4	1.4	100.0
合计	138	100.0	100.0	

从个人极端暴力犯罪案件行为人的生活状况来看，生活贫困的有107件，占77.5%；生活一般的有29件，占21.0%；生活富裕的仅2件，占1.4%。可见，行为人生活贫困是其走向个人极端暴力犯罪的重要原因。

另从个人极端暴力犯罪案件行为人的生活状况条形图可直观看出这一分布规律，见图4.6。

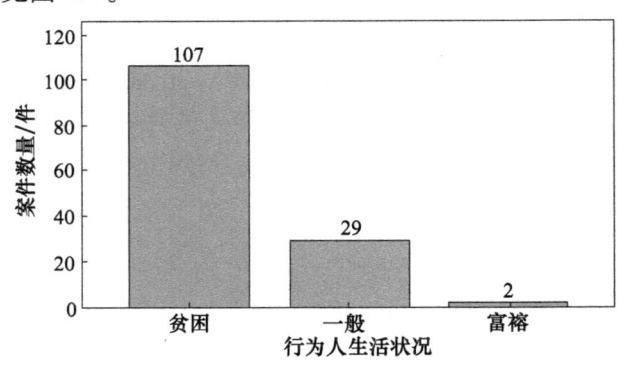

图4.6 个人极端暴力犯罪案件中行为人的生活状况条形图

---

[1]《疯妇闯幼儿园砍杀儿童，浙江连发精神病人行凶案》，北方网2003年1月18日，http://news.enorth.com.cn/system/2003/01/18/000493594.shtml。

通过图 4.6 可看出，在个人极端暴力犯罪案件中，行为人贫困的为大多数，其次为生活状况一般的人群，生活富裕的极少。

九、前科次数特征

从个人极端暴力犯罪案件中行为人的前科次数来看，大部分行为人没有前科。但值得注意的是，也有 21% 的行为人有过 1 次及以上的前科经历，这是一个相对较高的比例。个人极端暴力犯罪案件中行为人的前科次数情况见表 4.11。

表 4.11 个人极端暴力犯罪案件中行为人的前科次数统计表

行为人前科次数/次	案件数量/件	百分比/%	有效百分比/%	累积百分比/%
0	109	79.0	79.0	79.0
1	20	14.5	14.5	93.5
2	5	3.6	3.6	97.1
3	2	1.4	1.4	98.6
5	1	0.7	0.7	99.3
6	1	0.7	0.7	100.0
合计	138	100	100.0	

通过表 4.11 可知，21% 的案件中行为人有过 1 次及以上的前科经历，更有甚者前科次数达到了 6 次。比如：2004 年北京北新幼儿园凶杀案的行为人付某功，曾因犯罪被处以刑罚，仍不思悔改，又多次实施抢劫行为，并在抢劫犯罪中致 3 人死亡、1 人轻伤、1 人轻微伤；因琐事故意非法剥夺他人生命，致 2 人死亡；秘密窃取公私财物，且盗窃数额巨大；以暴力、威胁手段强奸 2 名妇女、猥亵 1 名妇女，分别构成抢劫罪、故意杀人罪、盗窃罪、强奸罪、强制猥亵妇女罪，最终数罪并罚被法院判处死刑。[1] 再如，2001 年制造石家庄特大爆炸案的靳如超，其 1988 年就因强奸罪被判处有期徒刑 10 年，1997 年 8 月 19 日被减刑释放。在实施爆炸案之前，2001 年 3 月 9 日，靳如超与相识不久的云南姑娘韦某花发生争吵，

---

[1]《北京北新幼儿园凶杀案案犯付贺功一审被判死刑》，北方网 2005 年 9 月 9 日，http://news.enorth.com.cn/system/2005/09/09/001115680.shtml。

争执中用柴刀将韦某花砍死。杀死韦某花后,靳如超知道自己已经逃脱不了罪责,下决心报复所有"对不起"他的人。于是在2001年3月16日凌晨,制造了震惊海内外的石家庄特大爆炸案,造成108人死亡、38人受伤。[1]

通过个人极端暴力犯罪案件中行为人的前科次数条形图,可直观看出其分布特征,见图4.7。

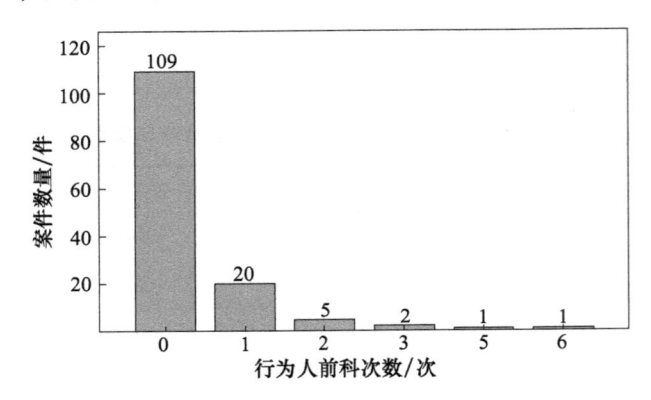

图4.7 个人极端暴力犯罪案件中行为人的前科次数条形图

通过该条形图可发现,虽大部分案件行为人没有前科,但仍有个别行为人存在较多次数的前科,如有的行为人有6次犯罪前科。

第二节 个人极端暴力犯罪的行为特征

个人极端暴力犯罪的行为特征,具体包括作案地点、作案工具、作案手段、作案动机和犯罪后果等方面。

一、作案地点特征

作案地点可分为本地作案、省内异地作案和跨省作案等类型,分别进行统计分析,具体情况见表4.12。

---

[1]《石家庄316特大爆炸案的始作俑者靳如超:比白宝山更加恶劣的无情杀手》,https://zhuanlan.zhihu.com/p/127067825。

表 4.12 个人极端暴力犯罪案件的作案地点统计表

作案地点	案件数量/件	百分比/%	有效百分比/%	累积百分比/%
本地作案	117	84.8	84.8	84.8
省内异地作案	14	10.1	10.1	94.9
跨省作案	7	5.1	5.1	100.0
合计	138	100.0	100.0	

表 4.12 显示，个人极端暴力犯罪案件中犯罪人的作案地点以本地为主，达到了 117 件，占比 84.8%；省内异地作案有 14 件，占比 10.1%；跨省作案 7 件，占比 5.1%。

该作案地点特征也可通过条形图直观反映出来，见图 4.8。

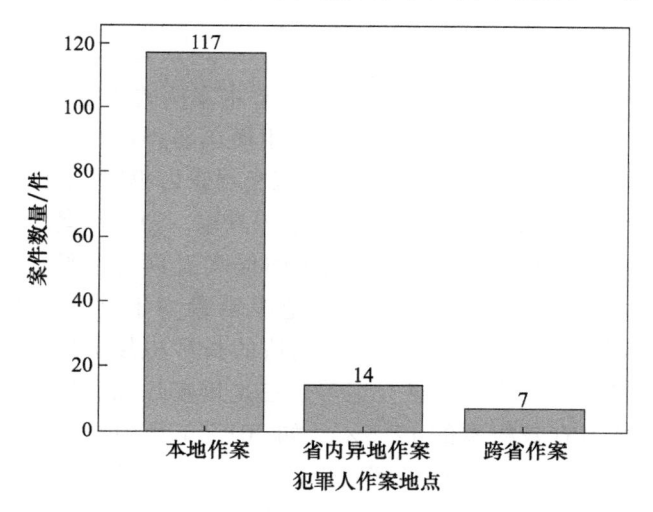

图 4.8 个人极端暴力犯罪案件的作案地点条形图

通过该条形图可直观看到，个人极端暴力犯罪案件犯罪人在本地作案的占绝大多数，但也存在少数省内异地作案和跨省作案的情况，往往这些案件的性质比较恶劣，危害性较大。

二、作案工具特征

从个人极端暴力犯罪案件的作案工具统计分析来看，犯罪人以用刀具等锐器直接杀伤被害人为主，具体情况见表 4.13。

表 4.13 个人极端暴力犯罪案件的作案工具统计表

	作案工具	案件数量/件	百分比/%	有效百分比/%	累积百分比/%
有效样本	刀具	68	49.3	50.0	50.0
	钝器	10	7.2	7.4	57.4
	枪支	6	4.3	4.4	61.8
	爆炸物	17	12.3	12.5	74.3
	汽油、酒精	20	14.5	14.7	89.0
	车辆	11	8.0	8.1	97.1
	毒药	2	1.4	1.5	98.5
	其他	2	1.4	1.5	100.0
	合计	136	98.6	100.0	
数据缺失样本		2	1.4		
合计		138	100.0		

通过对 136 件个人极端暴力犯罪有效样本案例的作案工具进行统计分析可以发现，大部分案件的犯罪人都使用简单易得的作案工具，采取直接、粗暴的作案方式。一是使用刀具实施极端暴力犯罪，50.0% 的案件中犯罪人采用此类方式，原因是这种工具容易获取，便于作案。如在 2012 年河南光山校园杀人案中，犯罪人闵拥军的作案工具就是平常家中使用的菜刀。二是使用汽油、酒精等纵火制造极端暴力事件，此类案例有 20 件，占比 14.7%。如 2010 年谌海涛制造的长沙机场大巴纵火案、2014 年包来旭制造的杭州公交车纵火案等。三是用爆炸物、爆炸装置制造爆炸，此类犯罪占有效样本的 12.5%。如 2013 年冀中星制造的首都机场 T3 航站楼爆炸案。由于爆炸的瞬时性、巨大的杀伤力等特点，此类案件具有极大的危害性。四是其他方式，如通过驾车撞人、持枪伤人、投放有毒有害物质等方式实施。驾车撞人、持枪伤人需犯罪人具备驾驶技能和使用枪支技能，增加了作案难度。而且，我国对枪支实行严格的管控制度，这也是持枪作案方式相对较少的重要原因。但随着汽车工业的发展、家用汽车的普及，利用汽车作案的比例呈现上升趋势，这是防范的难点。投放有毒有害物质虽属于较为平和方式，但针对不特定多数人的投毒行为受害范围极大，如 2001 年南京汤山特大投毒案，造成 300 多人死

伤，其中死亡42人。[1]

个人极端暴力犯罪案件的作案工具差异，可通过条形图直观呈现出来，见图4.9。

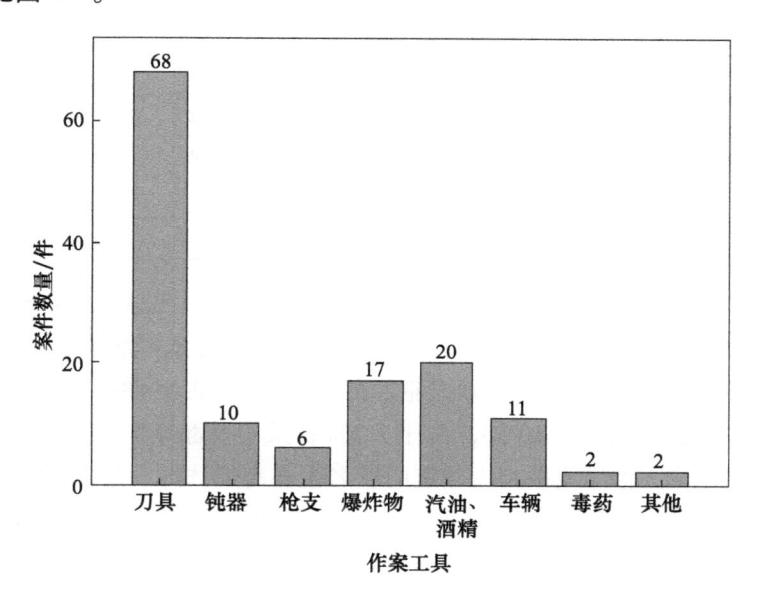

图4.9　个人极端暴力犯罪案件的作案工具条形图

从图4.9来看，个人极端暴力犯罪案件中作案工具以刀具为最多，有68件，占比达到了50%；而其他工具则相对较少，这主要是因为刀具最为常见，也最容易获得。

三、作案手段特征

个人极端暴力犯罪案件中，作案手段也存在不同程度的差异。我们将犯罪手段分为爆炸、纵火、杀人伤害、开车撞人、投毒、其他（包括抢劫、劫持人质等）六类，各种作案手段的具体情况见表4.14。

---

[1] 冯卫国、王敏芝：《个人极端暴力犯罪及其防范治理——基于100起犯罪案例的实证分析》，《浙江工业大学学报（社会科学版）》2018年第2期。

表 4.14　个人极端暴力犯罪案件的作案手段统计表

作案手段	案件数量/件	百分比/%	有效百分比/%	累积百分比/%
爆炸	17	12.3	12.3	12.3
纵火	22	15.9	15.9	28.3
杀人伤害	85	61.6	61.6	89.9
开车撞人	10	7.2	7.2	97.1
投毒	2	1.4	1.4	98.6
其他	2	1.4	1.4	100.0
合计	138	100.0	100.0	

由表 4.14 可知，在 138 件有效案例中，作案手段明显存在差异，选择杀人伤害方式犯罪的有 85 件，占比 61.6%；其次是选择纵火方式，有 22 件，占比 15.9%；选择爆炸方式犯罪的有 17 件，占案件总数的 12.3%；选择开车撞人方式的有 10 件，占比 7.2%；采用投毒等其他手段的仅占极少部分。犯罪人涉嫌或被判决确定的罪名主要有爆炸罪、放火罪、故意杀人罪、故意伤害罪和以危险方法危害公共安全罪等。可见，绝大多数个人极端暴力犯罪的犯罪人选择以锐器（如刀子）、钝器（如锤子、铁棍）、枪支等直接杀人或伤人的方式作案。需要注意的是，选择爆炸和纵火方式的犯罪人也占有一定比例，该方式造成的人员伤亡更多，危害更大，恐怖效果也更大，影响更为恶劣，但犯罪人也多在爆炸和纵火中死亡或受伤。

个人极端暴力犯罪案件的作案手段差异，可通过条形图直观呈现出来，见图 4.10。

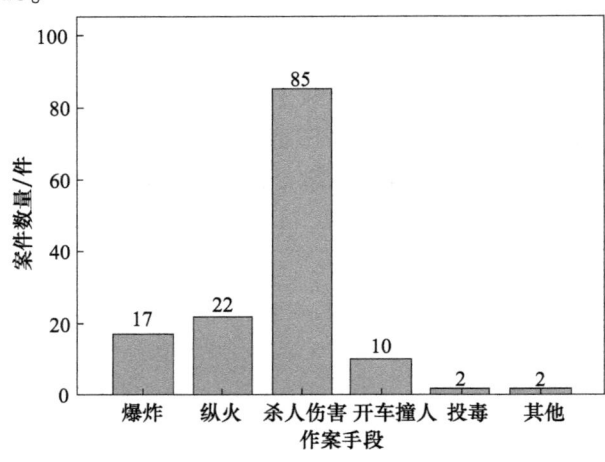

图 4.10　个人极端暴力犯罪案件的作案手段条形图

从图 4.10 来看，个人极端暴力犯罪案件中作案手段以直接杀人伤害为最多，有 85 件；而其他作案手段则相对较少。

四、作案动机特征

任何犯罪均存在一定的犯罪动机，个人极端暴力犯罪也不例外。我们将个人极端暴力犯罪案件中犯罪人的作案动机分为邻里纠纷、社会保障问题、经济收入问题、家庭矛盾、单位矛盾、执法冲突、其他问题等七种类型，分别进行统计分析。从本次研究样本来看，在 138 件样本案件中，有 115 件有效样本，数据缺失样本 23 件。个人极端暴力犯罪案件中犯罪人的作案动机情况见表 4.15。

表 4.15　个人极端暴力犯罪案件中犯罪人的作案动机统计表

	作案动机	案件数量/件	百分比/%	有效百分比/%	累积百分比/%
有效样本	邻里纠纷	22	15.9	19.1	19.1
	社会保障问题	2	1.4	1.7	20.9
	经济收入问题	8	5.8	7.0	27.8
	家庭矛盾	22	15.9	19.1	47.0
	单位矛盾	14	10.1	12.2	59.1
	执法冲突	13	9.4	11.3	70.4
	其他问题	34	24.6	29.6	100.0
	合计	115	83.3	100.0	
数据缺失样本		23	16.7		
合计		138	100.0		

通过表 4.15 可以看出，个人极端暴力犯罪案件更多是由邻里纠纷、家庭矛盾和其他问题（含医患纠纷等）引发；也有一部分由单位矛盾（含学校学生矛盾）、执法冲突等引发；而由家庭经济贫困、社会保障不到位等问题所引发的为极少数。

个人极端暴力犯罪案件中犯罪人的作案动机，可通过条形图直观反映出来，见图 4.11。

由图 4.11 可看出，引发个人极端暴力犯罪的主要作案动机包括邻里纠纷、家庭矛盾、单位矛盾、执法冲突、经济收入问题等。可见，有效化解家庭、邻里等矛盾纠纷，促进执法、司法的规范性和公正性，对生活困难的低收入者进行帮扶等，是防范个人极端暴力犯罪案件发生的重要举措。

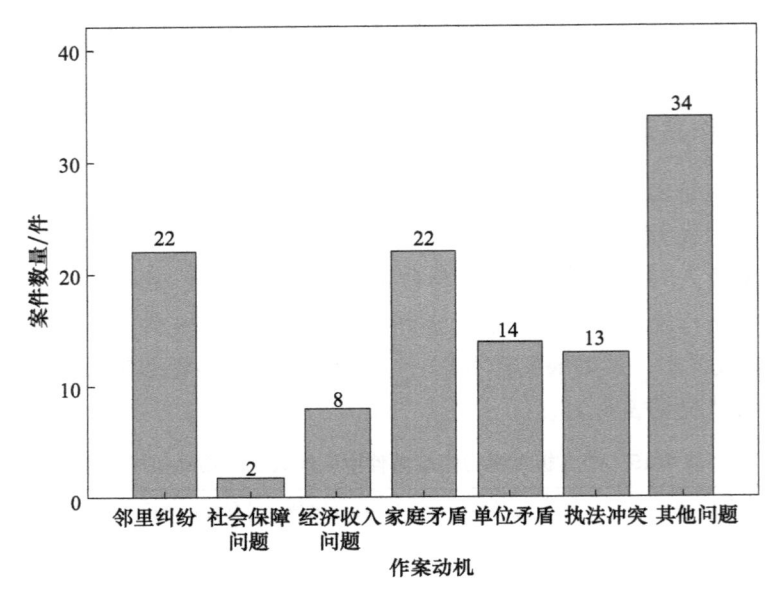

图 4.11　个人极端暴力犯罪案件中犯罪人的作案动机条形图

五、犯罪后果特征

个人极端暴力犯罪的危害性主要可通过犯罪造成的人员伤亡情况、劫持人质情况、经济损失情况等反映出来。我们对 138 件样本案例的犯罪后果进行了统计，具体情况见表 4.16。

表 4.16　个人极端暴力犯罪案件的犯罪后果情况统计表

犯罪后果分类	极小值	极大值	和	均值	标准差
致死人数/人	0	112	978	7.09	15.489
致伤人数/人	0	260	1778	12.88	25.710
伤亡人数合计/人	0	302	2756	19.97	32.902
劫持人数/人	0	65	221	1.60	9.444
经济损失/万元	1.93	10000.00	10638.30	664.8939	2489.56927

注：本表中，收集到经济损失数据的样本案例仅有 16 件，收集到其他数据的均有 138 件。

综合上表来看，个人极端暴力犯罪的危害性极大，主要表现如下：

第一，从犯罪被害人的伤亡情况看，共有 138 件有效案例。就被害人的死亡情况来说，138 件案例共造成 978 人死亡，平均每件案例造成大约 7

名被害人死亡；其中最为严重的案例是犯罪人造成了112人死亡（主要是犯罪人在飞机上实施爆炸造成的人员死亡）。就被害人的受伤情况来说，138件案例共造成1778名被害人不同程度受伤，有的为轻伤，有的为重伤，也有轻微伤的情况；平均每件案例造成大约13名被害人受伤；最为严重的伤害事件是犯罪人造成了260人受伤（主要是犯罪人投毒造成的伤害）。从被害人的伤亡综合情况看，138件案例共造成了2756名被害人伤亡，平均每件案例造成大约20名被害人伤亡；其中最为严重的事件是犯罪人造成了302人伤亡（飞机爆炸失事引起）。

第二，从被害人被劫持的情况看，共有138件有效案例。其中，劫持人质最多的案件为1名犯罪人劫持65名被害人作为人质。所统计个人极端暴力犯罪案件中，犯罪人共劫持人质221人。

第三，从犯罪造成的经济损失情况看，仅收集到16件有效案例。主要是因为公开媒体报道的各案例中涉及经济损失的信息相对较少，并不代表大部分案件没有发生经济损失的情况。这16件有效案例中，有的是媒体报道的经济损失情况，有的则是人民法院裁判文书中确定的经济损失。综合来看，16件案例共造成经济损失10638.30万元，平均每件案例造成约664.89万元损失。

下面，分别对个人极端暴力犯罪案件危害性各方面情况进行统计分析。

（一）被害人死亡情况

个人极端暴力犯罪案件中犯罪人致被害人死亡的人数情况统计见表4.17。由表4.17可见，没有造成被害人死亡的仅占较小的比例，大多数个人极端暴力犯罪案件都会造成不同程度的人员死亡。

表4.17 个人极端暴力犯罪案件中被害人死亡情况统计表

致死人数/人	案件数量/件	百分比/%	有效百分比/%	累积百分比/%
0	31	22.5	22.5	22.5
1	15	10.9	10.9	33.3
2	11	8.0	8.0	41.3
3	15	10.9	10.9	52.2
4	10	7.2	7.2	59.4
5	7	5.1	5.1	64.5

续表

致死人数/人	案件数量/件	百分比/%	有效百分比/%	累积百分比/%
6	16	11.6	11.6	76.1
7	4	2.9	2.9	79.0
8	7	5.1	5.1	84.1
9	3	2.2	2.2	86.2
10	1	0.7	0.7	87.0
11	4	2.9	2.9	89.9
12	2	1.4	1.4	91.3
13	1	0.7	0.7	92.0
15	1	0.7	0.7	92.8
17	1	0.7	0.7	93.5
19	1	0.7	0.7	94.2
27	2	1.4	1.4	95.7
42	2	1.4	1.4	97.1
47	1	0.7	0.7	97.8
67	1	0.7	0.7	98.6
108	1	0.7	0.7	99.3
112	1	0.7	0.7	100.0
合计	138	100.0	100.0	

（二）被害人受伤情况

个人极端暴力犯罪案件中犯罪人致被害人受伤的人数情况统计见表4.18。由表4.18可见，没有造成被害人受伤的案件占比较小。这也说明，个人极端暴力犯罪行为往往会造成被害人受害，比如有1件案例造成了260人不同程度受伤，造成20人以上（含20人）不同程度受伤的案例也有29件。

表4.18 个人极端暴力犯罪案件中被害人受伤情况统计表

致伤人数/人	案件数量/件	百分比/%	有效百分比/%	累积百分比/%
0	28	20.3	20.3	20.3
1	12	8.7	8.7	29.0
2	11	8.0	8.0	37.0

续表

致伤人数/人	案件数量/件	百分比/%	有效百分比/%	累积百分比/%
3	6	4.3	4.3	41.3
4	6	4.3	4.3	45.7
5	10	7.2	7.2	52.9
6	3	2.2	2.2	55.1
7	3	2.2	2.2	57.2
8	2	1.4	1.4	58.7
9	1	0.7	0.7	59.4
10	5	3.6	3.6	63.0
11	5	3.6	3.6	66.7
12	3	2.2	2.2	68.8
13	3	2.2	2.2	71.0
14	2	1.4	1.4	72.5
16	3	2.2	2.2	74.6
17	4	2.9	2.9	77.5
19	2	1.4	1.4	79.0
20	5	3.6	3.6	82.6
22	1	0.7	0.7	83.3
23	1	0.7	0.7	84.1
24	1	0.7	0.7	84.8
25	2	1.4	1.4	86.2
26	1	0.7	0.7	87.0
27	1	0.7	0.7	87.7
28	1	0.7	0.7	88.4
30	1	0.7	0.7	89.1
32	2	1.4	1.4	90.6
34	2	1.4	1.4	92.0
35	1	0.7	0.7	92.8
38	2	1.4	1.4	94.2
40	1	0.7	0.7	94.9
43	1	0.7	0.7	95.7
44	1	0.7	0.7	96.4

续表

致伤人数/人	案件数量/件	百分比/%	有效百分比/%	累积百分比/%
52	1	0.7	0.7	97.1
63	1	0.7	0.7	97.8
74	1	0.7	0.7	98.6
77	1	0.7	0.7	99.3
260	1	0.7	0.7	100.0
合计	138	100.0	100.0	

（三）被害人伤亡差异情况

1. 不同作案地点被害人伤亡的差异情况

通过对个人极端暴力犯罪案件中不同作案地点被害人的伤亡情况进行分析，可以发现该类犯罪伤亡容易发生的区域，从而为有效预防该类犯罪的伤害提供思路。个人极端暴力犯罪案件中不同作案地点被害人的伤亡情况统计见表4.19。

表4.19 个人极端暴力犯罪案件中不同作案地点伤亡人数汇总表

作案地点	死亡人数/人	百分比/%	受伤人数/人	百分比/%	伤亡总数/人	百分比/%
居民社区	211	9.58	306	13.90	517	23.48
学校	96	4.36	387	17.57	483	21.93
公交车	270	12.26	411	18.66	681	30.93
公共场所	144	6.54	126	5.72	270	12.26
政府机关	6	0.27	8	0.36	14	0.64
公路（含高速路）	15	0.68	41	1.86	56	2.54
农村及其他	109	4.95	72	3.27	181	8.22
合计	851	38.65	1351	61.35	2202	100

注：表中的百分比为各项目人数在总伤亡人数中的占比。农村人数中不包含农村学校人数，因为学校人数中已包含农村学校人数。

通过表4.19可以看出，发生在公交车、居民社区和学校的个人极端暴力犯罪案件造成的人员伤亡数量排在前列，其中发生在公交车上的伤亡人数最多，占比也最大。比如：2013年6月7日下午6时22分，犯罪嫌疑人陈水总制造了厦门BRT快1线途经金山站往南500米处的公交车纵火事故，事故造成47人死亡、34人受伤。2009年6月5日上午8时2分，张云良制造了成都公交车纵火案，成都市一辆公交车行驶至成都动物园附近、市北三环川陕立交桥下时发生燃烧并造成重大人员伤亡，该事件造成27人遇难、74人受伤，犯罪嫌疑人张云良当场死亡。[1] 可见，个人极端暴力犯罪案件行为人选择在公交车上作案，是因为其更易造成数量较大的人员伤亡，影响更恶劣。因此，防控个人极端暴力犯罪分子在公交车上作案应成为治理该类犯罪的重点。相对来说，发生在政府机关和公路（含高速公路）上的个人极端暴力事件造成被害人伤亡的人数较少。

2. 犯罪手段差异造成的被害人伤亡情况

先将伤亡人数分为三类：5人以内为第一类；6—20人为第二类；21人及以上为第三类。这样分类依据的是伤亡人数的统计结果，保证每一类的人数差异不会过大。然后，通过对个人极端暴力犯罪案件中被害人伤亡情况与犯罪手段的交叉表分析和卡方检验，可以发现二者之间的关系。个人极端暴力犯罪案件中犯罪手段与被害人伤亡人数交叉表结果见表4.20。

表4.20　个人极端暴力犯罪案件中犯罪手段与伤亡人数的交叉表

犯罪手段		伤亡人数分类			合计
		5人以内	6—20人	21人及以上	
爆炸	案件数量/件	1	7	9	17
	犯罪手段分类中的占比/%	5.9	41.2	52.9	100.0
	伤亡人数分类中的占比/%	2.9	9.6	29.0	12.3
	案件总数中的占比/%	0.7	5.1	6.5	12.3
纵火	案件数量/件	5	9	8	22
	犯罪手段分类中的占比/%	22.7	40.9	36.4	100.0
	伤亡人数分类中的占比/%	14.7	12.3	25.8	15.9
	案件总数中的占比/%	3.6	6.5	5.8	15.9
杀人伤害	案件数量/件	25	52	8	85
	犯罪手段分类中的占比/%	29.4	61.2	9.4	100.0
	伤亡人数分类中的占比/%	73.5	71.2	25.8	61.6
	案件总数中的占比/%	18.1	37.7	5.8	61.6

---

[1]《媒体盘点近年来公交纵火案》，中国纪实网2014年7月16日，http://www.zhongguojishi.com/8/6441.html。

续表

犯罪手段		伤亡人数分类			合计
		5人以内	6—20人	21人及以上	
开车撞人	案件数量/件	1	5	4	10
	犯罪手段分类中的占比/%	10.0	50.0	40.0	100.0
	伤亡人数分类中的占比/%	2.9	6.8	12.9	7.2
	案件总数中的占比/%	0.7	3.6	2.9	7.2
投毒	案件数量/件	0	0	2	2
	犯罪手段分类中的占比/%	0	0	100.0	100.0
	伤亡人数分类中的占比/%	0	0	6.5	1.4
	案件总数中的占比/%	0	0	1.4	1.4
其他	案件数量/件	2	0	0	2
	犯罪手段分类中的占比/%	100.0	0	0	100.0
	伤亡人数分类中的占比/%	5.9	0	0	1.4
	案件总数中的占比/%	1.4	0	0	1.4
合计	案件数量/件	34	73	31	138
	犯罪手段分类中的占比/%	24.6	52.9	22.5	100.0
	伤亡人数分类中的占比/%	100.0	100.0	100.0	100.0
	案件总数中的占比/%	24.6	52.9	22.5	100.0

表 4.20 显示，爆炸一般造成的人员伤亡较大，绝大多数在 6 人及以上；纵火造成 6—20 人伤亡的占比最大，但造成 21 人及以上和 5 人以内伤亡的也占有一定比例；杀人伤害造成 6—20 人伤亡的占比最大，造成 5 人以内伤亡的也占比不小；开车撞人一般也会造成较大的人员伤亡，绝大多数在 6 人及以上；投毒往往会造成较大数量的人员伤亡，基本都在 21 人及以上；采用其他手段实施个人极端暴力犯罪的相对造成的人员伤亡较小，基本为 5 人以内。

个人极端暴力犯罪案件中，被害人伤亡情况与犯罪手段的卡方检验结果见表 4.21。

表 4.21 个人极端暴力犯罪案件中伤亡人数与犯罪手段的卡方检验结果

维度	值	Df	渐进 Sig.（双侧）
Pearson 卡方	36.030	10	.000
似然比	35.215	10	.000

续表

维度	值	Df	渐进 Sig.（双侧）
线性和线性组合	6.383	1	.012
有效案例中的 N	138		

卡方检验结果显示，被害人伤亡情况与犯罪手段存在统计学上的显著性差异（P<0.001）。这表明，犯罪手段对被害人伤亡情况具有较大影响，不同犯罪手段造成的被害人伤亡人数存在较大差异。

（四）劫持人质情况

个人极端暴力犯罪案件中，也有少数存在劫持人质的现象。本次样本共收集到5件劫持人质的案例，其中劫持1人、39人、51人的各有1件，劫持65人的有2件。被劫持的人质中，以中小学生居多。个人极端暴力案件中被害人被劫持的人数情况见表4.22。

表 4.22　个人极端暴力案件中被害人被劫持的人数情况统计表

劫持人质数量/人	案件数量/件	百分比/%	有效百分比/%	累积百分比/%
0	133	96.4	96.4	96.4
1	1	0.7	0.7	97.1
39	1	0.7	0.7	97.8
51	1	0.7	0.7	98.6
65	2	1.4	1.4	100.0
合计	138	100.0	100.0	

劫持人质的个人极端暴力犯罪案件，较之一般的此类案件处置难度更大，因为警方介入时犯罪行为仍在进行中，警方不仅要及时抓捕犯罪分子，还必须考虑人质的安全，且成功解救人质是案件处置的第一要务。如2004年10月13日上午，凶手郭德仁把女儿送进江苏省江阴市长泾镇某小学某班教室后，突然关闭门窗，拔出菜刀挟持了1名女学生，后又劫持多名学生。当地警方快速处置了这起劫持人质案，39名被劫持小学生安全获救。[1] 再如2021年昆明"1·22"案中，1名男子在某中学门口持刀致伤7人后，劫持1名学生作为人质，在反复劝说无效后，警方果断开枪击毙

---

[1] 蒋剑翔：《"校园血案"何时休》，《新闻天地》2004年第11期。

歹徒，人质安全获救。[1]

第三节　个人极端暴力犯罪的被害人特征

从个人极端暴力犯罪案件的被害人来看，其在构成方面存在一些差异，具体情况见表4.23。

表4.23　个人极端暴力犯罪案件中被害人情况统计表

被害人分类	案件数量/件	百分比/%	有效百分比/%	累积百分比/%
家属亲人	17	12.3	12.3	12.3
邻居朋友	10	7.2	7.2	19.6
学生	40	29.0	29.0	48.6
公务员、军警	5	3.6	3.6	52.2
普通民众	66	47.8	47.8	100.0
合计	138	100.0	100.0	

从被害人情况来看，将普通民众作为犯罪对象的案件有66件，占案件总数的47.8%；将学生作为犯罪对象的有40件，占比29.0%；指向家属亲人的有17件，占比12.3%；指向邻居朋友的有10件，占比7.2%；报复公务员、军警的只有5件，占比3.6%。可见，大部分个人极端暴力犯罪案件中犯罪人将犯罪对象首先指向了普通民众；其次是学校学生，主要是中学生和小学生；而直接报复公务员和军警的只有极少数。因为犯罪人与公务员和军警直接面对面的机会较少，接触和犯罪的难度较大，这是公务员和军警极少成为犯罪对象的可能原因之一。而相对来说，普通民众最容易接触到，其受伤害的概率也最大。

个人极端暴力犯罪案件中被害人情况条形图，可直观反映出该类案件中被害人的特征，见图4.12。

---

[1]《昆明劫持案：对峙的两小时里发生了什么？》，新浪网2021年1月25日，https://news.sina.com.cn/s/2021-01-25/doc-ikftssap0555605.shtml。

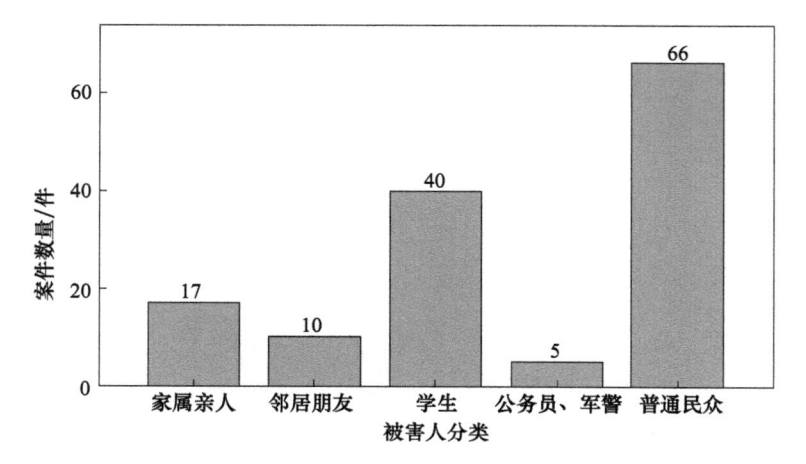

图 4.12　个人极端暴力犯罪案件中被害人情况条形图

由图 4.12 可直观发现，在该类案件中，普通民众和学生是被伤害较多的群体，而公务员和军警则是被伤害最少的群体。

第五章 | 个人极端暴力犯罪的生成机理

生成机理，即在事物的形成和演变过程中发挥作用的各因素之间的相互关系及发生作用的逻辑和机制。生成机理本来是化学等自然科学领域的概念，借鉴这一概念分析犯罪现象，有助于我们从系统、动态的视角把握犯罪原因。犯罪原因理论经历了从"单一因素论"到"多元因素论"再到"综合因素论"的发展过程。现代犯罪学理论普遍认为，犯罪原因是多因素组成的一个系统，其中各因素之间是相互影响、相互作用的关系，而不是孤立的、简单的集合，且各因素对犯罪的影响是一个综合而复杂的过程，因此应该把影响犯罪的各因素结合起来，作为有机联系的一个完整系统加以研究。[1]

个人极端暴力犯罪的生成也是一个复杂的动态过程，其原因具有多因素、多层次的特点。从根本意义上讲，可以将犯罪原因分为社会原因与个体原因。社会原因是指能够引起犯罪发生的各种社会因素及其过程，它通过对犯罪个体原因的作用使犯罪成为现实的行为，因而对于犯罪的发生具有间接性的特点，但不能由此否认其在犯罪原因系统中的基础性作用，犯罪本质上是社会矛盾运动的产物。另外，犯罪的社会原因内容十分广泛而复杂，其本身也是一个多层次、多成分的综合体系。[2] 我们认为，个人极端暴力犯罪的原因可分为宏观、中观和微观三个层次，其中宏观原因与中观原因都是阐述犯罪发生的社会原因，只是层次有所不同。在宏观层次上，主要分析影响和制约犯罪变化的时代背景因素，如社会转型期利益分化、矛盾加剧、社会底层成员生存压力增大等；在中观层次上，主要探讨社会治理与治安管理方面存在的一些具体问题，如社会支持体系匮乏、利益诉求与权利救济渠道不畅等；在微观层次上，主要探究犯罪的个体因素，如行为人在人格、心理等方面存在的问题。个人极端暴力犯罪的生成机理，就是上述三个层次及其各自包含的多种致罪因素相互作用的过程。

第一节　个人极端暴力犯罪的宏观原因

在我国，个人极端暴力犯罪是在改革开放后逐渐形成的一种犯罪类

---

[1]　曾周东：《犯罪原因系统论初探》，《刑侦研究》1994年第5期。
[2]　储槐植、许章润等：《犯罪学》，法律出版社1997年版，第183—184页。

型,进入 21 世纪后,这类犯罪进入高发期,成为日益严重的一类犯罪现象,也成为公众普遍关注的一个社会问题。社会问题是违反社会主导价值规范,引起社会大众普遍关注的一种社会失调现象。在欧美,也用社会病态、社会解组、社会反常或社会失调这些名词来指称社会问题。[1] 作为一个社会问题,个人极端暴力犯罪的生成与演变,必然有着深层次的社会背景与社会原因。从宏观视野观察,改革开放以来,我国进入急剧变化的社会转型期,伴随着经济体制深刻变革、社会结构深刻变动、利益格局深刻调整、思想观念深刻变化,社会矛盾冲突加剧,这是个人极端暴力犯罪产生并趋于严重的社会背景与宏观原因。个人极端暴力犯罪本身也是社会矛盾冲突运动变化的具体体现。

一、社会转型及其引发的社会变化

社会转型这一概念来源于西方社会学的现代化理论,通常意义上指传统社会向现代社会的转变与发展,是伴随着经济发展与经济转轨发生的社会形态、社会结构、社会文化和社会心理的系统性变革。[2] 1978 年以来,中国社会进入转型期,关于中国社会转型期的变化与特点,学者们从不同的侧面进行了概括和描述。有学者认为,中国正在经历从传统社会向现代社会、从农业社会向工业社会、从封闭性社会向开放性社会、从计划经济体制向市场经济体制的社会变迁和发展。[3] 有学者指出中国社会转型的四大特点:(1)中国是一个越来越流动的社会;(2)中国是一个越来越多元化、分散化的社会;(3)中国是一个越来越分化的社会;(4)中国是一个越来越开放的社会。[4] 还有人提出,当前我国经济社会发展正发生着四个本质性的转变:一是由体力劳动社会向脑力劳动社会转变;二是由单位人社会向社会人社会转变;三是由传统社会向创新社会转变;四是由静态社会向动态社会转变。[5]

社会转型对中国的政治、经济、文化、思想观念等各方面带来巨大、

---

[1] 朱力等:《社会学原理》,社会科学文献出版社 2003 年版,第 306 页。
[2] 王凯主编:《信访制度与国外相关制度分析研究》,中国民主法制出版社 2013 年版,第 37 页。
[3] 陆学艺主编:《21 世纪的中国社会》,云南人民出版社 1996 年版,第 2 页。
[4] 胡鞍钢:《中国社会转型中的四大新特点》,《学习月刊》2005 年第 10 期。
[5] 张宗林、郑广淼主编:《中国信访:新视角、新思维、新理念》,中国民主法制出版社 2013 年版,第 10 页。

深刻的影响和变化。从总体走向看，社会转型释放了社会的活力，促进了经济的增长，推动了民主法治的发展，推进了文化的繁荣，提高了人民群众的生活水平；但也应当看到，我国作为一个人口众多、地域辽阔的发展中国家，由于国情的特殊性，社会转型注定是一个艰巨、复杂、长期的过程。同许多国家相比，我国的社会转型具有横向上的不平衡性与纵向上的多重性。所谓横向上的不平衡性：一是指经济、政治、社会、文化等各个领域的不平衡，经济体制转型为先导，但政治体制改革、社会保障制度建设、民主法制建设、社会主义核心价值观的培养等还相对滞后，出现"断裂地带"，这正是矛盾与纠纷丛生之处；二是指各个地区之间发展不平衡，各地发展现状、发展机遇都有显著差别。[1] 所谓纵向上的多重性，主要体现为当代中国的社会转型是市场化、工业化与现代化、社会主义制度改革三类转型浓缩于同一历史时代。[2] 此外，我国城市化、市场化、现代化的过程正好与全球化进程叠加在一起，全球化给我国的改革开放和经济繁荣带来空前机遇的同时，也带来一定的负面影响。由此，我国的社会转型面临诸多问题与困惑，社会治理面临巨大挑战。根据犯罪学理论，社会剧变时期往往是犯罪高发期，尤其是处在工业化、城市化进程中的国家或地区，犯罪激增是一种普遍现象。我国的个人极端暴力犯罪就是在这样的社会背景下产生的。

对于社会转型现象及其引发的社会问题，西方社会学理论学者从不同的视角进行了观察和分析，如社会解组论、价值冲突论、风险社会理论、社会冲突论等。以奥格本、库利、科恩豪泽、桑普森等为代表的社会解组论认为，社会解组的根本原因是社会的快速变迁，最强有力的变量是工业化、都市化、移民、科技发展等。社会解组导致社会原有的价值体系和规范体系陷入混乱，引发文化冲突，对个人产生压力，使个体更加情绪化、冲动化。对社会问题最有效的解决办法就是尽快重建社会规范和秩序。以富勒、迈尔斯、鲁宾顿、温伯格等为代表的价值冲突论认为，造成社会问题的根本原因是处于竞争中的不同群体之间价值和利益上的冲突，而解决冲突的基本路径在于促使对立群体接受更高层次的共同价值，凝聚社会共

---

[1] 王凯主编：《信访制度与国外相关制度分析研究》，中国民主法制出版社2013年版，第38—39页。

[2] 联合国开发计划署：《2005年人类发展报告》，转引自靳江好、王郅强主编：《和谐社会建设与社会矛盾调节机制研究》，人民出版社2008年版，第85页。

识。以贝克、吉登斯等为代表的风险社会理论认为，工业文明和现代化进程大大增加了社会风险，风险社会加剧了业已存在的"社会疾病"，这是引发许多社会问题的原因。以韦伯、齐美尔、科赛等为代表的社会冲突论则主张，社会问题是由各个社会群体之间的利益冲突而引起的，冲突的根源就在于各个群体在资源占有上的不平等。以上各种理论在解释某一方面的社会问题时，都具有说服力，但在解释其他方面的问题时就存在局限性。因此，当代社会学倾向于综合各种理论的优点来理解社会、解释社会问题，从而形成了所谓的"综合要素论"。[1] 下面，笔者借鉴相关理论资源，对转型期我国社会存在的主要问题进行审视和思考。

（一）社会结构失衡

社会是由各个群体、各个阶层的人所构成的整体，而具有不同特征的人群形成的相对稳定的相互关系，就是社会结构。社会结构是客观的社会存在，其建立在一定的分化和差异基础之上，如年龄、性别、经济状况、社会地位等都是影响社会结构的因素。关于我国社会结构存在的主要问题，我国社会学学者李强教授曾经概括为三大方面：第一，中国的城市和农村存在巨大的差异。第二，大城市和小城市存在巨大的差异。第三，在同一个城市里，城市户籍居民和外来打工者之间存在巨大的差异。[2] 借鉴李强教授的这一概括，笔者对当前我国社会结构存在的突出问题具体论述如下：

一是城乡二元结构引发的"三农"问题。城乡二元结构形成于新中国成立初期，对于奠定国家的工业基础、推动工业化的早期发展起到了一定的积极作用，但这是以农村和农民付出巨大牺牲为代价的，也造成了城市居民和农民事实上的不平等。在新的历史条件下，城乡二元结构的弊端日益显现，导致农村发展相对滞后、农民整体收入偏低、城乡发展悬殊较大等问题，基层曾经出现过"农民真苦，农村真穷，农业真危险"的声音。改革开放以来，随着工业化和城镇化的迅速发展，农村人口大量向城镇尤其是大城市转移，导致了所谓的"新三农"问题，即"农村空心化、农业边缘化、农民老龄化"。越来越多的农村青壮年离开农村，前往城市务工，

---

[1] 朱力等：《社会学原理》，社会科学文献出版社2003年版，第24—34页。
[2] 李强：《中国离橄榄型社会还有多远——对于中产阶层发展的社会学分析》，《探索与争鸣》2016年第8期。

妇女、儿童、老人成为留守农村的主要人口群体。近十几年来，随着农村人口的不断减少，我国的空心村数量越来越多。"一些农村经济社会陷入整体性衰落与凋敝，尤其是经济相对落后地区的农村更甚。农村空心化加剧，对农村经济、公共服务、文化以及社会秩序等带来了一系列挑战，不仅严重制约着农村社区建设的良性发展，也对我国城市化健康发展造成不利影响。"[1]

二是普遍存在农民工权利失衡现象。农民工也被称为外来务工人员，是指拥有农业户口，长期生活在城镇城市，长期从事第二、三产业劳动，以此来获得主要收入的农民，是中国二元经济条件下由农村迁移到城市工作的劳动群体。就身份而言，农民工来自农村，户籍身份是农民。就职业而言，他们是工人。大批农民工涌入城市，为城市建设作出了巨大贡献。由于农民工人口总数巨大，难以严格统计，一般认为大约有 2.6 亿到 2.7 亿。[2] 但是这一群体的权利往往处于缺损状态，得不到社会的普遍尊重与承认，很多农民工面临人格歧视、恶意欠薪、劳动保护乏力、社会保障缺位等问题。生存状况的恶劣，加之个体等方面的因素，导致一些人心理失衡，走上违法犯罪道路。在农民工犯罪中，不乏在绝望报复情绪支配下实施的个人极端暴力犯罪，例如 2005 年发生的王斌余故意杀人案，时年 27 岁、只有小学文化的甘肃农民王斌余，自 17 岁开始进城务工，2005 年他在宁夏石嘴山市打工期间，因数次讨要工钱无果而在愤怒之下连杀 4 人，重伤 1 人。[3]

据中国青少年研究中心等于 2007 年发布的《新生代——当代中国青年农民工研究报告》显示，80 后和 90 后"新生代农民工"已经占到中国农民工总数的 60%。与上一代农民工相比，新生代农民工受教育水平较高，渴望融入城市。但是，农民工与城市之间的认同障碍、社会族群歧视和价值观差异等难题在新生代农民工这里并未获得明显改善。此外，新生代农民工还普遍受到劳动合同签订率低、社会保险参与率低、工资水平总体偏低的"三低"困扰，而与之相对应的则是"三多"，即工伤及职业病

---

[1] 范东君：《农村空心化挑战及其化解之道》，《光明日报》2015 年 6 月 3 日，第 13 版。

[2] 李强：《中国离橄榄型社会还有多远——对于中产阶层发展的社会学分析》，《探索与争鸣》2016 年第 8 期。

[3] 孟昭丽、刘佳婧、刘晓莉：《愤怒之下连杀 4 人的死囚向记者坦露内心世界》，新浪网 2005 年 9 月 4 日，https://news.sina.com.cn/c/2005-09-04/10496857456s.shtml。

多、加班多、劳动争议多。由于掌握的社会资源少，他们向上流动的机会很少。[1]

三是人口结构存在的问题对社会稳定与发展带来一定的影响与冲击。其一，人口性别比例失调问题长期存在。据 2021 年 5 月 11 日国家统计局发布的第七次全国人口普查主要数据，我国"男性人口为 72334 万人，占 51.24%；女性人口为 68844 万人，占 48.76%。总人口性别比（以女性为 100，男性对女性的比例）为 105.07"[2]。虽然男女比例失调的问题较以前有所缓解，但问题依然严峻，这一问题对社会的稳定与和谐具有一定的负面影响，如造成一些社会成员婚配困难，滋长拐卖人口及卖淫嫖娼、强奸等性方面的违法犯罪，引发一些人的反社会情绪，等等。其二，人口老龄化现象加剧，我国正步入老龄化社会。根据第七次全国人口普查数据，60 岁及以上人口占总人口 18.7%，65 岁及以上人口占总人口 13.5%，与 2010 年相比，60 岁及以上人口的比重上升 5.44 个百分点，人口老龄化程度进一步加深。[3] 另外，养老问题日益突出，社会变迁导致我国传统的家庭养老功能不断弱化，而社会养老体系尚不完善。老龄化现象对我国社会、经济等各方面的发展都带来消极影响，其对公共安全和社会稳定的潜在威胁也不容忽视。老年人由于健康状况和社会角色的变化，容易产生悲观、抑郁、孤独和焦虑等不良心理和情绪，近年来老年人犯罪有上升的势头。据北京市海淀区人民法院于 2018 年发布的一项调研报告，近 10 年来，老年人犯罪率一直呈上升趋势。[4] 虽然总体上老年人因为生理、心理等因素，实施暴力攻击行为的概率大大降低，但从个案角度看，仍存在可能。例如：2003 年韩国大邱地铁纵火案的案犯金大汉，作案时已经 56 岁，其因医疗事故导致疾病难愈而对生活失去信心，在一地铁列车车厢内泼洒汽油，意与他人同归于尽，导致 198 人死亡。我国 2013 年发生的厦门 BRT 公交车纵火案，案犯陈水总作案时已经 61 岁。从国外来看，一些国家如韩国、日本，出现了"高龄犯罪"增长现象，也被一些媒体称为"灰色犯罪

---

[1] 李松：《中国社会病》，华夏出版社 2013 年版，第 250 页。
[2] 《第七次全国人口普查主要数据情况》，国家统计局网 2021 年 5 月 11 日，https://www.stats.gov.cn/sj/xwfbh/fbhwd/202302/t20230203_1901080.html。
[3] 《第七次全国人口普查主要数据情况》，国家统计局网 2021 年 5 月 11 日，https://www.stats.gov.cn/sj/xwfbh/fbhwd/202302/t20230203_1901080.html。
[4] 《老人犯罪率持续 10 年上升 法院揭开背后的原因》，北晚新视觉 2018 年 10 月 29 日，https://www.takefoto.cn/viewnews-1604478.html。

潮",而高龄暴力犯罪增加的趋势尤其值得关注。例如：在韩国，以杀人、强奸等重大案件来看，高龄犯罪从2013到2017年增加70%，伤害事件则增加43%；在日本，2008年老人暴力犯罪约占整体的4%，2016年上升至12.4%。[1] 日本法务省2012年11月16日发表年度犯罪白皮书，数据显示，日本暴力犯罪老年人数量是1992年的49.5倍。[2] 这一现象值得我国警惕，在犯罪态势的研判与犯罪对策设计中，应当予以特别关注。

（二）贫富差距拉大

改革开放前，我国主要实行"大锅饭"式的平均主义分配制度。在这种分配体制下，国家是整个社会的代表，直接掌握社会利益的分配，统一调配全国的物资和财政，并以户籍、劳动人事等制度统一管理社会人口和劳动力分布，以工资、价格管理、补贴等制度直接进行国民收入的初次分配和再分配。[3] 改革开放后，我国逐步改变不合理的收入分配制度，打破平均主义，"允许一部人先富起来"。随着社会主义市场经济体制的确立，我国逐步形成了以按劳分配为主、多种分配方式并存的分配格局，这大大激发了社会的活力，推动了经济的快速增长，人民生活水平普遍提高。但收入分配领域也出现了一些新的问题，如城乡区域发展差距和居民收入分配差距依然较大，收入分配秩序不规范，隐性收入、非法收入问题比较突出，部分群众生活比较困难。[4]

社会转型与经济改革，必然会导致社会阶层分化与利益格局变化，进而出现一定的收入分配差距，这属于经济社会发展中的正常现象。但是，转型期我国社会收入分配差距现象的背后存在一些扭曲性因素，即某些行业、某些群体的高收入并不是依靠正当劳动、合法经营获得的，而主要来源于垄断性经营、不正当竞争、攫取国有资产、权钱交易等途径。另外，除前述的农民及农民工社会保障不足、城乡收入差距过大外，在城市也存在其他收入偏低群体。随着市场化改革的深入，大量国有企业改制、工人

---

[1] 《日韩高龄犯罪增加引关注 老人犯罪只是为了钱吗？》，参考消息网2019年2月16日，http://www.cankaoxiaoxi.com/culture/20190216/2371467.shtm。

[2] 《报告显示日本老年人犯罪人数猛增至20年前50倍》，环球网2012年11月17日，https://world.huanqiu.com/article/9CaKrnJxMrp。

[3] 王凯主编：《信访制度与国外相关制度分析研究》，中国民主法制出版社2013年版，第40页。

[4] 刘二伟主编：《社会矛盾指数研究——创新信访工作的新路径》，中国民主法制出版社2013年版，第3页。

下岗，经济竞争的加剧导致企业破产，失业人员不断产生。下岗、失业人员作为无固定收入或低收入群体，生存情况艰难。虽然各级政府高度重视就业情况，积极采取措施，不断提供工作岗位，增加就业机会，但失业人员仍然是一个庞大的群体，需要关注和关心。据统计，"2010—2016 年全国城镇登记失业人数不断增加，到 2016 年全国共有 982 万城镇失业人口，比 2010 年增长了 65 万人"[1]。2021 年全国城镇登记失业人数 1040 万人，到 2022 年该数值已经增加到了 1203 万人。[2] 近年来，受疫情等多种因素的影响，失业人数在不断增加。

我国的收入分配差距问题，前些年曾一度超出了正常的社会分层发展的结果范围，这反映出社会分配不公是我国突出的一个社会问题。国际公认的反映一国贫富差距程度的指标是基尼系数，为意大利经济学家基尼于 1922 年所提出。基尼系数的值在 0 到 1 之间，越接近 0 就表明收入分配越趋向平等，反之收入分配越趋向不平等。根据国际一般标准，基尼系数为 0.4 以上表示收入差距较大，当基尼系数达到 0.6 时，则表示收入差距悬殊。根据联合国有关组织分析，基尼系数在 0.3 到 0.4 之间表示收入差距相对合理。2013 年，国家统计局首次公布了我国 10 年来的基尼系数，2003 年 0.479、2006 年 0.487、2008 年 0.491、2009 年 0.490、2012 年 0.474。[3] 2021 年的居民人均可支配收入基尼系数为 0.466，2022 年的居民人均可支配收入基尼系数为 0.467。[4] 这说明我国居民贫富差距是比较大的，曾经连续多年超过 0.4 这一警戒线。

社会分化与收入差距拉大的结果，是造就了庞大的社会底层群体。一般认为，衡量底层群体主要包括三个维度：低收入，居无定所；缺乏各项社会保障；自身权益难以保护，利益表达机制不畅。[5] 当前，我国底层群体有不断扩大趋势。社会学理论认为，以中产阶层为主体的"橄榄型"社会结构是稳定性较强、幸福度较高的社会。在发达国家，"社会中间阶层"

---

〔1〕《2017 年中国就业人口数量及城镇失业人员再就业人数现状分析回顾》，中国产业发展研究网 2018 年 8 月 23 日，http：//www.chinaidr.com/tradenews/2018-08/121945.html。

〔2〕国家统计局统计数据，https：//data.stats.gov.cn/easyquery.htm? cn = C01。

〔3〕《我国首度公布官方基尼系数》，《半月谈》2013 年第 2 期。

〔4〕国家统计局统计数据，https：//data.stats.gov.cn/easyquery.htm? cn = C01。

〔5〕《中国底层群体呈扩大趋势，"赢家通吃"侵蚀公平竞争》，中国新闻网 2011 年 3 月 7 日，https：//www.chinanews.com.cn/gn/2011/03-07/2887584.shtml。

能占到全国人口的 40%—50%。[1] 而根据我国社会学学者李强教授的研究，中国还处于一个底层民众数量众多、其他阶层数量较少的"倒丁字形"结构。[2] 由于生活和工作压力大、收入低、机会不均等，底层人群容易产生焦虑感、挫败感和对社会的不满情绪。

美国社会学家乔纳森·特纳（Jonathan H. Turner）认为，不平等系统中的下层成员容易产生相对被剥夺感，相对剥夺比绝对剥夺更可能引起不公平感，引起被剥夺者的不满和反抗。[3] 我国利益分化加剧、贫富差距悬殊的现状，极容易使底层社会成员滋生相对被剥夺感，加剧部分人的失望与不满情绪，为个人极端暴力犯罪的滋生提供心理动因。正如邓小平同志曾在一次谈话中指出的："少部分人获得那么多财富，大多数人没有，这样发展下去总有一天会出问题。分配不公，会导致两极分化，到一定时候问题就会出来。这个问题要解决。"[4] 我国学者的研究也表明："事实上，中国现阶段的大量犯罪都与分配制度有直接的关系。分配中的问题不仅使一部分人失去了应有的物质利益，更重要的是这种情况给社会公平、公正的基本原则带来了根本性的威胁，同时也造成了心理的不平衡甚至某种反社会倾向的产生。"[5] 中国在社会转型期，迫切需要一种实现公正的合法渠道，缩小收入差距，适当减轻人们就业、住房、医疗等方面的压力。否则，弱势人群怨恨和报复的非理性心态难以抚平或消除，仇恨就有可能成为一种可怕的"社会病"，整个社会将会为之付出更大的代价。[6]

值得注意的是，我国社会中贫富差距不仅有扩大趋向，而且出现一定的社会阶层固化、贫富差距代际传递现象，即由于对底层社会成员的基本保障不足，以及在教育、就业等方面未能充分体现机会均等原则，底层成员通过努力改变经济状况和社会地位的出路趋于狭窄，实现阶层向上流动变得更加困难，父母职业、家庭收入、家庭社会关系等对个人发展的影响

---

[1] 陈婷舒：《合理的社会流动事关社会安全》，《中国青年报》2004 年 7 月 30 日，https://zqb.cyol.com/content/2004-07/30/content_918844.htm。

[2] 李松：《中国社会病》，华夏出版社 2013 年版，第 249 页。

[3] [美]乔纳森·H. 特纳：《社会学理论的结构》，吴曲辉等译，浙江人民出版社 1987 年版，第 199—201 页。

[4] 中共中央文献研究室编：《邓小平年谱（1975—1997）》（下），中央文献出版社 2004 年版，第 1363 页。

[5] 储槐植、许章润等：《犯罪学》，法律出版社 1997 年版，第 192 页。

[6] 李松：《中国社会病》，华夏出版社 2013 年版，第 3 页。

明显增强，这也就是所谓的阶层固化现象。"2011 年 2 月，新生代市场监测机构的一份民意调查显示，58.8%的被访者认为社会底层群体向上流动的机会不多，仅 7.5%的被访者认为机会很多。"[1] 根据社会学理论，合理的社会流动可以缓解社会差别的消极影响，释放由于社会不公平形成的社会张力，加强社会的整合程度，激发人的积极性和进取心，增强社会系统的活力。改革开放以来，我国取得举世瞩目的经济奇迹与社会发展成果，同社会流动的放开并日趋活跃有直接关系。如高考制度的恢复，打破了"出身论"与"血统论"的桎梏，使得众多寒门子弟通过高考改变命运。而目前出现的阶层固化趋向，意味着社会流动尤其是代际流动的通道阻塞，这必然强化社会阶层之间的壁垒和隔阂，对社会运行和社会稳定带来消极影响。如果社会底层人员上升通道不畅，各个社会阶层相互之间相对封闭，缺乏沟通、了解和信任，就容易产生仇恨、对立和冲突。[2] 从某种意义上讲，希望丧失的后果比贫困更为严重，贫困并不一定会造成社会不满，而希望的普遍丧失必定会造成民众较强烈的挫折感、相对剥夺感和不满情绪。[3] 近年来，各地发生的一系列底层人群以暴力手段发泄对社会不满情绪的现象，与社会阶层日益固化不无关系，这是必须认真对待的、关系我国未来稳定大局的一个问题。

（三）伦理道德滑坡

伦理道德是人类社会所特有的，主要依靠人们的内在信念、社会舆论和传统习惯来维系的行为规范的总和。伦理道德作为柔性的社会规范，在社会整合中具有不可替代的作用，是经济社会发展的重要精神支撑。在市场经济与开放社会背景下，传统的价值观与伦理道德体系受到相当程度的冲击，且随着利益主体与利益格局日趋多元，人们的价值观也出现了多元化趋势，改革开放前主流道德一统天下的格局正受到挑战，人们的价值选择越来越多样化。价值观的多元化本身并不是坏事，彰显着社会的开放、包容和进步；社会的伦理道德体系也不是一成不变的，既有相对的稳定性，也会随着社会变化而变化，每一个时代的价值观与道德体系都包含着

---

[1]《国考进化论》，新浪网 2011 年 11 月 21 日，https://news.sina.com.cn/c/sd/2011-11-21/162623500718.shtml。

[2] 李松：《中国社会病》，华夏出版社 2013 年版，第 253 页。

[3] 吴忠民：《治要之道：社会矛盾十二讲》，山东人民出版社 2017 年版，第 100 页。

一定的时代特色。但是，维系人类社会生存发展的道德底线，或者凝聚特定社会基本共识的某些价值观念，如诚实守信、遵守规则、尊老爱幼、家庭和睦、与人为善、同情弱者等，在任何时候都不会过时，也不应被抛弃，如果这些基本的价值观念受到动摇，则社会将承受灾难性的后果。

在我国，随着市场经济体制的确立与快速发展，一些现代理念如平等、民主、权利、参与等日益深入人心，但因理解的差异也带来一些负面的影响，一定范围内出现了道德沦丧、价值错位、信仰危机、信任缺失等问题。例如："以自我为中心""利益至上""一切向钱看"成为一些人的生活信条，炫富、"笑贫不笑娼"等也时有发生，造假、欺诈等行为难以杜绝，伪劣食品药品、"豆腐渣"工程威胁公众生命、财产安全，等等。由此带来普遍的信任危机，个人诚信、商务诚信、政务诚信都不同程度地出现了问题。据商务部统计，中国企业每年因信用缺失导致的直接和间接损失高达6000亿元。[1]"中国社会信任已濒临解体，社会不信任表现和深入到了社会关系的各个方面，包括人与人之间、家庭成员之间、民与官之间……在所有社会信任关系中，最令人恐惧的莫过于社会对法律失去了最起码的信任。"[2] 2013年，中国社科院的一项研究显示，中国社会总体信任度已经跌破60分的及格线，社会处于"基本不信任"状态，这为社会问题与社会矛盾的爆发埋下了隐患。[3] 此外，普遍存在的忽视道德建设或者道德建设模式单一、模式僵化等问题，助长了道德滑坡、行为失范等现象，社会上弥漫着迷茫、焦虑、浮躁、暴戾、"仇官"、"仇富"等不健康的社会心态，拜金主义、享乐主义、投机主义、虚无主义、极端个人主义等不良思想甚嚣尘上，这成为许多社会乱象的心理基础与思想根源。多年来，犯罪率的上升与治安形势的恶化，尤其是个人极端暴力犯罪的频发，一定意义上就是道德滑坡与信任危机的产物。而在一些个人极端暴力犯罪案件发生后，舆论场的一些杂音也反映出人们价值观的撕裂与非理性的社会情绪，如强调个别凶手施暴的"外在原因"，为极端罪行的合理性作辩解，甚至公然叫好。如杨佳袭警案等袭击警察、法官的案件发生后，作为

---

[1]《中国企业信用缺失代价惊人，每年损失6000亿》，中国新闻网2011年5月4日，https://www.chinanews.com.cn/cj/2011/05-04/3013966.shtml。

[2]郑永年：《保卫社会》，浙江人民出版社2011年版，第181—182页。

[3]张宗林、郑广淼主编：《中国信访：新视角、新思维、新理念》，中国民主法制出版社2013年版，第6—7页。

被害人的警察、法官得不到广泛的同情，行凶者反而被一些人看成"正义的化身"，甚至一些专业媒体的报道表露出对暴力行为的非理性宽容。

我国党和政府已经深刻洞察到上述问题，并着力加以改变和解决，尤其是党的十八大以来，大力推动社会建设、思想道德建设与诚信建设，社会主义核心价值观日益深入人心，社会风气趋于好转，民众的精神面貌出现了可喜的变化，但观念与意识方面的发展与进步注定是一个长期的过程，需要全社会持之以恒、共同努力。

（四）社会运行失序

我国在改革开放前的相当时期内（不包括"文化大革命"期间），犯罪率处于很低的水平，社会保持着高度稳定的局面。但僵硬的计划经济体制束缚了经济发展和市场繁荣，过于严密的社会控制使公民的诸多权利得不到保障。例如：粮票制度、严格的户籍管制等，使公民几乎丧失了迁徙自由；警察夜闯民宅查户口，曾是普遍的做法。改革开放后，随着社会日益开放，公民享有越来越多的自由，社会活力日增，促进了经济的发展和繁荣；与此同时，随着政府对社会管制的减少，基层组织的社会整合能力有所削弱，再加上前述道德滑坡、价值紊乱等因素的影响，社会中的越轨行为、违法犯罪行为呈现增长之势，各类矛盾纠纷也急剧增加。类似现象实际上在许多国家都存在。英国社会学家安东尼·吉登斯认为，前现代社会是基于亲属关系的"信任环境"，在这样的社会中，成员之间的信任对维持社会控制具有至关重要的作用，而后现代性所带来的一个主要社会变化，是信任与风险环境的更迭以及本体不安全感的增加。简言之，是现代性破坏了亲属关系的显著性，割裂了当地的社区控制，削弱了宗教的权威和传统的感召力。博特姆斯和怀尔斯也认为：后现代性的一个重要特征是国家主导权力的减弱，同时，刑事司法系统的无能在新的"信息社会"面前暴露无遗；更糟糕的是，后现代性削弱了非正式的、社群主义的社会控制；此外，全球化刺激了新的危害的增长，如国际诈骗和贩毒已经超过了单个国家的控制能力。[1]

在我国，社会运行的失序还同一些基层部门存在的不作为、乱作为、执法不公、司法腐败等问题有关，这些现象损害了党和政府的形象和声

---

[1]［英］戈登·休斯：《解读犯罪预防——社会控制、风险与后现代》，刘晓梅、刘志松译，中国人民公安大学出版社2009年版，第189、195页。

誉，破坏了执法、司法的公信力，从而造成一定范围内的"政府失灵"现象，即公共部门在提供公共物品时倾向于浪费和滥用资源，导致公共管理服务的效能降低，不能满足社会公众的需求。公民行为失范加之政府管理失灵，必然导致社会运行失序的后果。

二、社会矛盾加剧及其表现特点

社会矛盾也称为社会冲突，是"人类社会中各阶级、阶层或社会群体在维护各自的生存空间、经济利益、政治利益或思想信仰过程中所出现的对立和冲突"[1]。在西方，二战后至今，社会冲突始终是社会学研究的重点，并产生了诸多理论流派，如马克思·韦伯的社会冲突理论、达伦多夫的辩证冲突论、柯林思的冲突根源论、科赛的冲突功能论等。西方学者普遍认为，社会稀缺资源的分配不公是引发社会冲突的根源，但具体学说的侧重点不同。在我国，在马克思主义、毛泽东思想的指导下，形成了新时期中国共产党关于社会主义矛盾的基本思想和认识，其主要内容是：基于矛盾普遍性原理，社会主义社会也存在矛盾，社会主义社会的基本矛盾是生产力与生产关系、经济基础与上层建筑之间的矛盾，并将矛盾的性质区分为两类，即敌我矛盾与人民内部矛盾。党的十三大报告曾把我国社会主义初级阶段的主要矛盾表述为：人民日益增长的物质文化需要同落后的社会生产之间的矛盾。随着时代的发展，党的十九大报告指出，当前我国社会的主要矛盾已经转化为人民日益增长的美好生活需要和不平衡不充分的发展之间的矛盾，从而深化了对新时代我国社会主要矛盾的认识。研究我国社会矛盾问题，应当立足于我国国情，以中国特色社会主义理论中关于社会矛盾的论述为基本指导，同时也可以适当吸收借鉴西方社会冲突理论中的有益成果，如西方社会学中的"相对被剥夺感"理论、"社会安全阀机制"理论，这对分析当下我国社会矛盾的形成原因与解决对策是有一定借鉴意义的。

从各国现代化进程来看，在经济发展到一定阶段后，都会因面临人口与资源、效率与公平等方面的矛盾加剧而进入一个瓶颈约束期，这是现代化道路上必须跨过的一道门槛。在转型社会背景下，我国存在社会建设不

---

[1] 刘培平：《社会矛盾与近代中国》，山东教育出版社2000年版，第3页。

足、城乡分化、统筹级别低下、地区差异大等突出问题[1]，社会矛盾纠纷不可避免呈现高发态势。正如党的十八大报告所指出的，当前我国"社会矛盾明显增多，教育、就业、社会保障、医疗、住房、生态环境、食品药品安全、安全生产、社会治安、执法司法等关系群众切身利益的问题较多"。这些具体矛盾纠纷的产生和增长，都反映了当前我国社会发展的不平衡不充分这一基本矛盾。

新时期，我国社会的矛盾纠纷出现了一些新的特点与趋向：

第一，矛盾主体多元化。从涉及的主体看，除个人之间的纠纷外，越来越多的纠纷涉及企事业单位、基层社会组织及政府部门等。值得关注的是，在各种矛盾对应群体当中，官民（干群）之间的矛盾比较突出。这是由中国特定的社会转型背景条件所决定的。一方面，政府在公共服务方面做得还不够到位，民生建设还存在诸多问题，影响民众的认同感，而一些地方政府在征地拆迁等活动中"与民争利"的行为，更是直接加剧了官民矛盾。需要指出，目前的官民矛盾主要集中在基层政府及其干部与民众之间，"信上不信下"是一个比较明显和普遍的问题，即公众对中央政府及其干部的信任度很高，而对地方政府及其干部的信任度较低。[2] 这也从一个侧面说明了上访者到上一级政府上访、越级上访、进京上访等现象层出不穷的原因。另一方面，在我国现阶段，民众对于政府仍然有一种心理和行为的惯性依赖，依靠政府解决问题的期望值很高，政府对于民众承担了大量的、几乎是难以胜任的无限责任，而政府在法理的框架内事实上难以有效、全面地解决民众的各方面要求，且政府不恰当的干预会直接损害民众的合理利益，在这样的情形下，官民之间的矛盾必然会凸显。但总体上，中国现阶段的官民矛盾并未演化成基于根本利益冲突的对抗性的社会矛盾问题。[3]

第二，矛盾内容复杂化。从涉及的内容看，除在家庭、邻里、社区、公共场所等发生的简单性纠纷外，一些新型纠纷如房屋买卖、物业管理、征地补偿、拆迁安置、环境污染、劳动争议、投资、金融、医疗、教育等方面的纠纷越来越多，法律关系更趋复杂，处理难度更大。尤其是，当前

---

〔1〕 郑永年：《未来三十年：新时代的改革关键问题》（修订版），中信出版集团2018年版，序言第2页。

〔2〕 吴忠民：《当代中国社会"官民矛盾"问题特征分析》，《教学与研究》2012年第3期。

〔3〕 吴忠民：《治要之道：社会矛盾十二讲》，山东人民出版社2017年版，第80、102页。

由非法集资等涉众型经济案件引发的纠纷比较突出，给社会稳定带来巨大风险。另外，还存在大量由历史遗留问题引发的社会矛盾。例如，国有企业转制过程中，曾经有大批工人被"买断工龄"，时隔多年后，随着权利意识的增强，这一群体中的部分人以补偿水平过低、安置不合理为由，进行追溯性维权活动。此外，部分军队退役人员因为曾经的安置问题进行上访、聚集的事件也时有发生。

第三，矛盾形式交织化。从表现形式看，利益诉求及其表达方式的理性与非理性、合法性与非法性错综交织，矛盾纠纷的关联性、敏感性、对抗性增强。有的采用过激行为如封门堵路、以自杀相威胁等方式表达诉求，或者恶意缠访、闹访，扰乱了正常的社会秩序；有的因情绪激烈而报复伤害他人，导致民转刑案件的发生；还有的引发群体性事件，造成恶劣社会影响。如果矛盾纠纷得不到及时有效的化解，任其恶性发展，就有可能演变为个人极端暴力犯罪。根据前文对个人极端暴力犯罪案件犯罪原因的统计分析结果，不少这类案件是由邻里纠纷、家庭矛盾、职场矛盾、执法冲突等直接引发的。例如，2013年武汉"8·16"商场砍人案，某商场代理商胡某因柜台租赁问题与商场发生纠纷，为报复泄愤而在商场内持刀砍伤4人，随后从5楼跳下砸伤1人，嫌疑人当场死亡。[1] 矛盾纠纷在行为人的不良人格下不断发酵，在得不到有效处理和解决的情况下，就容易诱发极端暴力犯罪行为。

第四，矛盾分布拓展化。从分布空间看，除发生在物理空间的矛盾纠纷外，随着互联网的普及、自媒体的发展，越来越多的矛盾纠纷出现在网络空间，网络暴力、网上群体性事件层出不穷。同时，网络传播手段极大的便捷性、高效性，对矛盾纠纷的演变与发展起到了推波助澜的作用，如一些访民、利益群体成立QQ群、微信群等，借此传递信息、协调行动，自发地组织起来，通过集体性活动向政府施压。而且，在很多情况下，网络显现的社会矛盾有着一种明显的放大效应。[2]

必须明确，任何社会都必然存在一定的矛盾，在我国处于社会转型期的大背景下，社会矛盾出现一定的增长是正常的现象。功能主义冲突论的

---

[1]《武汉男子砍伤5人跳楼身亡，因柜台租赁发生纠纷》，荆楚网2013年8月17日，http://news.cnhubei.com/xw/wuhan/201308/t2673136.shtml。

[2] 吴忠民：《治要之道：社会矛盾十二讲》，山东人民出版社2017年版，第149页。

代表人物刘易斯·A. 科赛认为，冲突"更具有社会适应性"，因为社会"相互依赖的本质，使冲突经常发生，但正因为冲突时有发生，感情没有积累到暴力不可避免的程度"[1]。根据科赛的观点，社会冲突并不只有负功能，也具有一定范围内的正功能。只要冲突不涉及双方关系的基础、不冲击社会的核心价值，就是社会系统可以容忍的对抗。这种冲突对社会与群体具有内部整合的作用。[2]

我们必须正视矛盾的客观存在，既不能采取遮掩、回避的态度，也不能企图完全消除社会矛盾，那种"构建和谐社会就是要消除一切社会矛盾"的认识是不现实的，必须予以摒弃。没有矛盾的社会是不存在的，矛盾纠纷太少的社会一般来说也不是正常的社会，至少说明社会活力不足。在社会治理中，要防止对社会矛盾"不当治理""过度治理"的现象[3]，如非法限制访民人身自由、对访民的不合理诉求无原则妥协等。此外，许多社会矛盾的背后，暴露出我们工作中的"短板"与不足，如教育、医疗、就业、社保等民生领域依然有很多欠账，地区发展不平衡，收入分配差距过大，社会利益重新调整等问题危及社会公平，等等。必须对一定时期的社会矛盾进行客观的测量、评估、研判，并进行理性的反思和检讨，寻找公共政策和治理实践中的失误和漏洞，从而纠正治理偏差，促进良法善治。

社会矛盾的存在本身不是问题，关键是能否建立有效的机制及时化解矛盾；同时，不断改进社会治理，减少矛盾的发生，把社会矛盾的量和质控制在可以容忍的范围内，即对社会共同体的基本生存条件和社会的正常运转不至于造成剧烈的乃至颠覆性的影响。否则，如果社会出现普遍的暴力化现象，而政府无法有效控制，社会处于动荡局面，以至于经济陷入停滞，就会沦为所谓的"失败国家"。从我国社会矛盾的现状和态势来看，虽然社会矛盾总量较大且呈上升势头，但总体是可控的，属于社会转型与现代化进程中的"阵痛"现象。

从当前我国绝大多数社会矛盾纠纷的性质看，它们都是由具体的利益

---

[1] 张家栋：《恐怖主义与反恐怖——历史、理论与实践》，上海人民出版社2012年版，第243—244页。

[2] 朱力等：《社会学原理》，社会科学文献出版社2003年版，第34—35页。

[3] 张宗林、郑广淼主编：《中国信访：新视角、新思维、新理念》，中国民主法制出版社2013年版，第11页。

冲突引发的，而且通过各种正常渠道是可以解决的。即使是某些具有一定规模的群体性事件，也大都有具体的利益诉求，多数是物质性利益诉求，个别涉及教育公平、司法公正、环境保护等问题，个别群体性事件因处置不当等，升级为打砸抢烧等一定程度的暴力事件，但是，事件的多数参与者还是想借助一定的暴力行为来制造影响，通过对政府施加压力来实现诉求。即使有部分人具有发泄对社会不满的动机，其也并没有推翻政权等政治动机。换言之，虽然我国目前的官民关系还不理想（主要是民众对基层政府的信任度不够高），但民众通过各种方式向政府表达诉求的行为本身，包括合法的信访途径、非法的群体性事件等，说明民众并没有丧失对政府的信心，即便一些事件中有人对基层政府失去信心，其接下来的选择也往往是到更高级别的政府机关去反映诉求、寻求解决。

由此可以得出一个结论，就矛盾纠纷的当事人对政府的态度以及同政府的信任关系而言，我国当前绝大多数社会矛盾不具有根本的对抗性，即仍属于毛泽东同志所论述的人民内部矛盾，而非敌我矛盾。正如有人提出的当前我国社会矛盾呈现"三个绝大多数"的基本判断：绝大多数社会矛盾是人民内部矛盾，绝大多数社会矛盾是利益性矛盾，绝大多数群众的诉求是有道理的。[1] 我国有研究者将这种不具有根本对抗性的矛盾称为"裂痕性不稳定"，其根据社会不稳定的外在表现形式，区分为颠覆性不稳定和裂痕性不稳定，前者是指阶级利益根本对立导致的社会不稳定，后者是指在人民内部根本利益一致的基础上产生的社会不稳定。我国当前的社会矛盾主要是人民内部矛盾，因此维护社会稳定的关键在于有效治理"裂痕性不稳定"。裂痕性不稳定更多地指向经济社会内部微观层面，表现为征地拆迁、国企改制、劳资纠纷、环境污染等问题导致的群体性事件，还表现为极端行为、非正常上访、社会负面心态等。[2]

不过个人极端暴力犯罪有可能是一个例外。个人极端暴力犯罪作为社会矛盾冲突的极端表现，多数也是由具体的矛盾纠纷引起的，但行为人实施极端暴力行为的目的，一般不是表达利益诉求、寻求问题的解决，而是

---

[1] 郭彦：《对当前我国社会矛盾总体态势的基本判断和解决路径的几点思考》，载张凌、郭立新、黄武主编：《犯罪防控与平安中国建设——中国犯罪学学会年会论文集（2013年）》，中国检察出版社2013年版，第226页。

[2] 刘二伟主编：《社会矛盾指数研究——创新信访工作的新路径》，中国民主法制出版社2013年版，第241—242页。

发泄对社会的不满和仇恨情绪，行为人对政府、对法律、对社会、对未来都失去了信心，在非理性的绝望情绪支配下滥杀无辜，通过毁灭他人和自我毁灭的极端方式，完全走到了社会的对立面。虽然这类犯罪的行为人并没有政治动机与政治诉求，但同恐怖主义犯罪者一样，行为人成为人类社会的公敌。应当指出，社会中存在的各种问题，如社会失衡、利益分化、分配不公等，并不必然引发相关利益受损者的犯罪行为。现实生活中，遭受贫困、失业、不公正对待的人大量存在，但走上犯罪道路的只是极个别人。是否选择犯罪，在很大程度上还取决于一个人内在的人格、个性、心理素质、认知水平、道德素养等，但不能因此否认社会因素对促成犯罪发生所产生的影响。尽管个人极端暴力犯罪在犯罪总量中占比极低，但其造成的社会震荡极大，也是少有的具有高度对抗性的社会矛盾，必须予以高度关注。

作为社会矛盾冲突的极端表现，个人极端暴力犯罪发生的频率、数量等，在某种意义上表征着一定时期我国社会矛盾的强烈程度，是观察社会问题与考察社会治理水平的一个比较直观的窗口。我们对犯罪控制与社会治理的前景应有足够的信心，因为中国具有优越的社会制度资源、先进的执政党领导以及强大的社会动员能力，这是有效解决社会矛盾、构建和谐社会的根本保障。同时，对社会暴力的蔓延尤其是个人极端暴力犯罪的频发，我们应保持高度警惕，采取一切可能的措施予以控制和防治。如果对此无所作为，社会出现普遍的暴力化现象，就意味着社会改革的失败和社会治理的失效，社会有可能沦为无政府状态。正如郑永年教授指出的："今天，尽管中国仍然是世界上少数几个具有强有力治理能力的国家，但也必须预防出现社会暴力化的趋势，一旦社会暴力化，很难保障国家不会成为失败国家。""如何沟通体制内外，推倒形形色色的社会墙，将极端的暴力行为与言论化作促进社会公平和社会保障的渐进改革动力，从总体上进一步协调经济、社会和政治现代化，避免暴力积累导致的社会总体性危机，将是中国今后改革的重大课题。"[1]

---

[1] 郑永年、杨丽君：《中国崛起不可承受之错》，中信出版集团2016年版，第97、105页。

第二节　个人极端暴力犯罪的中观原因

个人极端暴力犯罪产生的中观原因，本质上也属于犯罪的社会原因，但较之于前述的宏观原因，中观原因侧重于从社会治理中存在的某些问题出发，探讨犯罪形成的外在原因，为加强对此类犯罪的防范与控制提供依据。

一、利益诉求表达渠道不够通畅

根据现代社会学上的"社会安全阀理论"，利益诉求表达具有释放社会成员不满情绪，避免不满情绪积累而导致矛盾激化，从而促进社会稳定的作用。社会结构越僵化，安全阀机制就越重要，社会理应通过合法的、制度化的机制，使各种社会紧张情绪得以释放，避免灾难性冲突的最终出现，这样社会系统才有可能处于均衡与和谐的状态。[1] 英国精神分析学家埃德蒙德·齐曼认为，现代社会包含了稳定的核心部分和可变动的外围部分，后者的变动就起到安全机制的作用，使人们的不满情绪得到缓解。[2] 因此，对于社会矛盾和民众的不满情绪，需要有效疏导而不是简单地防堵，要设置合理的制度渠道，在引导民众通过合法方式表达诉求、解决问题的同时，积极地消解社会中的负面情绪。当前，我国社会安全阀机制尚不健全，突出问题就是利益诉求表达渠道不畅，这是很多基层矛盾纠纷激化、升级的重要原因。由于正常的利益诉求表达渠道不畅，一些利益主体转而通过各种非法方式乃至极端方式进行表达，如非法的静坐、游行、以自杀相威胁、封门堵路等，进而演变成大规模的群体性事件，造成不良社会影响；也有的恶化升级为打砸抢烧等暴力犯罪，严重破坏社会秩序。实践中发生的一些个人极端暴力犯罪，也同行为人利益诉求表达不通畅有一定关系，当行为人利益受损、生活受挫而求助无路、告诉无门时，其便会产生一定的怨气，在怨气积累到一定程度，不良情绪得不到及时发泄时，就有可能实施报复社会的极端行为。

---

[1] 胡洁人：《使和谐社区运转起来——当代中国城市社区纠纷化解研究》，上海人民出版社2016年版，第38页。

[2] 张家栋：《恐怖主义与反恐怖——历史、理论与实践》，上海人民出版社2012年版，第243—244页。

在我国，信访制度是公民表达利益诉求的重要渠道，且具有一定的纠纷解决与权利救济功能。在社会转型期，信访机构成为各类社会矛盾的集聚地，但由于现行信访制度存在法律规定不完善、工作机制不健全、功能定位不明晰等问题，信访制度作用的发挥受到很大制约和影响。实践中，一些矛盾纠纷趋于激化甚至演化为恶性事件，同信访渠道不畅通或信访功能不理想甚至异化有一定关系。如2012年发生的山东荣成爆炸案，作案人曲某强因工伤而高位截瘫，其对工伤处理结果不满多次上访，2012年9月3日再次到镇政府上访受阻后，在镇政府大院内引爆炸药身亡，同时导致6人受伤。[1] 再如2013年发生的首都机场爆炸案，作案人冀中星就是一名老访民，多年上访无果后最终实施极端行为。纵观暴力事件的产生，总有"上访"痕迹的遗留，在实践中，少数地方存在非法限制访民人身自由的做法，出现"暴力截访""被精神病"，甚至非法关押访民的"黑监狱"等现象，这些做法背离了信访制度的初衷，损害了党和政府的形象和权威，制造了更大的社会矛盾，应当坚决予以摒弃。

二、社会支持体系不够完善

按当前社会学界比较通行的见解，社会支持是指借助一定的社会网络，运用一定的物质和精神手段，对社会弱势群体进行无偿帮助的行为的总和。社会支持理论肇始于20世纪60年代的西方，在20世纪90年代中期被引介到我国，并在我国社会学领域产生了较大影响。例如：有学者以我国香港模式与内地的比较与借鉴为视角，专门就弱势群体的社会支持进行了深入研究；还有学者专门就弱势群体的社会支持、农民工的社会支持、失业弱势群体的社会支持、弱势群体的社会支持网络等进行了研究。

在我国法学界，鉴于社会转型期弱势群体犯罪日益凸显，这一问题日渐得到学者的关注，尤其是进入21世纪后，出现了一些有分量的研究成果，如有学者专门就流动人口犯罪、农民犯罪、老年犯罪等问题进行了研究。我们认为，在我国处于体制转轨与社会转型的背景下，社会矛盾加剧、分配不公、权利失衡、社会失范等导致的弱势群体犯罪呈上升势头，对社会的稳定与发展构成极大威胁。我国有学者的研究表明，犯罪嫌疑人

---

〔1〕 卞民德：《山东荣成称曾多次安排专人登门安抚爆炸案犯》，新浪网2012年9月3日，https：//news.sina.com.cn/c/2012-09-03/230825092526.shtml。

遭受挫折与社会支持链断裂有关，即犯罪嫌疑人不能从血缘关系、工作关系以及社会生活关系中获得相应支持，缺乏社会支持意味着其心理反应机制、精神紧张状态缓解功能和社会适应调解能力的丧失或不健全，进而导致遏制犯罪的外部力量弱化而实施犯罪。[1] 因此，把社会支持理论引入犯罪学研究领域，有助于揭示弱势群体犯罪的现象与规律，促进相关刑事政策设计的理性化，以有效控制此类犯罪，对创新社会治理、构建和谐社会起到理论支撑作用。

　　社会支持理论与体系主要针对弱势群体。弱势群体并不是一个严格的法律概念，一般是指因自然、经济、文化等方面因素，在社会中相对处于不利地位，且能力不足、生活困难或权利容易受到侵犯的人群或阶层。国际上公认的弱势群体包括贫困群体、失业群体、未成年人群体、残障群体、老年群体等。此外，由于一定范围内存在的歧视与不公正待遇，女性在某种意义上也可以被称为弱势群体。在我国，除以上群体外，农民工群体、农村留守人口（妇女、老人、儿童）、城市流浪儿童、服刑人员未成年子女等，也是值得关注的弱势群体。

　　弱势群体犯罪是一个外延相当宽泛的概念，涉及的犯罪种类很多。从实践中看，最常见的是由于生存需要而实施的侵犯财产权利的犯罪，如盗窃、抢夺、抢劫等；也有侵犯人身权利的犯罪，如长期遭受家庭暴力的妇女杀害、伤害其施暴的丈夫，偏远地区的农民因娶妻困难而收买被拐卖的妇女，等等。另外，也有一些人因产生绝望心理而攻击无辜群众、危害公共安全，在此情形下就同个人极端暴力犯罪产生了一定重合。分析实际发生的个人极端暴力犯罪案件可以发现，失业及无业人员、贫困人员、刑满释放人员等社会底层人员在此类犯罪中占据了相当比例，虽然这些人犯罪的原因包含多重因素，但生活贫困、社会地位的边缘化等是不容忽视的致罪因素。如白宝山、靳如超等犯罪人都是刑满释放人员，他们之所以重新走上犯罪道路，而且变本加厉，同出狱后面临的生活不顺、就业无着落等状况不无关系。白宝山出狱回到北京后，第一件事就是跑户口，先后跑了六七次，也没有办成，而当时在北京没有户口，生活、工作会受到很大影响，这是诱发其产生仇恨社会、报复社会动机的重要因素之一。据白宝山

---

[1] 靳高风：《当前中国个人极端暴力犯罪个案研究》，《中国人民公安大学学报（社会科学版）》2012 年第 5 期。

归案后交代："我出来并没想重新犯罪，我给自己设计了两条道路，如果我能够正常地生活下去，我就不再犯罪；如果不能，我就去抢。"[1]

有人指出："在这些极端暴力犯罪的行为人中，不少属于无业或没有稳定工作、长期被边缘化的失意群体。由于相对被剥夺感和反社会人格相结合，经过长期淤积发酵，他们对社会产生了仇视心态，从而采取极端手段对社会进行宣泄报复。"[2] 改革开放以来，尤其是20世纪90年代推进市场经济体制以来，我国社会阶层分化与利益格局分化加剧，弱势群体人员的数量在增长，其生存状况堪忧，而针对弱势群体的政策支持与制度供给力度不足，社会建设与民生保护工作相对滞后，导致社会中的不满情绪蔓延，这是新时期矛盾纠纷激增、违法犯罪率上升、社会治安恶化的重要原因。

基于社会支持理论，一个人所拥有的社会支持网络越强大，就能越好地应对来自各方面的困难和挑战，出现各种越轨行为的概率也就越低。因此，构建和完善对弱势群体的社会支持体系，改善其生存状况，对于预防和减少弱势群体犯罪具有积极意义。2002年3月，时任国务院总理朱镕基在九届全国人大五次会议上所作的《政府工作报告》中，首次提及弱势群体保护问题，此后党和政府不遗余力地推进这方面的工作，不断强化政府的社会政策支持，建立和完善社会保障制度，推进各种民生保护工程，使弱势群体与全体人民共享改革发展成果，同步迈进小康社会，这是治理弱势群体犯罪的本源性举措。

在针对弱势群体的社会支持体系中，不仅包括物质支持，心理支持也是重要方面。当前，我国公共心理健康服务体系不完善，是亟待加以解决的问题。长期以来，"西方国家强调专业的心理帮助，我们在传统上则注重血缘的人际支持。然而在心理负荷越来越强大的现代社会，我们传统的社会支持却在不断弱化。我们需要建立专业的心理支持系统，来拓展社会系统"[3]。

---

[1]《千里杀人悍匪白宝山——一个在中国刑侦史上有坐标地位的杀人犯》，搜狐网2017年5月23日，https://www.sohu.com/a/142961099_688482。

[2] 李松：《底层民意：中国社会心态调查》，新华出版社2014年版，第1页。

[3] 郑振远主编：《社会矛盾化解法治化研究：以北京市为例》，中国法制出版社2017年版，第244页。

三、矛盾纠纷化解机制不够健全

转型期我国社会的利益关系更为复杂，各种社会矛盾明显增多；但与此同时，基层社会的矛盾纠纷化解能力却一度出现弱化趋势。在改革开放之前及其初期，单位、基层党组织及群众组织[1]在社会整合及矛盾调处中发挥着重要作用，但随着时代变迁与社会转型，尤其是进入20世纪90年代以后，这些组织的社会整合功能有所下降。市场经济的发展使得社会结构也悄然发生变化，传统的以血缘、居住地或单位为基础形成的熟人社会，正逐步演变为一个流动性较强、人际关系相对松散的陌生人社会。由于单位制度的改革，尤其是国有企业的改制以及私有企业的兴起，单位对职工私生活的干预不复从前。在城市，由于商品房的普及、居民建筑格局的变化，加之隐私等价值观念的转变，小区居民之间普遍缺乏来往，居委会的作用受到很大限制；在农村，青壮年人口大量进城务工导致出现"空心化"现象，传统伦理观念受到冲击，因此出现了不少村党组织及村委会涣散无力的局面，其在基层治理中的作用自然受到影响。

另外，具有中国特色的人民调解，曾被誉为化解基层矛盾纠纷、维护社会稳定的"东方经验"，但随着社会日益开放，加之立法支持与政策保障不足等原因，也面临功能弱化的问题。20世纪90年代，纠纷调解的数量一度出现下降趋势。有关数据显示：人民调解组织调解的纠纷数量，从1990年的741余万件降至1998年的527余万件，而同期法院受理案件数目却增长了约10倍，1998年平均每个调解员调解的纠纷不足1件。2003年受理调解案件740余万件，2007年受理调解案件622余万件，2008年受理调解案件612余万件；同时，调解与诉讼的比例在20世纪80年代约为10∶1，而至2001年已降到1∶1。[2] 究其原因：（1）陌生人社会中，传统调解所依靠的社会资源，如人际关系、社会舆论、乡规民约等，对当事人的约束力大大减弱，从而导致调解的权威性降低、成功率下降；（2）工业化、城市化进程加快，拆迁、征地等引发了大量的公民同地方政府之间的利益冲突，此类纠纷涉及政府行为，人民调解组织对此很难发挥作用；

---

[1] 这里的基层群众组织，主要指城市的居委会及农村的村委会，我国1982年出台的《宪法》赋予其基层群众性自治组织的地位。在计划经济时代，农村的基层组织被称为"生产大队"。

[2] 陈刚：《民事诉讼法制的现代化》，中国检察出版社2003年版，第157页。

（3）随着法治建设的发展，公民的法治意识和权利意识不断增强，传统的"耻讼""厌讼"观念发生改变，越来越多的人倾向于选择诉讼方式来解决纠纷。大量的纠纷涌向法院，导致所谓的"诉讼爆炸现象"，案多人少的矛盾使得法院不堪重负，案件办理的质量也受到一定的影响。[1]

个人极端暴力犯罪案件中，相当一部分是由普通的民间纠纷引起的。如果在这些纠纷发生之初，有关基层组织或机构就能迅速发现并介入，有效地进行调处，使得矛盾纠纷得以及时化解，矛盾纠纷向恶性转化以至于引发暴力犯罪的可能性就会大大降低。如2016年银川市"1·5"公交车纵火案中，据媒体报道，行为人马永平在案发前，因承建某移民安置区工程与分包商发生债务纠纷，在解决未果后，曾爬上电线杆并浑身淋满汽油以自焚威胁政府解决债务纠纷。可见，如果能够形成健全的社会矛盾纠纷解决机制，及时化解矛盾纠纷，是有可能避免或减少这类案件的发生，从源头上堵塞公共安全漏洞的。所以，在不断强化司法公正的同时，应充分发挥调解、仲裁等替代性纠纷解决手段的作用，尤其是人民调解作为纠纷解决的第一道防线的作用，这对于有效预防和化解矛盾纠纷具有重要意义。

四、治安防范体系不够严密

高效的治安防范体系取决于三方面的能力：一是密切畅通的警民协同能力；二是及时准确的预测预警能力；三是快速有力的应急处置能力。这三方面的能力在不少基层公安部门还属于软肋，影响对个人极端暴力犯罪的有效防范。

尽管个人极端暴力犯罪案件的发生具有相当的不确定性，防范、控制的难度极大，但其并不是凭空产生的，看似偶然的表象背后也有一定的规律可循。个人极端暴力犯罪作为一种故意犯罪现象，且多数为预谋性犯罪，其行为人从犯意产生到犯罪实施往往会有一个发展过程，在作案前也会表露出一定的征兆和迹象，如与人发生纠纷、因生活遇挫而流露出悲观厌世心理甚至扬言报复他人或社会等，有的人还会进一步准备作案工具、踩点以选择作案场所等。实践中，一些个人极端暴力犯罪案件在案发前有明显的迹象，甚至有群众报警或提供线索，但未能引起警方的关注和重

---

〔1〕 冯卫国：《转型社会中的人民调解制度：挑战及其应对》，《法治研究》2014年第7期。

视，处置不及时或者处置不当，结果惨案最终发生。这暴露出一些基层公安部门的日常治安防范工作不够扎实，警民的协同配合机制不够完善，矛盾排查调处机制不够健全。

另外，一些地方对危险物品、重点人员、重点场所管控力度不足，为个人极端暴力犯罪案件的发生提供了可乘之机。例如，尽管我国对枪支、弹药、爆炸物、剧毒物品等实行极为严格的管控政策，但一些地方仍然存在管理上的漏洞，导致这些危险物品落入犯罪分子手里，给社会治安埋下隐患。2001年制造石家庄爆炸案的靳如超用950元人民币购买了土制炸药，并顺利将其从远郊县运到市区，在三栋彼此相隔较远的住宅楼下安放，以并不专业的爆炸手段制造了这起死亡108人、伤害数十人的特大爆炸案。2003年2月，黄旻翔购买了用于制造爆炸装置的物品，组装了两套定时爆炸装置，放置在清华大学荷园教工餐厅和北京大学农园食堂并引爆，造成9人受到不同程度的身体伤害。2002年南京汤山陈正平毒鼠强投毒事件，造成38人死亡、431人中毒的严重后果，而陈正平只花了8元就在农贸市场轻而易举地获得了这种剧毒品。该案发生后，据中央电视台《经济半小时》的追踪调查：公安局表示，在市面流通的毒鼠强不归他们管；负责集贸市场管理的工商局表示"自己没有检测手段"，"属于质检部门管"；拥有检测手段的防疫站表示"自己没有处罚权力，不是自己的职责"。多头管理，往往就成为无人管理。[1] 再如，近年发生的多起个人极端暴力犯罪案件中，有的行为人曾在行凶前留下"遗书""绝笔信"，流露出一定的犯罪意图；有的还将相关内容发布在网络社交媒体中，表达出偏激的观点和情绪，甚至有群众为此而报警，但未引起当地警方的足够重视。2013年厦门BRT公交车纵火案、首都机场爆炸案等多起案件中，行为人长期上访、外出活动等信息未引起重视，情报失灵导致反应迟钝。[2] 这暴露出一些地方警方的危机意识有待加强、危机预警机制亟待健全。

有鉴于此，实践中需要进一步严密治安防范体系，并争取社会各界的支持配合，这对于成功预防和处置犯罪十分必要。应当通过发展社区警务，提升矛盾排查和预警的效果，在出现犯罪苗头和治安风险之际，就及

---

[1] 楼夷：《危情毒鼠强》，新浪财经2003年1月23日，http://finance.sina.com.cn/b/20030123/1326305966.shtml。

[2] 李国军：《论极端暴力犯罪案件现场处置中的警察第一响应者》，《中国人民公安大学学报（社会科学版）》2014年第2期。

时引导合适的机构或人员主动介入，并采取相应的防控措施。如人民调解组织对矛盾纠纷进行调处，心理专家或社会工作者对产生心理问题或情感障碍的人进行心理辅导，社区协助民政等部门对生活陷入困境的人进行救助，律师、法律专家等对不服法院生效裁判的当事人答疑解惑，等等。通过警民的密切配合，将可能的犯罪消除于萌芽阶段。此外，还应当进一步完善危险物品管理的法律法规，改革经营管理体制，强化有关企业、有关部门的责任意识，规范危险物品的生产、销售、运输、储存和使用；加强对公共场所、公共交通工具、中小学及幼儿园等重点区域的保护，通过严格的管理和周密的防范，不给潜在的犯罪分子提供作案机会。

第三节 个人极端暴力犯罪的微观原因

犯罪的微观原因，也称犯罪的个体原因，是通过分析犯罪人的思想认知、人格特征、心理状况等个人因素，揭示犯罪的生成过程。犯罪行为是犯罪人所实施的，是人与环境交互作用的产物，尽管环境的因素不容忽视，但仅有环境因素并不足以导致犯罪行为的发生。为什么身处相似的环境下，如同样面临贫困、失业等问题，有的人实施犯罪，而更多的人并未实施犯罪？因此，探究犯罪原因不能离开行为人自身的因素。基于辩证唯物主义认识论，我国犯罪学理论中一个有代表性的认识，就是把犯罪原因分为外因和内因，犯罪的外因是指犯罪主体以外的一切促使个人实施犯罪行为的因素，主要是社会环境因素；犯罪的内因是指犯罪主体本身的各种促成其实施犯罪行为的因素，主要是个体的意识因素。实施犯罪行为是外因和内因相互作用的结果。外因与内因是相互依存的关系，并不具有谁决定谁或者谁主谁次的关系问题。[1] 前述的宏观原因和中观原因部分，是在不同层次上论述个人极端暴力犯罪的环境因素，基本上属于外因的范畴，本部分关于微观原因的探讨，主要是分析个人极端暴力犯罪的内因问题。

一、相关理论资源述要

在解释犯罪的微观原因方面，现代社会学及犯罪学形成了多种多样的

---

[1] 储槐植、许章润等：《犯罪学》，法律出版社1997年版，第158—160页。

理论流派及丰富的学术见解，如紧张理论、社会学习－差别交往理论、暴力亚文化理论、挫折－攻击理论等。这些理论资源在不同的范围和程度上发挥着解释作用，对于深化个人极端暴力犯罪原因的研究都具有一定的借鉴价值。此外，当代西方还存在其他一些关于犯罪成因的理论，如从遗传性因素、性染色体异常、脑结构及功能异常等角度研究犯罪原因的生物犯罪学理论，但这些理论发展还不够成熟，还没有得到充分的验证和广泛的认可，因此本书的研究中没有涉及。

（一）紧张理论与相对剥夺理论

紧张理论也称失范－压力理论，由美国社会学家默顿首创，其他学者后来予以进一步发展和完善。这一理论重视从宏观的社会层面解释犯罪原因，指出社会失范与社会结构的不合理是犯罪问题产生的根源；同时，也关注从个人层面探究犯罪的发生机制，认为社会失范对某些社会成员造成的过度紧张与压力，是越轨行为和犯罪发生的主要原因。默顿指出：在一个社会中，社会成员如果利用规定的制度性手段能够达到其目标，就不会产生紧张和越轨行为，这有助于社会结构的巩固；如果目标和手段之间产生较大差距，即社会成员通过合法手段不能达到目标，其就会产生挫败感、愤怒感和紧张情绪，出现不和谐的状态，促使价值观崩溃，进而有可能通过违法犯罪来缓解紧张感。美国学者阿格纽从微观角度扩展了默顿的紧张理论，重点阐述个人与他人之间的消极关系。他认为，个体经历的紧张和压力是犯罪的原因，并且这种紧张和压力的本质是个体处于与他人的负面关系中，即个体在与他人的关系中没有获得自己所期待的对待，从而产生紧张、暴躁等消极情绪，正是这种消极情绪导致了犯罪。[1]

相对剥夺理论与紧张理论有紧密的关联，可以说是紧张理论的一个拓展。美国犯罪学学者朱迪斯·布劳夫妇在1982年合作的《不平等的代价：都市结构与暴力犯罪》一文中提出了这一理论，其基本观点是：贫富悬殊造成的相对剥夺感和社会不公感，会导致愤怒情绪和犯罪行为的发生；收入不平等引发了嫉妒和不信任的气氛，造成下层社会成员的屈辱感并产生

---

[1] 杨靖：《犯罪治理——犯罪学经典理论与中国犯罪问题研究》，厦门大学出版社2013年版，第47—49页。

敌意，最终导致暴力行为和犯罪。[1]

紧张理论和相对剥夺理论得到了大量实证研究的支持。一项研究考察了 50 个不同的国家在 1990 年前后的相关数据，发现经济不平等与杀人之间存在紧密关联。[2] 紧张理论和相对剥夺理论对于解释转型期我国个人极端暴力犯罪的发生具有一定的说服力。"公平与效率一直是经济发展的一个重要关系。一段时期以来，我们过于强调效率，一定程度上忽视甚至损害了公平，导致个别社会成员挫败感、被剥夺感、耻辱感等较为强烈，可能形成反社会心理甚至采取反社会报复行动，带来了各种社会风险。"[3] 基于紧张理论，转型期我国社会出现的利益分化、收入不公等现象，导致底层成员生存压力增大、心态失衡，仇富、仇官心理蔓延，这是促成个人极端暴力犯罪的重要原因。

（二）社会学习 - 差别交往理论

社会学习理论的源头是法国心理学家塔尔德（Tarde）在 19 世纪末提出的"模仿理论"。美国学者班杜拉（Bandura）是社会学习理论的主要创立者。他认为，人们（特别是青少年）是通过特定的"行为模式"学习攻击行为和暴力行为的。家庭、社会和大众传媒中的暴力场面为他们提供了大量的范例，暴力行为就是通过这些范例在社会上不断传递的。例如，关于家庭暴力对儿童的影响研究发现，如果父母企图用暴力解决家庭争端，那么其孩子也将逐渐学会相似的手段。电视与电影等传媒同样会为观察学习者提供范例。美国学者萨瑟兰（Sutherland）进一步提出了"差别交往论"，主张犯罪是在社会交往中通过与他人的相互作用而习得的。

社会学习 - 差别交往理论有助于解释负面传媒信息以及不良交往对个人极端暴力犯罪的诱发作用。例如，传媒在对相关犯罪进行大量报道的同时正好给犯罪模仿提供了样本，诱发、强化了犯罪动机，传播了犯罪方法手段。美国学者曾做过一项调查，对 208 名犯人进行的调查显示，90% 的

---

[1] 于阳：《城市青少年犯罪防控比较研究：基于英美国家的理论和实践》，天津社会科学院出版社 2015 年版，第 192 页。

[2] [美] 乔治·B. 沃尔德、托马斯·J. 伯纳德、杰弗里·B. 斯奈普斯：《理论犯罪学》（原书第 5 版），方鹏译，中国政法大学出版社 2005 年版，第 201 页。

[3] 袁振龙：《现代中国的社会风险与化解思路》，载赵国玲主编：《犯罪学论丛》（第 9 卷），中国检察出版社 2016 年版，第 15 页。

犯人通过犯罪类电视节目学到了犯罪技巧。[1] 数以百计的研究论文得出了一个结论：大量接触媒体上的暴力是美国社会中暴力行为重要的原因之一。[2] 在日本，2008年"秋叶原杀人事件"发生后，一个月内网络上"杀人预告"激增。在我国，2010年3月23日福建南平校园血案发生后，4月、5月相继发生了多起校园血案，这些案件在犯罪方法、手段上有惊人的相似之处。实践证明，文学影视作品以及媒体报道等对"暴力文化"的渲染和传播，会对一些人尤其是青少年产生腐蚀作用，催化暴力行为的滋生。例如，杀害17名无辜青少年的河南平舆系列杀人案凶手黄勇，在被捕后交代，是少年时看过的一个有关杀手的录像片，改变了他的心理。在年少的黄勇看来，片中的杀手很酷，与众不同，他很想体验做杀手的感觉，从而种下了罪恶的种子，逐步形成了强烈的变态心理，并驱使他成年后实施一系列变态杀人行为。[3] 另外，一些特殊群体如监狱在押犯、问题青少年帮伙中盛行的"暴力亚文化"，如暴力崇拜、江湖义气等，也是催生暴力犯罪的重要渊源。

（三）犯罪人格理论

犯罪人格理论着重从人格角度探讨犯罪成因问题。关于人格的定义一直众说纷纭，相较而言，英国心理学家沃尔特·米歇尔（Walter Mischel）对人格的定义为大多数人所接受，他提出"人格是心理特征的统一，这些特征决定人的外显行为和内隐行为，并使它们与别人的行为有稳定的差异"[4]。犯罪人格理论认为，人格不健全、不成熟是导致行为人犯罪的重要因素之一。如美国学者科泽尔（Kozol）指出，具有不成熟人格的人更容易犯罪，而不成熟的人的人格有以下特点：残留着对双亲的依恋；由于胆小不愿意走向社会；留恋家庭是由于利己动机推动；缺乏独立性与自觉性；情绪不稳定，攻击性或者逃避性行为较多；没有责任感，对人不宽容；生活中往往图一时的快乐；劳动不认真；不能正确认识自己的世界；

---

[1] 墨羽编著：《犯罪心理学》，清华大学出版社2016年版，第9页。
[2] [美]考特·R.巴特尔、安妮·M.巴特尔：《犯罪心理学》（第9版），王毅译，上海人民出版社2018年版，第135页。
[3] 荣月：《"反社会型人格障碍犯罪"在"整体刑法学"视域下的预防与矫治》，载张凌、郭立新、黄武主编：《犯罪防控与平安中国建设——中国犯罪学学会年会论文集（2013年）》，中国检察出版社2013年版，第782页。
[4] 孟昭兰主编：《普通心理学》，北京大学出版社1994年版，第474—475页。

不能同别人建立亲切和睦的关系。有下列特点的人是人格极不成熟的人：有严重伤害别人的企图；怀有愤怒、怨恨和敌意；喜欢目睹别人的痛苦；对别人缺乏利他精神和同情心；把自己看成被害人而不是加害人；不满或者抵制权威；首先关心自己的舒适；不具有挫折耐受力；对自己的冲动缺乏控制力；对社会责任有不成熟的态度；根据自己的愿望或需求曲解对现实的认识。[1] 美国学者哥特弗瑞德森（Gottfredsom）与赫希（Hirschi）认为，人格不健康者之所以容易犯罪，是因为自我控制能力差，自控力弱的人比自控力强的人更敏感、更自私，解决问题时更倾向于使用暴力、欺骗或其他犯罪手段去满足他们的利益要求。[2]

不健全的人格也就是存在缺陷的人格，如果人格缺陷恶性发展，到一定程度就会形成人格障碍（或称病态人格）。根据第 3 版《中国精神障碍分类及诊断标准》（CCMD-3），人格障碍是指"人格特征明显偏离正常，使病人形成了一贯的反映个人生活风格和人际关系的异常行为模式。这种模式显著偏离特定的文化背景和一般认知方式（尤其在待人接物方面），明显影响其社会功能与职业功能……"根据世界卫生组织编写的《精神与行为障碍类别目录》（ICD-11），以及第 3 版《中国精神障碍分类及诊断标准》，人格障碍通常分为偏执型、分裂型、反社会型、冲动型、表演型、强迫型、自恋型、躲避型、依赖型、边缘型、被动－攻击型等具体类型。各类人格障碍的具体表现不尽相同，但概括起来总体特征表现为对他人不信任、猜疑，情感冷漠，人际关系具有明显缺陷，不遵守社会准则，缺乏责任感，占有欲强，容易冒犯他人而不思悔过，自我形象和感情不稳定及显著的冲动性等。犯罪人普遍具有不同程度的人格障碍，认识犯罪和控制犯罪必须关注人格障碍问题，这对于个人极端暴力犯罪的研究更是有着特别意义。

（四）标签理论

标签理论是吸收心理学上的符号互动论而形成的一个犯罪学理论流派。符号互动论的基本观点是：社会是由互动着的个人所构成的，对于社会现象的解释只能从这种互动中寻找。受这一思想的影响，标签理论将越

---

[1] 吴宗宪：《西方犯罪学史》，警官教育出版社 1997 年版，第 554—555 页。
[2] 翟中东：《犯罪控制——动态平衡论的见解》，中国政法大学出版社 2004 年版，第 81 页。

轨行为和越轨者视为社会建构的产物[1]，即越轨行为是社会互动的产物，一个人之所以成为越轨者，往往是因为其在社会互动过程中，在父母、老师以及社会组织处理个人的越轨行为时，被贴上诸如坏孩子、不良少年、违法者、罪犯等标签，而这些标签是一种社会耻辱性的烙印，它将越轨者同社会的正常人区分开来，被贴上标签的人在不知不觉中修正了自我形象，逐渐接受社会对其的不良评价，确认自己是坏人，进而实施更加恶劣的越轨行为，最终走上犯罪道路。标签理论将越轨行为分为第一次的越轨行为与第二次的越轨行为，行为人实施第一次越轨行为后，有可能被社会"贴标签"而获得"越轨者"的身份，由此对行为人的社会关系、工作机会、自我评价、自我形象等产生极大的负面影响，这种由社会标定造成的负面影响推动了行为人第二次越轨行为的发生。另外，标签理论认为标签的张贴是有选择性的，社会的弱势群体更容易被贴上标签。[2]

在个人极端暴力犯罪的行为人中，有一部分人曾有过不良行为记录，如因违法而被治安拘留，或因犯罪而被定罪处刑。这些人曾被法律制裁的经历，会带来一定的"标签化"效应，并引发一些社会上的歧视、排斥现象，行为人因此而容易产生"破罐子破摔"的心理，加深对社会的敌意，进而导致个人极端暴力犯罪的发生。

（五）有关攻击与暴力行为的理论

1. 攻击本能论。精神分析学之父弗洛伊德（Freud）认为，攻击是人的一种本能，暴力是人的攻击能量释放的一种表现。如果人们不通过一定的宣泄手段来适当释放累积的攻击能量，那么将不可避免地导致攻击行为。洛伦兹（Lorenz）则从动物行为学的视角出发，得出了攻击是人和动物的遗传本能的观点。这种将攻击行为看作一种内驱力或紧张的集聚且必须释放的理论，深刻影响着临床心理学，推动着宣泄疗法的产生和发展。[3]

2. 挫折 - 攻击理论。挫折 - 攻击理论是 20 世纪 30 年代耶鲁大学的几位心理学家提出的，他们主张，攻击是挫折的直接结果，遭受挫折、挫

---

[1] [美] 亚历克斯·皮盖兹主编：《犯罪学理论手册》，吴宗宪主译，法律出版社 2019 年版，第 361 页。

[2] 杨靖：《犯罪治理——犯罪学经典理论与中国犯罪问题研究》，厦门大学出版社 2013 年版，第 68—71 页。

[3] 章恩友、宋胜尊主编：《犯罪心理学》，河北大学出版社 2011 年版，第 257 页。

败、骚扰或威胁的人会攻击性地行事，以发泄内心的愤怒等情绪。他们把挫折定义为：当一个人的目标受阻时所唤起的一种不愉快的情绪。这一理论有助于解释生活中发生的大量攻击现象，但也因存在一定的缺陷而受到批评。首先，判断和测量挫折是很困难的事情；其次，实验表明，挫折并不总是导致攻击，人们对挫折和愤怒的反应是不同的。为此，这一理论得到后代一定的修正，即挫折只是增加了发生攻击行为的可能性，攻击只是对挫折的一种可能反应，此外还存在其他反应形式，如撤退、什么也不做或者通过妥协来改变所处的情景等。改进后的理论强调预期目标或期望的概念，只有期待的目标无法实现才会导致挫折，例如，那些生活在贫困状态下的人们并不一定感到遭受挫折，除非他们真实地期待更好的物质条件。[1]

美国心理学家罗森茨韦克（Rosenzweig）的研究表明，人在遭遇挫折的情况下会有三种不同的反应，即外罚性反应、内罚性反应和无罚性反应。外罚性反应是指行为人从外界寻找引起挫折的原因，即使不存在客观的外部原因，也会归咎于外部，将由挫折引发的愤怒、不满情绪向外部进行发泄，对他人或物实施言语的或身体（实体）的攻击。外罚性反应往往会引起攻击行为，导致暴力性犯罪比例有所升高。内罚性反应是指行为人从自己身上寻找引起挫折的原因，会产生不同程度的内疚感，甚至受到良心的谴责，在这种情况下，行为人就会将由挫折引起的愤怒、不满情绪向自己发泄，有些人甚至会抑郁，严重者会有自残、自杀行为。这种反应方式往往不指向其他个体，故多数不会引起犯罪。无罚性反应是指在遭遇挫折后行为人将挫折最小化甚至完全忽略它，因而就没有惩罚性的反应。无罚并不意味着行为人对挫折进行了很好的"消化"，一般来说，无罚性反应主要有两种表现形式：第一，行为人能够比较客观地了解事实的真实情况并且正确地理解他人以及自己应承担的责任，从而能合理地认识和对待挫折；第二，行为人自我掩饰挫折，不去面对或者假装逃避攻击。在无罚性反应的第二种表现中，无罚仅是暂时的，挫折已在行为人心理刻下烙印，危险人格和暴戾情绪正处于积累期。[2] 对照当前频发的极端暴力犯

---

[1] [美]亚历克斯·梯尔：《越轨社会学》（第10版），王海霞、范文明、马翠兰等译，中国人民大学出版社2016年版，第115页。

[2] 李欣：《基于挫折—攻击理论的极端暴力犯罪心理问题研究》，《学习与探索》2014年第11期。

罪，行为人往往日常生活中多次受挫，反社会意识越发强烈，报复动机日渐成型，一个偶然的事件或契机往往成为导火索，立即刺激行为人实施极端暴力犯罪。

3. 攻击置换理论。这一理论是进入21世纪后美国学者布什曼（Bushman）等人提出的，他们认为，当一个人无法攻击一个激怒源，比如工作中的老板，但感觉将攻击朝向一个无辜的非激怒者或力量较小的激怒者（或宠物）而不那么受束缚时，攻击就会被置换。"目标是无辜的，但就因为是在错误的时间处于错误的地方，攻击被置换为对准它。"[1] 基于此，人的攻击行为可以分为两大类：一类是直接攻击，即对造成挫折情境的人或者物的攻击；二是对与挫折的产生无关的人和物的攻击。后者也就是行为人寻找"替罪羊"进行攻击，即进行"替代性攻击行为"。[2]

攻击置换理论对解释某些个人极端暴力犯罪的攻击对象选择很有助益。在很多个人极端暴力犯罪案件中，行为人把暴力指向了同其并无利益瓜葛的第三者，甚至是素不相识的无辜路人，对此可以用攻击置换理论加以解释。例如韦某因家庭纠纷砍杀无辜工友案。2014年8月8日，韦某闯入东莞谢岗镇的一家印刷厂，手持大刀对着一群女工一顿乱挥，造成女工1死3伤。经调查，犯罪嫌疑人韦某与其妻子谭某由于家庭矛盾，自2013年年底开始分居，案发当日，韦某多次致电谭某要求其回家居住遭拒，后韦某持刀翻墙潜入厂内欲找谭某理论，但没找到人，于是情绪失控持刀砍人。东莞中级人民法院经审理认为，被告人韦某故意非法剥夺他人生命，致1人死亡、1人轻伤、2人轻微伤，其行为构成故意杀人罪。韦某的犯罪情节特别恶劣，后果严重，法院依法以故意杀人罪判处韦某死刑，剥夺政治权利终身。终审维持原判。[3] 关于本案，据媒体报道，韦某与其妻的矛盾由来已久，以前就曾带着棍子到印刷厂门口大吵大闹，要找他老婆，并扬言如果进到厂里，就"见一个杀一个"。这说明韦某存在暴力倾向，具有一定的人格障碍。本来是普通的家庭纠纷，但韦某在入厂寻找分居的妻

---

[1] [美]亚历克斯·梯尔：《越轨社会学》（第10版），王海霞、范文明、马翠兰等译，中国人民大学出版社2016年版，第118页。

[2] 吴宗宪：《犯罪心理学总论》，商务印书馆2018年版，第375页。

[3] 刘辉龙、黄馨莹：《东莞男子怀疑妻子有外遇，持刀砍死工友被判死刑》，腾讯网2018年11月26日，https://new.qq.com/rain/a/20181126A1NWAK00?tbkt=G&uid=&refer=wx_hot&suid=&media_id=。

子未果的情况下，迁怒于同纠纷无任何关系的工友，当场进行随机性的杀人行为。也就是说，本案中攻击对象被置换了，在场的无辜者成为"替罪羊"，成为其发泄暴怒情绪的"牺牲品"。

4. 暴力亚文化理论。暴力亚文化理论是美国学者沃尔夫冈（Wolfgang）和意大利学者费拉柯蒂（Ferracuti）共同提出的，他们认为，暴力是一些群体亚文化中的一个重要组成部分，它已经渗透到这些群体成员的心理品质之中，并成为人们日常生活方式的组成部分，犯罪就是以暴力为手段来解决日常生活问题的结果。暴力亚文化精神对青春后期到中年期年龄阶段的群体影响最大，这意味着，处于青春后期到中年期这个年龄阶段的人最有可能使用暴力。暴力是一种习得性的反应，它是在社会环境中被助长和整合成一种习惯和人格特征的。[1] 暴力亚文化对贫穷的人具有很大的影响力，以至于他们比一般人使用暴力的范围更加广泛。原因是，在贫穷的社区内，人们在父母、同龄人及其他人暴力行为的耳濡目染下，对暴力模式产生了认同感。在他们看来，暴力不仅是正常的，而且是必不可少的生存手段。[2]

暴力亚文化理论为个人极端暴力犯罪的形成提供了一个有益的理论视角。暴力既是人的一种本能现象，也是文化现象。在我国，传统文化中也存在着"复仇情节"的"暴力崇拜"，如"有仇不报非君子""君子报仇，十年不晚"等耳熟能详的成语就反映着这种文化积淀。这种"复仇文化"主要源于中国几千年来的历史因素。在漫长的历史中，兵戎相见、国仇家恨的血腥事件屡见不鲜，大到国家层面的宫廷斗争、朝代更迭，社会层面的暴民作乱、农民起义，小到百姓生活层面的恩怨情仇，通常都是以暴力开始，以暴力终结。暴力不仅是封建政权最有效的统治手段，也是寻常百姓解决纠纷和恩怨的重要选择。这种"以暴制暴"的观念至今还影响着一些人的心理和思维。在现代化建设的今天，这样的心理和思维虽然很难在现实中找到兑现的机会，但仍隐藏在人性的心底深处，并时时会蠢蠢欲动。[3] 2018 年发生的张扣扣杀人案及其引发的社会对该案定性处理方面

---

[1] 周路主编：《当代实证犯罪学新编——犯罪规律研究》，人民法院出版社 2004 年版，第 76—77 页。

[2] [美] 亚历克斯·梯尔：《越轨社会学》（第 10 版），王海霞、范文明、马翠兰等译，中国人民大学出版社 2016 年版，第 47 页。

[3] 吴锡平：《暴力文化与文化暴力》，《社会观察》2004 年第 12 期。

的巨大争议,再一次证明了"暴力文化"与"复仇情节"在许多国人头脑中仍然根深蒂固。观察迄今发生的个人极端暴力犯罪案件可以发现,相当多的行为人受到了暴力文化的浸染,张扣扣、赵泽伟、杨佳等就是暴力文化造就冷血杀手的典型个案,而底层失意群体更容易信奉暴力文化、产生暴力倾向,这也在一定程度上验证了暴力亚文化理论的效用。

5. 敌意归因理论。敌意是对人和事物的负面评价,通常伴随着对他人的愤懑、厌恶、鄙视、愤恨等情绪。[1] 敌意归因理论是用社会认知原理解释暴力犯罪行为的学说之一,最早由肯尼思·道奇(Kenneth Dodge)等人提出。这一理论认为,暴力行为的发生同敌意归因偏差有关,所谓敌意归因偏差,是指恶意地用敌视态度分析特定现象原因的认知方式。在发生这种归因偏见时,个人不是对特定现象进行客观的、实事求是的原因分析,而是进行恶意的、敌视性的原因分析。道奇等人发现,那些早年遭受家庭虐待的人、经常看到暴力行为的人,更有可能产生敌意归因偏差。根据这一理论,暴力犯罪行为是个人对所遇到的社会问题产生敌意归因偏差的结果,敌意归因偏差导致错误的认识,错误的认识引起暴力犯罪行为。[2] 笔者调研发现,在大多数个人极端暴力犯罪案件中,都存在敌意归因偏差的问题,行为人在面对生活中的困难挫折、矛盾纠纷时,不能客观理性地分析原因和解决问题,不反思和检讨自身存在的问题,而是把责任完全归咎于他人和社会,进而产生以暴力手段进行报复的动机。所以,敌意归因理论对于揭示个人极端暴力犯罪的心理动因和形成机制是有支持作用的。

二、微观原因的阐释

世界上没有完全相同的两片树叶,更没有完全相同的两个人。由于人的个性、思想及行为的复杂多样性,在个人极端暴力犯罪的个案形成过程中,每个行为人的思想变化、心理轨迹并不完全相同,既存在某些共性因素,有基本规律可循,也存在一定差异。借鉴前述各种相关的理论资源,以下主要从思想认知、人格特征、心理状况三个方面,对个人极端暴力犯

---

[1] 宋胜尊、章恩友等:《暴力倾向与暴力行为矫正:循证、方法与程序》,法律出版社2017年版,第32页。

[2] 吴宗宪:《犯罪心理学分论》,商务印书馆2018年版,第22—23页。

罪形成的个体因素进行探究。

(一) 思想认知

这里的思想认知，主要讨论行为人的价值观、道德感与法律意识等因素对个人极端暴力犯罪形成的影响。现代社会学理论认为，人一出生就开始了一个不断的社会化（socialization）过程。所谓人的社会化，是指自然人通过各种方式逐渐学习社会知识、技能和规范，接受社会认可的价值观念和行为方式，从而成为合格的社会成员的教化过程。正常的社会化过程意味着个体与社会的协调发展，而不完全和有缺陷的社会化过程则可能导致反社会倾向的形成和反社会行为的发生。从一定意义上讲，犯罪就是人的社会化缺陷的产物。社会化缺陷主要体现为以下四个方面：

1. 扭曲的人生观和价值观。人生观，是一个人对人生问题的根本看法，包括对人生目的、意义的认识和对人生的态度。价值观，是一个人理解和认识事物、判断是非并以此指导自己行为的信念、准则与思维取向。除过失犯罪及一些比较特殊的故意犯罪外[1]，犯罪行为在不同程度上反映出行为人在人生观和价值观方面的缺失与错误。正如杀害4名同学的马加爵在逃亡期间给家人的留言中提到的："我这个人最大的问题就是出在我觉得人生的意义到底是为了什么？100年后，早死迟死都是一样的，在这个问题上，我老是钻牛角尖，自己跟自己过不去，想这个问题想不通。"[2]李玫瑾教授认为，马加爵对人生意义的消极看法是导致他冷漠地杀害4名同学的根本原因。[3]

在大量个人极端暴力犯罪案件的背后，可以发现行为人在人生观和价值观方面往往存在偏差与错误，主要表现为：一是消极颓废的生活态度，丧失对生活的热爱和对美好事物的追求，没有奋斗的方向，不知道如何面对生活，常常感到空虚、迷茫、彷徨。二是极端个人主义的世界观，绝对地以自我为中心，个人欲望膨胀，凡事以个人利益为出发点，片面追求自我价值的实现，做事一意孤行、为所欲为，对他人与社会弃之不顾。三是

---

[1] 一些动机善良或者具有一定正当性的犯罪，如为民除害、大义灭亲、防卫过当、紧急避险过当等，这些犯罪的行为人道德素养等并不比常人差，人身危险性很低，只是因为不懂法或一时失误而"误入法网"。

[2]《马加爵让4人惨死，非因打牌发生口角，李玫瑾：他在校外有性行为》，网易网2020年11月29日，https://m.163.com/dy/article/FSJVMNPA0541B0NK.html。

[3] 李玫瑾：《马加爵犯罪心理分析》，《中国人民公安大学学报》2004年第3期。

叛逆性的思维倾向,没有任何正当的信仰,否定一切权威,蔑视现有的社会秩序与规则,对他人与社会极度缺乏信任。四是暴力崇拜意识,即把暴力和武力作为一种信仰,把弱肉强食、以暴制暴当成真理,把暴力作为解决一切问题的有效手段,漠视生命的价值。

上述这些思想认知方面的偏差和问题,在个人极端暴力犯罪案件的行为人中,可能侧重其一,也可能兼而有之。

2. 畸形的需求欲望。需求是人行为的内在动力,人的行为都是在一定的需求驱动下实施的。人的需求可以分为生理需求和社会需求、物质需求和精神需求等。从大多数犯罪的情况来看,行为人普遍精神世界较为贫乏,缺乏高层次的心理需求,更注重物质、生理等较低层次需求的满足。在多数情况下,人的需求本身不存在善与恶的问题,或者合法与否的问题,关键在于满足需求的行为方式是否合乎道德与法律。个人需求的满足必然受到社会现实条件的限制,受到道德规范与法律规则的约束。如果人的需求脱离社会实际,就会与道德和法律发生矛盾,这种需求是难以实现的,此时行为人面临两种选择:一是通过正常手段满足或放弃这种需求;二是通过不正常手段满足需求。第二种选择意味着反社会行为乃至犯罪行为的产生。[1] 当一个人的需求变得异常强烈时,其所产生的缺乏感和不满足感也强烈起来。在外部环境的刺激下,主体内部不能以社会规范调节超越现实的需求,犯罪动机就产生了。行为人需求欲望越强烈、畸形,其犯罪动机愈向恶性转化,犯罪行为越趋于严重化,这是罪犯共同的心理基础。[2]

3. 道德感缺乏。许多人之所以走上犯罪道路,同道德素养不高有密切关系。瑞士心理学家皮亚杰(Piaget)指出,部分犯罪人在道德发展上有缺陷,未能循序渐进或停留在早期无律阶段,以自我为中心。哈佛大学寇柏尔(Cooper)的研究也指出,许多攻击行为与个人认知能力发展停滞

---

〔1〕有需求就会产生欲望。我国学者李锡海教授将人的基本欲望分为四类,即物欲、性欲、权欲和攻击欲,当这些欲望恶性膨胀时可能导致相应的犯罪,四种欲望分别对应着物欲型犯罪(主要是财产犯罪和经济犯罪)、性欲型犯罪、权欲型犯罪(主要是腐败犯罪、渎职犯罪)和攻击型犯罪(即暴力犯罪)。参见李锡海:《人性与犯罪研究》,中国人民公安大学出版社2013年版。
〔2〕曹凤:《第五次高峰——当代中国的犯罪问题》,今日中国出版社1997年版,第144—145页。

有关。[1] 一项调查显示，在被问及犯罪时有没有想过对不住亲人或他人时，80%的罪犯都回答当时没有考虑那么多。[2] 从实践中发生的个人极端暴力犯罪案件看，相当一部分行为人缺乏对家庭和社会的责任感。道德是一个被分成若干层次的社会规范体系，行为人丧失了最基本的道德良知，逾越了道德底线，从而导致行为失控，走向犯罪的深渊。

4. 法律意识淡薄。法律意识淡薄是犯罪人存在的普遍问题，在他们中间，有的人是不懂法、不知法；有的人则是不信法，目无法纪、知法犯法，缺乏对法律的敬畏和信仰。在个人极端暴力犯罪案件中，许多行为人在生活、工作中面临困难或纠纷时，不能寻求合法的解决渠道；在利益受损时，不能诉诸法律来维护自己的权利；或者虽然寻求过法律救济，但一遇到不利于自己的处理结果，就盲目地迁怒于法律的不公正，进而攻击执法、司法机构及其工作人员，或者在公共场所制造暴力袭击事件，以此来发泄心中的不满情绪。

综上，社会化缺陷与思想认知的偏差，是个人极端暴力犯罪的行为人普遍的问题，而这些因素对于犯罪的生成具有相当大的驱动作用。社会化缺陷与思想认知偏差同教育存在的问题直接相关，总体来看，此类犯罪的行为人受教育程度偏低，文化知识欠缺，这对于其正确价值观的形成以及道德与法律素养的提升具有不利影响。

（二）人格特征

1. 犯罪人人格的一般特征

我国一些学者通过对在押违法犯罪人员进行调研和心理测试，对犯罪人的人格特征进行了概括和描述。有学者选用明尼苏达多项人格量表（Minnesota Multiphasic Personality Inventory, MMPI）对1557名在押违法犯罪人员进行测验，发现违法犯罪者与正常人的人格有显著区别，其总的人格特征如下：抑郁、紧张、焦虑、怨恨；易受刺激、攻击性和冲动性强；缺乏社交或反社会倾向严重；敏感多疑、顽固偏执、独断专行、自私自利；对自己放纵宽宥，对他人警惕防范，对客观环境的要求非常苛刻；漠

---

[1] 杨士隆、郑凯宝：《情境预防理论在犯罪防控上之应用——以台湾地区经验为例》，载张凌、郭立新、黄武主编：《犯罪防控与平安中国建设——中国犯罪学学会年会论文集（2013年）》，中国检察出版社2013年版，第789页。

[2] 曹凤：《第五次高峰——当代中国的犯罪问题》，今日中国出版社1997年版，第145页。

视社会法律规范与道德习俗,偏爱不寻常甚至反社会的生活方式。[1] 有学者运用卡特尔16种人格因素量表对216名罪犯进行人格调查,结果表明:罪犯在抽象思维方面差;在行为方面易感情用事,易随群附众;在情感方面,情绪波动大,心中烦恼多;在意志方面,自控力差,缺乏责任感;在个性方面焦虑特征突出。该结果也表明罪犯人格不同于正常人。[2] 还有学者针对暴力犯罪的研究指出,暴力罪犯存在一些共同的病理性人格,即冲动、以自我为中心、情绪不稳定、社会适应性差等。[3]

关于犯罪人的人格特征问题,笔者在曾主持的有关监狱调犯的一项课题中也做过初步研究。通过对800名监狱在押罪犯(全部为男性,多数是暴力性重刑犯)的调查分析,得出以下基本结论:

(1)犯罪人普遍存在人格缺陷,常见的表现有:主观认知狭隘,极度自私,思维极端,性格冷漠、封闭,不善与人交往,本能地拒斥、怀疑他人,消极厌世,脾气暴躁,不能控制自己的情绪,缺乏爱心与责任感,等等。

(2)大多数犯罪人早年心理表现正常,在家庭发生变故或者离家出走后才逐渐产生明显的心理或行为问题。可见,犯罪人格和遗传的关系并不大,可能更多地受后天成长环境的影响。

(3)犯罪人的基本社会化普遍出现问题。多数人存在家庭贫困、父母管教不当等问题,不少人有辍学、流浪等经历。未成年时期家庭教养和学校教育这两个重要的社会化途径失效,是导致犯罪人社会化障碍和人格缺陷的主要原因。

(4)犯罪人大都受教育程度较低,缺乏社会生活技能,无固定职业、经济状况较差,对社会有敌视心理。

(5)犯罪活动逐步升级,最后形成较为稳定的犯罪方式;犯罪动机大多与钱财、性等基本需求有关。

(6)犯罪人大多受过一次或多次刑事处罚,缺乏罪恶感,往往作案手段凶残,冷酷无情,不计后果。

尽管上面的研究并不是专门针对个人极端暴力犯罪,但对于理解和把

---

[1] 樊琪:《1557例违法犯罪者的人格研究》,《心理科学》2000年第1期。
[2] 李成、刘居祥、张安民主编:《罪犯心理矫治专论》,中国文联出版社2001年版,第35页。
[3] 杨德兰、姚莉华、刘玉:《暴力人群的人格特征对照研究》,《重庆医科大学学报》2005年第2期。

握这类犯罪是有一定的价值和意义的。

2. 个人极端暴力犯罪行为人的人格分析

个人极端暴力犯罪的行为人在不同程度上存在人格缺陷问题，且多数人的人格缺陷比较严重，构成心理学上的人格障碍。从人格障碍的具体类型看，个人极端暴力犯罪的行为人通常表现为反社会型、偏执型、分裂型、冲动型等，下面具体加以分析。

（1）反社会型人格障碍。反社会型人格障碍又称悖德型人格障碍、社交紊乱型人格障碍、无情型人格障碍等，是较为常见的一类人格障碍。其特点在于：道德感淡漠，具有明显的违反社会规范的倾向，对人冷酷无情，缺乏自省能力，对行为不负责任，对挫折耐受性低，报复心强，伤害他人后没有内疚感和罪恶感，等等。反社会型人格障碍在个人极端暴力犯罪的行为人当中最为常见，如曾在北京、河北、新疆等地实施系列抢劫（枪支、财产）、杀人案的白宝山就属于典型的反社会型人格障碍。白宝山在伏法前曾说："我想过了，法律这样判我，我服刑出来，就去杀人，杀死那些受法律保护的人。如果法律判我20年，我出来杀成年人；如果法律判我无期（徒刑），减刑后我出来年纪大了，没能力杀成年人了，我此时就杀孩子，到幼儿园去杀，能杀多少杀多少，直到杀不动为止……"他在狱中的这段心理独白，暴露了其反社会、反人性的扭曲的内心世界。[1]

再如2001年石家庄"3·16"特大爆炸案的实施者靳如超，其也明显符合反社会型人格障碍的特点。靳如超9岁时得了中耳炎，两耳听力受损，与人交流比较困难，加之父母离异、家庭不和，在少儿时期就因无人管教而性格顽劣，也经常受到别人的欺侮和凌辱。因为身体有缺陷及家庭困难，靳如超没有上高中，16岁就进纺织厂当了工人，后来多次失业，一直没有稳定工作。1984年结婚后，不能尽到对家庭的责任，1988年因强奸罪被判刑10年，后离异。1997年因减刑提前出狱后，一直行踪不定，好吃懒做，且性格、脾气更加暴躁，心狠手辣、睚眦必报，甚至视自己的亲人、邻里为仇敌，动不动就打人摔东西，对继母更是逢面必打，有时甚至到厨房拿菜刀砍她，常与邻居闹矛盾，曾扬言要炸楼。在他眼里，世上没有好人，都是尔虞我诈、争权夺利的关系。2001年3月9日，靳如超在云南某村庄因婚姻问题与同居3个月的云南女子韦某花发生争执，当场将韦

---

[1] 丛梅：《重新犯罪实证研究》，天津市社会科学院出版社2011年版，第81页。

某花砍死，靳如超深感罪行严重，"杀一个是杀，杀两个也是杀！"，于是决定孤注一掷，报复社会，犯罪对象直接指向无辜群众。靳如超精心预谋和准备，在人口集中的4栋居民楼实施了爆炸行为，且将作案时间选在凌晨人们熟睡之际，足见其性情凶狠、反社会心理极强。[1]

（2）偏执型人格障碍。偏执型人格障碍又称妄想型人格，表现为：过度敏感多疑，总感觉受压制、被迫害，对周围的人过分警惕，容易将别人的无意或善意行为误解为敌意或轻视；嫉妒心极强，对配偶或恋人的忠贞无端地、反复地猜疑；对朋友、同事高度地不信任；对他人的冒犯行为不能宽容，耿耿于怀，斤斤计较；在人格、名誉受到侵犯时，会出现异乎寻常的愤怒反应，甚至过度的反击行为；等等。

在曾经发生的个人极端暴力犯罪案件中，邱兴华是公认的偏执型人格障碍的典型。邱兴华因移动某道观的石碑与殿内管理人员发生争执，心怀不满，后又无端怀疑殿内主持熊某与其妻有不正当关系，竟持械将殿内的管理人员和无辜香客10人残忍杀死。心理学理论认为，人格的形成是一个逐渐发展的过程，邱兴华偏执型人格障碍的形成，与他的生活经历有着密切关系。邱兴华出身于一个普通的农民家庭，成长经历十分坎坷，其9岁丧父，母亲在他出生时便患有精神病，因为贫穷他很早便辍学在家，从小受到村里孩子的嘲弄与孤立，由于在充满孤独、排挤的环境中长大，形成了其自尊心过强又极度敏感多疑的性格。其成人后生活也不顺利，辗转从事多个营生都没有获得收益，且因承包工程失败欠下大笔债务；同时，邱兴华生育了3个孩子，家里经济负担沉重。他对妻子何某的感情比较深，对其言行十分在意。因生活拮据，他经常受到妻子的埋怨，因而感到压抑、焦虑，进而产生了"嫉妒妄想"，毫无根据地怀疑妻子不忠，怀疑女儿不是亲生的。道观内因琐事产生的争执成了他大开杀戒的导火索，不仅杀害了怀疑同其妻有染的道观主持熊某和同其发生口角的管理人员，而且将屠刀挥向了在道观内留宿的无辜香客，连12岁的孩子也不放过，手段极其残忍。在杀人后潜逃期间，他又因抢劫致1人死亡、2人重伤。

邱兴华案中，其偏执型人格是其犯罪的重要原因，其性格孤僻，家庭贫困，与周围环境长期处于对抗状态，因此才会把仇恨无限放大，通过屠

---

[1] 师建国：《惊天血案背后的心理扭曲——靳如超的心理轨迹剖析》，《健康博览》2001年第12期。

杀无辜来发泄怒火，这是其杀人的个性因素。而背后的深层因素则是，由于没有一技之长、没有固定职业，其经济上游离于社会体制之外，情感上得不到社会认同与尊重，成为生命价值严重虚脱的人。这种精神上的无所依靠，很容易使其产生心理危机，精神压抑久了，就可能失控走向极端。[1] 李玫瑾教授在对邱兴华案进行分析时，将其归为认识偏执的典型案例，并认为邱兴华的犯罪与他出现偏执的心态直接相关。邱兴华不是不能够认识，不是不存在认识的能力，而是他不能认识到自己的问题所在，不能找到解决眼前难题的方法。他在找不到解决问题方法的过程中出现了急躁、猜忌，并逐渐疯狂，这是典型的认知扭结现象。[2]

2012年河北丰宁"12·24"驾车冲撞学生案的凶手殷铁军也存在明显的偏执型人格。殷铁军因对女儿殷某雪被害一案一审判决结果不服，产生厌世情绪，并决意报复社会。2012年12月24日，其驾车到某中学门口附近，看到学生放学，便沿影院南街由西向东驶向行人和车辆，与部分车辆剐蹭，并撞伤20余名学生，先后致6辆轿车、2辆摩托车、6辆电动车和4辆自行车不同程度受损。对于其犯罪动因，武汉大学心理学教授戴正清如此分析："女儿被害案只能说是殷铁军做出如此举动的一个诱因。更多的原因在于殷铁军自身的心理问题，夫妻离异、个人工作不如意，因此心存怨气，导致心理失衡。"[3]

（3）分裂型人格障碍。分裂型人格障碍以观念、行为和外貌装饰的奇特、情感冷漠及人际关系存在明显缺陷为特点，例如：除生活或工作中必须接触的人外，基本不与他人主动交往，缺少知心朋友，表情呆板，对赞扬和批评有反应差或无动于衷，缺乏良好的人际关系；常做白日梦，沉溺于幻想之中；缺乏进取心，回避竞争性情境；面对灾难时，表现超然，满不在乎。[4]

笔者认为，2018年发生的陕西米脂"4·27"杀害学生案凶手赵泽伟，接近分裂型人格障碍的特征。根据有关媒体报道，赵泽伟性格极为内向，

---

[1]《是什么样的心理，导致邱兴华变成冷血无情杀人狂》，百家号2018年4月21日，https://baijiahao.baidu.com/s?id=1598337470119307659。

[2] 李玫瑾：《犯罪心理研究——在犯罪控制中的作用》（修订版），中国人民公安大学出版社2010年版，第165页。

[3] 余飞：《河北丰宁撞学生事件：心理失衡难获疏导成犯罪诱因》，中国新闻网2012年12月27日，https://www.chinanews.com/fz/2012/12-27/4441035.shtml。

[4] 翟中东：《犯罪控制——动态平衡论的见解》，中国政法大学出版社2004年版，第82页。

沉默寡言，不爱社交，沉溺于打电脑游戏。在村里人的零星印象中，这个1990年出生的年轻人，一米七左右的身高，瘦弱到"风都能吹倒"，平常"门边边都不出"，极偶尔迎面碰到也是闷不吭声、垂着头走过去。一个村民还回忆到，上一次见他已经是两年前（2016年），在其表妹的婚礼上，赵泽伟站在院子里，两只手低垂着，眼睛一点光都没有，看起来很呆滞。赵泽伟爱玩电脑是村里人都知道的事情，中专毕业后，赵泽伟没有工作，整天跑县城上网不归家。后家里为他买了台电脑，这样"搁家里起码能让人回来"。"他一年365天得有360天坐在电脑前，玩电脑玩傻了。"村民这样评价赵泽伟。从初中开始，赵泽伟就很少出门，赵泽伟的父母曾多次给他钱让他出去转转，但他不愿意。他们甚至想过断网逼他出门，但也没行得通。一次网费到期后，赵泽伟的母亲不愿意去续费，赵泽伟绝食了好几天，并对家里人不理不睬。最终，母亲拗不过他，只好续了费用。赵泽伟仿佛成了村里的隐形人，村里人只有在教育孩子时才会想起他，并将他作为反面教材。在亲戚的印象里，赵泽伟从小就不是打架斗殴的性格，他从不骂人，也不强势，唯一的特点就是"说话太少太少"。父母好不容易给他介绍了一个亲事，他待在房间里，就是不愿意去见。[1] 据熟悉他的人称："感觉他是不正常，不跟人拉话，也不谈恋爱，不像正常娃。像他这个年龄段的孩子，基本都出去打工了，只有他在家，也没见他跟谁好。赵泽伟在游戏的场景中，最喜欢选择的杀人的地方就是学校和医院。"

赵泽伟案共造成12名学生受伤、9人死亡。案发后，嫌疑人赵泽伟交代作案动机时，称其在米脂三中上学时受同学欺负，遂记恨学生，持匕首杀人，以泄私愤。但是，这一动机使常人难以理解，因为即使其上学时受到同学欺负，已经是十几年前的事，现在实施这种极端的报复行为，且针对的是同当年的事情完全无关的无辜学生，确实匪夷所思。虽然关于其真实动机难以进行准确解释，但其人格上存在的问题是显而易见的，对于具有分裂型人格障碍的人而言，实施这样难以理解的极端暴力行为并非完全反常的现象。动机不明或者行为人供述的动机难以理解，这在具有分裂型人格障碍的人所实施的犯罪中大量存在。赵泽伟案发生后，也有人认为赵泽伟属于反社会型人格障碍，笔者认为，不同类型的人格障碍之间在症状

---

[1]《米脂杀人案：暗藏十几年的复仇》，百家号2018年5月13日，https://baijiahao.baidu.com/s?id=1600358105628394188。

和表现上是存在一定交叉的，而且所有的人格障碍实际上都有一定的反社会性，但从具体的表现来看，赵泽伟更符合分裂型人格障碍的总体特征。

（4）冲动型人格障碍。冲动型人格障碍又称爆发型人格或攻击型人格，主要特点是：易被激惹，对事物往往作出爆发性反应，稍不如意就火冒三丈；行为无计划，不考虑后果，行为爆发时不可遏制，因微小的事或受到微小的精神刺激，就可能突然实施强烈的攻击行为；心境反复无常，不能控制或不适当地发怒，易与他人发生争吵或冲突，特别是行为受阻或受到批评时；强烈而不稳定的人际关系，要么与人关系极好，要么极坏，几乎没有长久的朋友；发作后虽然感到后悔，但不能防止以后再犯。

冲动型人格障碍引发的个人极端暴力犯罪案件，以 2013 年发生的北京大兴摔死女童案较为典型。被告人韩磊因停车问题与李某发生争执，对李某进行殴打，后将李某之女孙某（殁年 2 岁 10 个月）从婴儿车内抓起举过头顶摔在地上，使其因重度颅脑损伤而死亡。因为一点琐事就产生暴怒情绪，对妇女大打出手，甚至实施摔死婴儿的极端行为，这是典型的冲动型人格的体现。当然，人格作为一个人比较稳定的心理特征和行为倾向，不会仅表现在一个特定事件中，在此之前的生活中也必然有所体现。据媒体披露的信息，韩磊在 14 岁时因偷窃被行政拘留 13 天；18 岁时因殴打他人被行政拘留 10 天；1996 年 10 月 4 日，韩磊因盗窃罪被北京市第一中级人民法院判处无期徒刑，在服刑期间，因不服从管理而殴打值班民警，被加刑 1 年，后因获得减刑而提前释放，案发时其刚出狱才 7 个多月。这说明，韩磊的冲动型人格障碍和暴力倾向是从年少时开始逐步形成的，而多次被处罚乃至被判刑入狱的经历，并没有对其不良人格的改变起到有效作用，甚至在服刑期间殴打监狱警察，其冲动型人格障碍和暴力倾向是相当严重的。另外，据称韩磊的父亲在其还未出生时就离开家，到偏远地区工作，父子团聚时韩磊已经十来岁，这种两地分居造成的家庭结构事实上不完整的情况，也可能会对其年少时的性格养成和成长带来一定的消极影响，是分析不良人格形成时应予考虑的因素。[1]

3. 人格障碍同精神病的区分问题

在一些个人极端暴力犯罪的处理过程中，尽管行为人造成极其严重的

---

[1] 李罡：《北京摔童案罪犯父亲讲儿子成长：爱摔东西发泄》，人民网 2013 年 11 月 25 日，http://politics.people.com.cn/n/2013/1125/c70731-23643520.html。

后果，但因为存在一定程度的动机不明、行为反常等，行为人刑事责任能力的有无及其程度等存在疑问。如2006年邱兴华案的审理中，一度面临这一困惑，邱兴华究竟是偏执型人格障碍还是偏执型精神分裂症，是否需要做司法精神病鉴定，在社会上引起了比较大的争议。

观察实践中的大量个案可以发现，一般的人格障碍同精神病在客观表现上有相似之处，二者的区分是有相当难度的专业性问题。一般来说，二者的主要区别在于心理或精神问题的严重程度，如果人格障碍发展到了相当严重的程度，对行为人的辨认或控制能力造成较大影响甚至导致这些能力的丧失，则行为人属于刑法意义上的精神病人，不具备刑事责任能力或只具备限制刑事责任能力，进而产生无罪或罪轻的结果。根据我国司法精神病学，非精神病性精神障碍主要包括：各种类型的神经症，包括癔症、神经衰弱、焦虑症、疑病症、强迫症、恐惧症等；各种人格障碍式变态人格；性变态、性虐待癖；未达到精神病程度的反应性精神障碍；轻度躁狂与轻性抑郁症。[1] 非精神病性精神障碍人，一般情况下具有完全刑事责任能力。当然，实践中需要严格加以判定，必要时需要进行精神病鉴定。从精神病学的角度看，区分二者的一个重要标志是，精神病患者伴有明显的幻觉，而一般的人格障碍者只是产生妄想，而不是幻觉。

在邱兴华案的二审中，辩护律师当庭提出对邱兴华进行司法精神病鉴定的请求，控辩双方就此问题展开激烈辩论。该案二审合议庭在庭审后认为：邱兴华故意杀人目的明确，且杀人后多次躲过公安机关的围捕，证明其是在有意识地逃避打击；在侦查、起诉阶段的多次讯问和一、二审法院的审判中，其对杀人、抢劫的动机、原因、手段及现场情况均作了前后一致的供述，回答问题切题，思维清晰，无反常的精神表现。因此，认定邱兴华实施故意杀人、抢劫犯罪时具有完全辨认和控制自己行为的能力，故对辩护人要求对邱兴华进行司法精神病鉴定的意见不予采纳。在辛海平案一审中的庭前会议环节，辩护人也提出对被告人做精神病鉴定的申请。合议庭经审查认为：根据辛海平的供述及其亲属的证言，可以证明其本人在案发前无精神病史，其家族中近亲属亦无精神病史；其妻子、邻居、亲属、朋友均证明被告人在案发前精神正常，并无异常行为。结合被告人作案前准备工具，作案过程中思维清晰，且在审讯过程中、羁押期间均行为

---

[1] 刘协和主编：《法医精神学》（第2版），人民卫生出版社2004年版，第69—71页。

举止正常的情形，合议庭经研究决定不启动司法精神病鉴定程序。上述案件中，法院作出不启动司法精神病鉴定的决定以及最终的判决，都是符合有关法律规定的，也是行使自由裁量权的体现。但在实践中，某些情况下人格障碍与精神病之间的界限并不清晰，必要时寻求专业人员的支持是必要的。

在探讨人格障碍与精神病问题时，有必要关注抑郁症问题。近年来，我国抑郁症患者不断增多。抑郁症不仅造成大量的自杀现象，也引发了一些暴力犯罪，包括个人极端暴力犯罪。据媒体透露，陕西米脂杀害学生案的凶手赵泽伟，作案前就曾经被医院诊断为有轻度抑郁症状。国外的研究表明，抑郁症会使一个人对自己的安全和行为的后果漠不关心，这就会增加其被违法犯罪吸引的可能性。一些大肆杀戮、校园枪击、工作场所暴力行为等同抑郁症有一定的关系。[1]

抑郁症是一种精神疾病，典型症状主要表现为情感低落、思维迟缓和意志活动减退等，患者容易产生绝望与厌世情绪。目前，抑郁症的发病原因并不十分明朗，医学上认为抑郁症是生物、心理、社会等因素相互作用的结果。[2] 轻度的抑郁症可以归属于情感障碍或人格障碍的范畴。有学者指出，抑郁症患者的人格倾向类似于偏执型人格障碍及分裂型人格障碍。[3] 重度抑郁症则属于精神病范畴。对于实践中抑郁症患者实施的暴力行为，应通过专门机构的鉴定确认其责任能力。一般来说，患轻度抑郁症的行为人具备完全刑事责任能力，患重度抑郁症的行为人则可能属于限制刑事责任能力人或不具备刑事责任能力。

如林某持刀伤害青年女性案中，被告人林某，30岁，自幼丧母，初中毕业后就外出打工。据调查，他作案的原因与其曾经失败的感情经历有关。林某曾先后与3名女子恋爱，三段恋情均以失败告终，而后来两次恋爱的对象都是"坐台女"，林某认为其受到"坐台女"感情和金钱欺骗，内心愤恨之余，遂萌生教训"坐台女"的念头。在2013年8月19日至9月1日间，他携带美工刀驾驶二轮助力车或者步行窜到福清市市区、高山镇、龙田镇、三山镇等地疯狂作案，遇见留长发、穿着暴露且其认为系坐

---

[1] [美]考特·R.巴特尔、安妮·M.巴特尔：《犯罪心理学》（第9版），王毅译，上海人民出版社2018年版，第214页。

[2] 墨羽编著：《犯罪心理学》，清华大学出版社2016年版，第123页。

[3] 何群：《抑郁症与犯罪研究》，山东人民出版社2013年版，第89页。

台女或者与其前女友长相相似的女性,即驾车或步行从背后靠近,将美工刀刀片推出 1—2 厘米,划伤这些女性的手臂、肩部、背部或腿部,共导致 20 名女性不同程度受伤。

据林某称,其因感情受挫,患上精神疾病,以吃"安定药"度日。病情发作时,他老是想着穿着暴露的那些女人,心里觉得不舒服,莫名地控制不住,想去作案。"福建省精神卫生中心司法鉴定所出具的司法鉴定意见书认为,林某作案时为轻性抑郁发作,对自己行为的辨认和控制能力保持完整,有完全责任能力。"本案一审以林某犯以危险方法危害公共安全罪,判处其有期徒刑 8 年。[1]

(三) 心理状况

人格和心理是密切相关的两个概念。人格是一个人相对稳定的心理特征、情感特征和行为特征等的有机组合,包含的内容是极为丰富的,包括智力、情感、性格、气质、品行等,但其核心内容就是心理状态。普遍认为,犯罪人是心理问题较多、心理疾病和障碍高发的人群,心理健康状况总体上比普通人差。

1. 犯罪人心理的一般特点

笔者在主持的一项关于罪犯危险评估的项目中,借助心理学专家的支持,曾经对 S 省 H 监狱服刑人员的心理状况问题进行过研究。研究的基本对象与方法是:在该监狱随机抽取男性在押犯 200 名,发放问卷 200 份,回收有效问卷 192 份,通过分析问卷、访谈与心理测试等方式,分析罪犯的心理状况,分析工具采用了 Rotter 编制的内在-外在心理控制源量表 (Internal-External Locus of Control Scale)[2]。

对罪犯的问卷与访谈结果表明,罪犯整体呈现文化水平偏低、婚姻不稳定、无职业等特征。首先,高中以下文化水平占 90%。低文化水平对人的心理和行为有一定不良影响,如会使人的认识能力差、视野狭窄、思维

---

[1] 《福清割肉男用刀划伤 20 名女性,一审判决获刑 8 年》,台海网 2014 年 4 月 17 日, http://www.taihainet.com/news/fujian/szjj/2014-04-17/1237544.html。

[2] 心理控制源是指人们对行为或事件结局的一般性看法,这一连续谱的一级是内在性,另一级则是外在性。此量表包含 23 个项目和 6 个插入题。每个项目均为一组内控型陈述和外控型陈述,要求被试必须从中选择一个句子,选中外控倾向的句子记 1 分,否则记 0 分,得分范围在 0 分(极端内控)到 23 分(极端外控)之间。心理控制源的内在性指的是,人们相信自己应对事情结果负责,且个人的行为、个性和能力是事情发展的决定因素。心理控制源的外在性则指,人们认为事件结局主要由外部因素所影响,如运气、社会背景、其他人。

偏激，容易导致行为冲动、鲁莽，严重的引发越轨及违法犯罪行为。其次，调查对象均为成年人，可是未婚占66.7%，离婚占7.8%，已婚只有25.6%。适婚年龄而没有正常的婚姻，对个体生理、心理和行为也有很大影响，如生理上性欲无法得到满足，心理上缺乏安全、归属感，会变得烦躁、焦虑，同时可能会丧失家庭责任感、同情心，感到空虚、无聊，行为会缺乏控制，容易冲动甚至实施暴力行为。最后，从职业状态看，犯罪前无业人员占60%，农民占25.1%。一方面，没有职业，基本的生活无法保障，衣食住行难以满足时就很有可能采取违法犯罪方式获得钱财。另一方面，没有职业会使人无所事事，感到空虚、无聊，自我价值感和自我效能感降低，情绪压抑而烦闷，也很有可能引发极端宣泄性行为，严重的就导致违法犯罪。

对罪犯的心理测试结果则显示，192名男性罪犯的心理控制源平均值是8.43（X=8.43），标准差是3.892（SD=3.892），与Owens（1996）报告男性X=8.2（SD=4.0）相对照，罪犯内控性、外控性的平均值（8.43）超过了8.2的常模值。而数值越大，越说明罪犯的心理控制方式是偏向外控。研究结果表明，从罪犯的心理控制方式来看，有外控化倾向，也就是说，罪犯认为事情的结果或个人的状况主要由外部因素影响，如运气、社会背景、机遇等，而个人能力和努力是其次的。一方面，心理控制的外控化会影响行为人的自我意识，使其忽略个人的能力和努力，变得消极被动，缺乏自律、自控，最终导致自暴自弃的放任行为或是退缩行为。另一方面，罪犯心理控制的外控化特征可能会影响其人际关系和社会适应性，他们更多地会受到环境和他人的影响，也更容易随波逐流被不良环境所影响。在同样的社会环境中，罪犯之所以犯罪，可能与其外控化归因方式有关，他们更容易受到不良环境因素的影响，行为的自律性、自控性差，面对负面事件习惯于将其归因于外在情境，形成敌意归因偏见。此外，罪犯在精神压力下倾向于采用非理智的方式处理问题，在应激条件下倾向于过度宣泄或压抑自己的情绪反应，这容易引发一些攻击性或自虐性的行为，对他人或自身造成伤害。

2. 个人极端暴力犯罪行为人普遍存在严重的心理问题

通过对个人极端暴力犯罪大量个案的分析可以发现，此类犯罪的行为人具备上述研究所揭示的犯罪人的一般心理特点，而且绝大多数行为人存在的心理问题较为严重，这些心理问题突出表现为：性格孤僻、内心封闭、思想顽固、思维偏执、仇视他人、报复心强、易冲动等。行为人缺乏适应现实社会所必备的心理素质，社会交往能力、挫折承受能力、情绪调适能力、行为自控能力等普遍薄弱，一旦生活、工作中遭遇不幸、挫折或产生较大的压力时，就难以承受，不能理性地进行调适和自控，出现认知失误、心态失衡、行为失控等问题，在得不到有效纾解的情形下，行为人就可能诉诸暴力发泄不良情绪，甚至将暴力指向无辜的第三者。可以说，心理问题未能及时有效解决是产生个人极端暴力犯罪的重要原因。心理问题是每个人在成长过程中都会遇到的，但是个人极端暴力犯罪的行为人在遇到心理问题时，不能通过正确、合理的方法来调节和处理，使内心较长时间受到压抑，进而在一定因素的刺激下，产生了个人极端暴力犯罪行为。

个人极端暴力犯罪的行为人一般具有以下心理特征：

（1）反社会心理，即对社会规则、公共秩序、政府权威等持蔑视、反抗的态度，认为社会不公正，自己是不公正的牺牲品。

（2）敌视心理，即对他人充满怀疑、否定、怨恨等消极情绪和评价。行为人容易产生敌意归因偏见，把自己生活、工作中面临的挫败与困境错误地归咎于他人或社会。

（3）报复心理，即遭遇挫折后，容易产生对相关机构、人员的攻击性意向，以宣泄自己的不满情绪。

（4）冲动心理，即行为人在受到外界刺激后，会立即对刺激做出行为反应，在刺激与行为之间缺乏一个思考、延缓的过程。冲动性意味着自我控制力差，个人经常在激情推动下行动，行动主要受情绪左右，在采取行动时很少考虑行为的方式和后果。[1]

（5）偏激心理，即行为人不能理性看待问题，爱钻牛角尖，固执己见、认知片面，容易把细小的问题无限放大，夸大问题的严重性。

（6）冷漠心理，即感情麻木，对他人漠不关心，缺乏同情心、同理心。

（7）过度敏感心理，即绝对地以自我为中心，从而形成过分的自尊心与极度的自卑心理，对外界的反应极为敏感，别人细微的举动或不经意的

---

[1] 吴宗宪：《罪犯改造论——罪犯改造的犯因性差异理论初探》，中国人民公安大学出版社2007年版，第142页。

言行都会引起行为人巨大的心理波动。

3. 心理应激和心理压力问题

在研究个人极端暴力犯罪行为人的心理问题时，有以下两方面的问题是值得关注的：

（1）心理应激问题。应激是个体对环境威胁和挑战的一种适应和应对过程。心理应激，是个体在实际上或认识上的要求（或需要）与满足这些要求（或需要）的能力不平衡时，倾向于通过心理和生理反应表现出来的作用过程。[1] 这个定义包含了应激原、应激反应和应激作用的全过程。应激原可以是生物的、心理的和社会的；应激反应，可以是生理的、心理的和行为的；应激过程受许多个体内外因素的影响，其中认知评价在应激作用过程中始终起到关键性的作用。[2]

在现代生活中，心理性应激原的作用越来越重要。心理性应激原包括人际关系的冲突、个体的强烈需求或过高期望、能力不足以及在满足需求和愿望时所遭受的挫折等。[3] 社会性应激原主要是人们在生活中经常遇到的各种问题，它们是造成心理应激的主要应激原，包括恋爱、婚姻和家庭生活的变化，社会和生活环境中的事件，等等。恋爱、婚姻和家庭生活的变化主要有：失恋，夫妻关系不和、两地分居，有外遇被发现、情感破裂、离婚，爱人或本人患病，死亡伤残，子女管教困难，经济拮据，家有老人、残疾人和瘫痪病人需要长期照顾，家庭不睦、关系长期紧张，等等。社会和生活环境中的事件包括：社会经济制度变革和工业化、现代化、都市化所带来的各种环境污染、交通住房拥挤、人口过度集中、失业、竞争加剧、物欲横流但购买力不足等问题，以及吸毒、酗酒、卖淫嫖娼、赌博、盗窃、抢劫等带来的严重后果。个体与同事、领导之间的人际关系和冲突，也是很重要的生活事件。[4]

个人在应激时会产生较大的情绪反应，常见的情绪反应包括焦虑、恐惧、抑郁、愤怒等。焦虑是应激时最常出现的情绪反应，是个人预期将要发生危险或产生不良后果时所表现出的紧张、担心等情绪状态。恐惧是一种企图摆脱已经明确的有特定危险会受到伤害或生命受到威胁情景时的情

---

[1] 陶功定主编：《医学心理学》，河北人民出版社2007年版，第36页。
[2] 陶功定主编：《医学心理学》，河北人民出版社2007年版，第36—37页。
[3] 陶功定主编：《医学心理学》，河北人民出版社2007年版，第37页。
[4] 陶功定主编：《医学心理学》，河北人民出版社2007年版，第39页。

绪状态。抑郁表现为悲伤、寂寞、孤独和厌世等消极情绪状态，常伴有失眠、食欲下降等。愤怒是与挫折和威胁有关的情绪状态，由于目标被阻碍，自尊心受到打击，为排除阻碍或恢复自尊，常会激起愤怒。[1]

个人极端暴力犯罪的犯罪人在面对社会生活事件时，往往在应激过程中产生大于常人的情绪反应，比如过于焦虑、愤怒等。而这些不良情绪常刺激其产生进一步的犯罪行为，如以下案例：

◎ 案例1　邓某激情杀人案

邓某，男，23岁，湖南某地人，在广东某地一家食品厂打工。他性格内向不多说话，但待人有礼、好学，参加了大专函授，还坚持学画。在同事们的心目中，他是一个有上进心和守本分的好青年。可出人意料的是，他竟在一天夜里用一根钢管将在同宿舍熟睡中的5名工友打死。邓某被判死刑。为什么一位看起来文质彬彬的青年对工友下此毒手？原来，使他行凶的主要原因是他的人格屡屡受辱，而侮辱他的正是被杀的这5个人。这5个人的人品极差，经常酗酒、赌博，酗酒或赌输后常以他为发泄对象，挖苦他、凌辱他。开始时，他身单力孤，不敢反抗，采取逆来顺受的态度，但这种忍让却被那些人视为软弱可欺，恶行愈演愈烈。他曾多次向有关领导反映，得到的回答却是"以和为贵，少吵为妙"。他求助无门，日益孤独、压抑和绝望。一天夜里，又一次遭受捉弄和侮辱后，他再也无法忍受，终于痛下杀手，连杀5人。[2]

本案中，5名被害人长时间对被告人进行欺凌、侮辱的行为，是导致惨案发生的直接起因。尽管被害人存在明显过错，但不能否认被告人的责任。从对方侵害行为的强度与紧迫性以及时间条件来看，本案不符合正当防卫，邓某的行为具有明显的泄愤报复的动机，而且在激愤之下，造成了5人死亡的极为严重的后果。虽然邓某平时一贯表现不错，努力向上、待人有礼，不存在人格障碍问题，但他存在一定的心理问题，如性格内向不爱说话，与人沟通存在一定的不足，这也是其在舍友中被孤立的因素之

---

[1] 陶功定主编：《医学心理学》，河北人民出版社2007年版，第42—43页。
[2] 韩晓丽：《他为何连杀5人——人格受辱与激情犯罪》，《心理世界》2003年第11期。

一。在面临反复挑衅、凌辱的情况下，他曾求助领导干预，但无果，单位矛盾纠纷解决机制的不健全、领导的不积极作为是矛盾激化的另一个因素。但无论如何，这种日常生活中的矛盾总有解决的路径，采取暴力杀人的方式解决问题，而且杀害5人，是极不理智的过度反应，对自己、对他人都造成了毁灭性结果。从心理学角度分析，邓某的杀人行为属于激情犯罪，具体讲属于长期积累爆发的情况，或者说具有蓄发性，即引发激情犯罪的有害刺激因素不是突然发生的，行为人也不是立即做出反应，而是有害刺激因素在较长时间内持续存在，行为人的消极情绪长期郁积。这种消极情绪逐渐积累超出行为人的忍受力时，就会在偶然事件的促使下，在某个时间瞬间爆发性地发泄出来。家庭暴力或朋友、同事、同学等特定关系人之间的矛盾引发的极端暴力犯罪，往往属于这种情况。[1]

◎ **案例2　刘双云纵火案**

2012年12月4日下午，刘双云因老板陈某拖欠其工资500元，使用汽油纵火焚烧陈某位于汕头市潮南区的一处内衣工厂，致14人死亡、2人受伤。法院终审以放火罪判处刘双云死刑，剥夺政治权利终身。[2]

据媒体报道，刘双云于1986年9月出生在湖南一个偏僻的山村，父母都是老实的农民。在村民眼里，他是个懂事孝顺的孩子，对人很和气，13岁就成了家里的顶梁柱，为给家里还债而外出打工。朋友和老乡对刘双云的评价也很高，他不抽烟不喝酒，为人直爽、脾气好、讲信用。他工资不高，挣的钱很多给家里还了债，生活十分节俭，连冬天的衣服也舍不得买，即使很冷也穿得很单薄。[3] 案发前，刘双云多次到镇劳动保障事务所反映与雇主工资纠纷一事，但都没有结果，最终产生了报复念头，在厂房纵火后逃跑，造成14名工人死亡的惨烈后果。归案后，他表示对无辜死于大火的人心怀内疚，说纵火只想让老板破产，没有想到会烧死那么多人。

---

〔1〕 吴宗宪：《犯罪心理学总论》，商务印书馆2018年版，第644—646页。

〔2〕 陈晓敏：《刘双云放火致14人死亡昨被执行死刑》，华龙潮汕网2014年12月13日，https://www.yuedong.cc/News/73408.html。

〔3〕《汕头内衣厂纵火案疑犯案发前两赴劳动部门求助》，中国新闻网2012年12月7日，https://www.chinanews.com.cn/sh/2012/12-07/4389222.shtml。

笔者分析，综合案件起因等各方面情况判断，他只想烧厂房设施、不希望烧死人的说法是可信的，但其明知是上班时间，厂里有工人干活，仍然决意实施纵火行为，对多名工人死亡的后果存在放任心态。刘双云的行为属于一时冲动而不计后果的情形。刘双云作案时只有 26 岁，其非理性的极端行为造成了 14 条鲜活生命的消逝，自己也付出了生命的代价。在本案中，不良的心境对犯罪的发生起了催化作用，行为人缺乏情绪控制能力，寻求暴力途径解决问题，在冲动之下不顾一切，是造成悲剧的根源。另外，工厂拖欠工资，以及当地劳资纠纷解决机制失灵等问题，作为这起极端暴力事件发生的诱发因素的一部分，同样值得反思。如果企业能够依法依规经营，劳资纠纷解决机制健全，这起 500 元的工资纠纷不至于引发 14 人死亡的惨剧。

（2）心理压力问题。心理压力是个体在生活适应过程中的一种身心紧张状态，源于环境要求与自身应对能力不平衡，这种紧张状态倾向于通过非特异的心理和生理反应表现出来。压力是压力源和压力反应共同构成的一种认知和行为体验。人的内心冲突及与之相伴随的情绪体验是心理学意义上的压力。从心理学角度看，压力是外部事件引发的一种内心体验。压力源分为三类：（1）生物性压力源，如躯体创伤或疾病、饥饿、性剥夺、睡眠剥夺、噪声、气温变化；（2）精神性压力源，如错误的认知结构、个体不良经验、道德冲突、不良个性心理特点；（3）社会环境性压力源，纯社会的，如由自身状况造成的人际适应问题。心理压力过大或个人自我调适功能下降，是产生个人极端暴力犯罪的重要因素。个人极端暴力犯罪人的心理压力源较多表现为社会环境性压力源和精神性压力源，而较少表现为生物性压力源。犯罪人的自我适应不良，加之精神压力过大，从而刺激其形成犯罪心理和行为，如以下案例：

◎ **案例 1　辽宁韩某华驾车撞学生案**

被告人韩继华，男，29 岁，无业。韩继华性格内向偏执，心胸狭窄，因人际交往、经济压力、夫妻矛盾等生活琐事，产生狭隘心理，并预谋驾车撞人。其于 2018 年 11 月 22 日中午 12 时许，驾车在某小学门前故意冲撞人群，当时正值学生放学，许多学生在排队过马路，被撞者多数为小学生，其中死亡 6 人全部为儿童，受伤 20 人中有 18 名儿童。韩继华在作案后逃离现场，随即被抓获。法院以危险方法危害公共安全罪，判处其死刑，剥夺政治权利终身。[1]

本案是一起典型的宣泄情绪、报复社会的个人极端暴力犯罪。韩继华面临人际关系、经济状况、家庭矛盾等多方面的困难和挫折，产生了比较大的心理压力，但由于其个性方面的缺陷，不能理性对待生活逆境、有效排解心理问题，以致负面情绪不断累积；同时，他由于狭隘的认知而产生敌意归因偏见，将导致自己不利处境的责任都推给了社会，仇视社会的心理与日俱增，最终实施了极端暴力行为，以发泄自己的仇恨情绪。值得注意的是，本案属于前述"攻击置换"的情况。实践证明，在以情绪发泄为动机的暴力犯罪中，当行为人因故不能对所仇视的目标直接发动攻击时，其便会下意识地选择另一个目标，一般会转向没有攻击性的目标，以最大程度地实现其情绪的宣泄。本案中，行为人就是选择在小学门口，趁学校放学之际，驾车冲撞缺乏自我保护能力的小学生，手段极为残忍，性质极为恶劣，后果极其严重。

◎ 案例2　陈严富校园杀人案

2014年9月1日，全国中小学开学当天，陈严富闯入某小学校园，持刀砍人，致3名学生和1名老师身亡、5人受伤。陈严富作案后当场跳楼自杀身亡。据调查，陈严富是该校一名学生的家长，因女儿陈某未完成暑期作业，老师未让其报名入学，陈严富想不通而心生报复，实施极端暴力行为。[2]

本案中，行为人属于社会底层的打工者，因与他人发生纠纷，为了泄愤报复而实施严重暴力行为，造成了与纠纷无关的多名小学生及老师的伤亡，后果严重，应属个人极端暴力犯罪无疑。案件暴露出行为人存在严重的心理问题，不能冷静处理生活中面临的挫折和纠纷，在暴怒之下失去理智，实施疯狂行为。据了解，陈严富不存在前科劣迹，没有明显的人格障

---

[1] 范春生：《辽宁致6死20伤的撞小学生事件肇事者被判死刑》，《黑龙江日报》2019年7月10日，第3版。
[2] 《好父亲如何变成行凶者》，《华西都市报》2014年9月3日，第A9版。

碍，那么他究竟如何走上犯罪道路？行为背后有什么样的心理轨迹？

据报道，案发时陈严富43岁，认识陈严富的人普遍反映他是个老实人，性格内向，平时不怎么说话，也很少与人交流，但邻里关系还不错。初中成绩一直很好，但高中读了2年后，因为家里太穷而辍学。此后，陈严富开始四处打工。2002年，31岁的陈严富和比他小11岁的同村女子结婚，两人一直都没有固定工作。2004年，女儿出生，并由老人在老家带大。2009年，陈严富卖掉农村的房屋，凑上打工积蓄和借款，在城里买了一套房，以便孩子在城里读书。其间，陈严富夫妇为维持生计，一直四处找零工。由于长期重体力劳动，陈严富患上腰疼的毛病。后在打工路上骑摩托车时，又不慎将右胳膊摔断。由于家里条件差，孩子没人管，成绩一直都不好。这次开学时，孩子因暑假作业没完成，老师拒绝为孩子报名入学，据说他去求了老师几次，差一点就要向老师下跪，但都被拒绝，这成为刺激行为人实施极端暴力行为的诱因或导火索。进一步分析可以看出，其生活拮据，工作不稳定，因城里购房背负大笔欠款，身体不好又添伤病，几乎丧失劳动能力，这些接连不断的打击和难以改善生活的压力，使他不堪重负，女儿报不上名成为压垮其精神和理智的最后一根稻草。类似陈严富这样平时没有不良表现、为人口碑还不错的人，却突然做出疯狂举动，在个人极端暴力犯罪行为人中不是少数，这也是最难防范的一类犯罪人。这类犯罪人普遍年龄较大，一般在中年以上，生活遭遇变故或挫折，在巨大压力下产生绝望、厌世情绪，如有外部刺激因素就可能会突然爆发，行为人在实施暴力行为时，往往选择自杀或同归于尽。值得注意的是，该案发生的诱因值得反思。对于底层的社会失意者，在遭遇不平等的对待而觉得无力改变时，他们很可能就会彻底丧失对生活的希望和对社会的信任，甚至作出滥杀无辜的极端反应。最大限度地消除对底层失意者的冷漠和排斥，尽可能使他们有尊严地生活，就有可能阻止他们跌落深渊，并保护社会不受伤害。

第六章 个人极端暴力犯罪的治理路径

党的十八大之后，"治理"一词成为我国政治生活和社会生活中的关键词之一，"推进国家治理体系和治理能力现代化""创新社会治理"成为全面深化改革的重要目标。党的十九届四中全会更是对推进国家治理体系和治理能力现代化的目标和路径进行了系统安排。犯罪治理是国家治理和社会治理的重要内容，对个人极端暴力犯罪的治理则是犯罪治理的重中之重。我们认为，"犯罪治理"一词，较之以往的"犯罪控制""犯罪预防"等概念，内涵更为丰富，其有机融合、贯通了犯罪控制、犯罪预防、犯罪制裁的内容，同时，犯罪治理强调多元主体互动合作，国家与社会协力应对犯罪。以下在阐述基本方略的基础上，从刑事制裁、治安防控、社会治理、心理防治四个维度，论述个人极端暴力犯罪的治理路径。

第一节 个人极端暴力犯罪的综合治理方略

一、犯罪预防基本理论概述

犯罪治理的核心是犯罪预防，在犯罪预防研究领域，国内外学者提出了多种多样的学术观点和理论模式。

在西方，一些学者如维斯（Weiss）等在借鉴医学中流行病理学理论的基础上，提出了犯罪的三级预防理论。首先是初级预防，旨在减少犯罪机会，和犯罪人并无直接关系；其次是中级预防，关注的是在主体实施犯罪之前对其进行改变；最后是三级预防，关注的是切断犯罪进程，或减少犯罪行为的危害程度，如对已知的潜在犯罪人进行治疗和矫正。还有学者如唐瑞和法林顿（Farrington）将犯罪预防策略分为四种类型，即法律制裁、发展式预防、社会预防和情景预防。[1]

目前，西方具有代表性的犯罪预防模式主要有以下四种：

1. 刑事司法犯罪预防模式。该理论以惩罚的预防效果为基础，又分为"个体预防"和"一般预防"，强调对犯罪者的惩治、对犯罪能力的剥夺，以及对潜在犯罪人的威慑，以此实现抑制犯罪的效果。

---

[1] [英]戈登·休斯：《解读犯罪预防——社会控制、风险与后现代》，刘晓梅、刘志松译，中国人民公安大学出版社2009年版，第12页。

2. 社会犯罪预防模式。该理论试图干预使个体成为犯罪人或者将个体卷入犯罪的因素，这些因素包括社会边缘化、贫困、艰难的童年生活以及个体接触的负面社会环境（如不良的朋辈、媒体的影响及接触麻醉品等）。相应地，犯罪预防措施可在社会层面、同龄群体层面和个体层面进行。

3. 情景犯罪预防模式。该理论起源于20世纪80年代的英国，其以环境犯罪学为基础，没有试图解释深层的犯罪原因和人们为什么会成为犯罪者，而是重在分析犯罪为什么在特定的环境中发生，进而寻求改变有利于犯罪行为发生的情景并去除犯罪条件，实际上就是干预易使犯罪发生的因素。情景犯罪预防的基本原则由罗纳德·克拉克（Ronald Clark）提出并予以系统化，他提出的预防措施包括提高实施犯罪的成本、增加犯罪被发现和被制止的风险度、减少特定犯罪的回报、减少可能激发某类犯罪的诱因、去除犯罪合理化理由。这些机制单独或者共同作用，试图改变潜在犯罪人对犯罪成本的预算，从而使其放弃针对特定目标的犯罪。

4. 风险管理犯罪预防模式。该理论主张犯罪预防工作要尽可能因地制宜，将威胁控制在可接受的范围内。威胁被认为是犯罪人意图和实现意图之能力的产物。当意图或者能力趋于零，威胁也就趋于零；反之，如果意图强烈且能力强，则会增加行为实施的可能性，风险也随之上升。能力与特定攻击对象的弱点密切相关，对象越容易被攻击，犯罪能力的要求就越低，减少攻击对象的弱点可以减少其对犯罪人的吸引力。因此，通过减弱犯罪意图、犯罪能力，减少攻击对象弱点及可能产生的危害结果，可以降低风险。[1]

上述四种犯罪预防模式虽然彼此会有部分重合，但基本思路与途径有着显著差异；同时，四种模式都在不同程度上对于犯罪预防发挥着作用，但也都有各自的局限与不足。以个人极端暴力犯罪的预防为例，此类犯罪的行为人往往是在绝望情绪的支配下实施暴力行为，刑事司法的惩治虽然必要，但效果有限，而且一部分行为人选择与被害人同归于尽或犯罪后自杀，启动司法程序已无可能。同理，情景预防模式通过提高作案的成本和风险来减少犯罪的发生，有助于加强对特定目标的保护、避免其遭受犯罪侵害，但这一模式的理论基础之一是所谓的"理性选择理论"，即犯罪者

---

[1]［挪威］托尔·布约格：《恐怖主义犯罪预防》，夏菲、李休休译，中国人民公安大学出版社2016年版，第12—14页。

是基于预期风险和预期收益对是否犯罪作出选择的，但个人极端暴力犯罪的行为人具有极端的非理性特征，而且相当多的案件是在行为人一时冲动下实施的，因此难以从根本上抑制犯罪意念的产生，反而有可能造成的结果是"犯罪转移"，即预期的犯罪计划难以实施时，将犯罪转移到另一个时间和地点，或者以另一种形式实施。因此，理想的犯罪预防模式应当是将不同模式的优点整合起来，形成一种综合性的、更有效的犯罪预防模式。挪威学者托尔·布约格（Thor Buyog）对此进行了尝试，提出了犯罪预防的九大机制，试图构筑一个综合的犯罪预防模式。他认为，有效的犯罪预防模式包含下列九大要素：（1）确立并维持犯罪行为实施的规范壁垒。（2）通过根除或减少导致犯罪发生的社会根源和个体因素，来降低个体接触犯罪社会环境和犯罪活动的概率。（3）抑制，即通过惩罚威胁使潜在的犯罪人远离犯罪行为。（4）制止，即在犯罪人实施犯罪前予以制止。（5）通过减少机会，保护易受侵害的目标免遭犯罪侵害。（6）降低犯罪行为后果的危害性。（7）减少犯罪回报。（8）消除能力，即剥夺犯罪人实施新的犯罪的能力。（9）停止犯罪与回归社会，即使因犯罪受到惩罚的个体回归正常社会生活。[1] 托尔·布约格运用这种综合的犯罪预防理论，着重对恐怖主义犯罪预防问题进行了系统分析。笔者认为，这种综合的犯罪预防理论对我国个人极端暴力犯罪的预防也具有借鉴意义。

在我国，关于犯罪治理的基本思路，有学者提出了犯罪控制的动态平衡论主张，认为犯罪控制应当根据引发行为人犯罪的原因建构抗制性的措施，寻求引发行为人犯罪的原因与犯罪抗制对策之间的对抗平衡关系。这一主张的基本特点是从社会治理中寻求犯罪控制的路径，其优点在于不仅有利于社会秩序的维护，而且能够支持社会的转型，保证新的社会稳定秩序的发育。[2] 关于犯罪预防的具体模式和类型，有学者从涉及的手段和内容出发，把犯罪预防分为社会预防、心理预防、治安预防、刑罚预防。[3] 还有学者借鉴西方理论，从动态视角提出了层级预防的概念，并把犯罪预防分为三个层级，即一级预防、二级预防和三级预防，其中社会预防、心

---

[1] [挪威]托尔·布约格：《恐怖主义犯罪预防》，夏菲、李休休译，中国人民公安大学出版社2016年版，第14—15页。

[2] 翟中东：《犯罪控制——动态平衡论的见解》，中国政法大学出版社2004年版，内容提要第1页。

[3] 储槐植、许章润等：《犯罪学》，法律出版社1997年版。

理预防、被害预防等属于一级预防，预测与治安管理等属于二级预防，保安处分与刑罚则属于三级预防。[1]

二、综合治理应是治理个人极端暴力犯罪的基本方略

如前所述，个人极端暴力犯罪的形成机理极为复杂，是多方面因素交互作用的结果。鉴于其成因的复杂性，必须采取综合治理的基本方略，司法惩治、治安防范、社会治理等多元措施齐头并举，才能有效地遏制此类犯罪的滋生和蔓延。正如世界卫生组织发表的一份关于暴力的报告中指出的，暴力是一种社会现象，因此预防暴力的方法是解决社会危险诱因，该组织肯定了执法、司法机构的作用，但也指出这绝非唯一的解决方案。[2] 在我国，20世纪80年代初，中央就提出了社会治安综合治理的方针，后来专门性文件《中共中央、国务院关于加强社会治安综合治理的决定》发布，就加强社会治安综合治理进行部署，并明确提出社会治安综合治理的方针是解决中国社会治安问题的根本路径。社会治安综合治理方针提出以来，对于有效治理治安领域的违法犯罪行为、维护社会稳定起到了积极作用。但随着时代变化与社会发展，这一方针在具体贯彻实施中也面临一些问题，如一些地方有关的运行机制没有理顺，相关机构以及政府部门与社会力量之间的衔接不够通畅，一些治本性措施落实不到位，"重打击、轻预防"的错误思想没有得到根除，等等。另外，这一方针主要是针对治安问题提出的，而实际上，对于经济犯罪、腐败犯罪、恐怖主义犯罪等的治理，也需要贯彻综合治理的思路。因此，有必要把综合治理提升为当前我国犯罪治理的总方略，而不限于治安领域的犯罪；同时，应当根据形势的变化和需要，借鉴域外有益做法与我国实践经验，进一步完善相关运行机制，不断提高综合治理的可操作性和实效性。

综合治理是一种开放性的、全方位的犯罪预防模式，其不仅着眼于对具体犯罪人、犯罪行为和微观环境的控制，而且着眼于对社会宏观环境的改造与完善。[3] 本书主要从刑事制裁、治安防控、社会治理三个层面探究个人极端暴力犯罪的治理路径，这三个层面相互支持配合，共同构筑起一

---

[1] 李春雷、靳高风主编：《犯罪预防学》，中国人民大学出版社2016年版。

[2] [加拿大] 欧文·沃勒：《有效的犯罪预防——公共安全战略的科学设计》，蒋文军译，中国人民公安大学出版社2011年版，第56页。

[3] 储槐植、许章润等：《犯罪学》，法律出版社1997年版，第281页。

个立体化的犯罪治理网络；另外，个人极端暴力犯罪的心理防治作为单独一节进行研究，主要是基于其一定的特殊性及其在犯罪治理中的特别意义，但从逻辑关系上看，心理防治可以归属于治安防控及社会治理的层面。

三、治理个人极端暴力犯罪应处理好的若干关系

我们认为，运用综合治理方略对个人极端暴力犯罪进行治理，核心要义在于把握和处理好以下四个方面的关系：

（一）司法惩治与治安防控并重

司法惩治的核心是刑事制裁，即通过启动刑事追诉程序，依法对个人极端暴力犯罪的行为人追究刑事责任。从法理意义上讲，司法惩治还包括民事责任的追究，个人极端暴力犯罪往往对被害人的物质、精神都带来极大的损害，被害方有权提起附带民事诉讼，请求法院判决被告人给予物质损害方面的赔偿。由于个人极端暴力犯罪总体看属于社会底层"失意者"的犯罪，行为人经济状况普遍较差，赔偿能力有限甚至没有赔偿能力，加之我国刑事附带民事诉讼制度将赔偿范围严格限定在物质性损害，精神损害被排除在外，因此，民事赔偿的效果有限。当然，在个案处理中，审判机关还是要重视附带民事诉讼部分的审理和执行，根据被告人的经济状况与赔偿能力，尽可能促成民事责任的实现，这也是司法正义的一个方面。

司法惩治是犯罪治理的重要环节，也是控制犯罪的最后一道屏障，其主要目标有二：一是通过法定程序认定犯罪和适用刑罚，对犯罪人进行公正的惩罚，以实现社会正义，并抚慰被害人及其亲属；二是借助于刑罚的威慑力，震慑潜在的犯罪人不敢铤而走险实施此类危害社会的行为。个人极端暴力犯罪具有的极其严重的主观恶性和社会危害性，决定了其必然成为刑法打击的重点，司法机关应依法从快从重严惩此类犯罪，满足人民群众的正义追求和维护社会安全的需要。相对于治安防范和社会治理而言，司法惩治比较容易操作，见效也比较快。但是，司法惩治存在一定的局限性，不能完全寄希望于它。一方面，司法惩治毕竟是一种治标之策，它本身存在着被动性及运行成本高等缺陷，而且它是一种事后控制手段，而案件一旦进入司法程序，意味着犯罪造成的严重后果已经形成。另一方面，个人极端暴力犯罪案件中，相当一部分行为人是具有强烈绝望情绪的人，抱有"生无所恋、死不足惜"的心态，一些人甚至采取自杀式的袭击手

段，案发时同被害人同归于尽或者作案后选择自杀，即使事后被抓捕并被追究刑事责任的行为人，相对于普通刑事犯罪分子而言，刑罚的惩治效能对其也是有限的，对于社会上类似的潜在犯罪人而言，刑罚的威慑作用也很有限。当然，不能因此而忽视司法惩治的必要性和积极作用，只是我们要理性地认识司法手段在个人极端暴力犯罪治理中的效能，应当注重多元化手段的协调配合，以争取犯罪治理的最佳效果。

在对已然的犯罪从严惩治的同时，必须加强日常的犯罪预防工作，健全社会治安防控体系，将可能出现的犯罪行为消灭在萌芽和预备阶段。所谓治安防控，是"治安防范和治安控制的简称。治安防范是以公安机关为主导，通过动员群众开展针对违法犯罪进行的预防活动。治安防范的工作重点在于对违法犯罪的直接预防，其并不追究犯罪的根源，也不需要探知犯罪原因的结构层次问题，而只要研究能引起犯罪行为发生的直接原因和可能为犯罪行为发生提供条件的外部环境因素。治安控制则是侧重对治安秩序的控制，尤其是对违法犯罪行为加以限制和约束的策略"[1]。根据西方犯罪学中的机会控制、情景预防等理论，故意犯罪的发生，首先要具备一定的背景条件（如贫困、家庭解体、虐待和压力），由此引发犯罪动机，在此基础上，往往还需要具体的情景条件，"如果犯罪是一道公式，它需要时间、空间、怀有动机的犯罪者、能够接近的受害者同时出现"[2]。简言之，"动机"加上"机会"就等于犯罪。警察在控制犯罪动机方面很难有成效，但是，通过加强街头巡逻力量、加强对潜在袭击目标的安保措施，可以大大减少犯罪者从事犯罪活动的机会。比如：商业航班和机场采取严格的安保措施后，劫机事件减少了65%；1973年引入金属探测器和穿制服的安保人员后，劫机事件进一步减少。[3] 在我国犯罪学界，储槐植教授在20世纪90年代曾提出"犯罪场"理论，"犯罪场"就是存在于潜在犯罪人体验中，促成犯罪原因实现为犯罪行为的特定背景，包括时间因素、空间因素、被害人因素和社会控制疏漏等，控制犯罪的捷径是控制"犯罪

---

[1] 宫志刚、李小波：《社会治安防控体系若干基本问题研究》，《中国人民公安大学学报（社会科学版）》2014年第2期。

[2] [美] 兰德尔·柯林斯：《暴力：一种微观社会学理论》，刘冉译，北京大学出版社2016年版，第22—23页。

[3] [美] 詹姆斯·M. 伯兰德：《解读恐怖主义：恐怖组织、恐怖策略及其应对》（第3版），王震译，上海社会科学院出版社2019年版，第248页。

场"。[1] 这一观点与西方的机会控制、情景预防等理论有异曲同工之处，对个人极端暴力犯罪的防控具有参考意义。

虽然个人极端暴力犯罪有一定的突发性、随机性等特点，防范难度较大，但任何犯罪都不是凭空发生的，总要受制于一定的时空条件。对于很多故意犯罪而言，行为人从产生犯罪动机到实施犯罪行为往往有一个演变过程，因此扎实开展日常治安管理工作，做好重点人群、重要场所及特殊物品的管控工作，构建严密的治安防控体系，必然有助于防止犯罪案件的发生，或者通过及时的预警和处置，将犯罪的危害程度降至最低。坚持打防并举、事后追惩与事前防范有机结合，这是防治个人极端暴力犯罪的必然路径。

（二）社会控制与社会支持并重

社会控制，是指国家和社会利用各种手段和机制对社会成员的社会行为进行约束和规范的活动。社会控制的内涵有广义和狭义之分。广义的社会控制，泛指对一切社会行为的控制；狭义的社会控制，特指对偏差行为或越轨行为的控制。社会控制理论（social control theory）最早由美国社会学家 E. A. 罗斯提出，他在1901年出版的《社会控制》一书中指出，社会控制是指社会对人的动物本性的控制，限制人们实施不利于社会的行为。后来这一理论得到不断的修正和发展，对二战后许多国家的犯罪学与犯罪控制实践产生了相当影响。这一理论也受到了我国学界的关注。我国社会学者郑杭生教授认为："社会控制，是一种社会行为和互动发展的过程，使社会通过各种因素，运用各种方式，调动各种社会力量，促进社会个体和群体有效地遵守社会规范，从而使社会呈现有序化的过程。"[2]

本书中所讲的社会控制，主要从狭义上加以理解。个人极端暴力犯罪不仅是违背法律规范的严重刑事犯罪，而且是严重背离人类道德底线的行为，对之进行有效控制，是社会控制活动的应有内容。"社会控制就是通过社会权威的力量，依据社会规范并采取相应的方式和手段，协调、指导和约束社会群体及其成员的行为，进而维护社会秩序的过程。"[3]

---

[1] 储槐植：《刑事一体化与关系刑法论》，北京大学出版社1997年版，第99—101页。

[2] 郑杭生、李强等：《社会运行导论——有中国特色的社会学基本理论的一种探索》，中国人民大学出版社1993年版，第430页。

[3] 转引自宫专刚、李小波：《社会治安防控体系若干基本问题研究》，《中国人民公安大学学报（社会科学版）》2014年第2期。

根据社会控制的手段分类，通常将其分为：

1. 积极控制与消极控制。积极控制是指运用舆论、宣传、教育等措施引导社会成员的价值观与行为方式，预防越轨行为的发生。消极控制是指运用惩罚性手段对已经产生的越轨行为进行制裁。

2. 硬控制与软控制。硬控制也被称为正式控制，是指运用强制性控制手段，如政权、法律、纪律等对社会成员的价值观、行为方式实施控制。软控制也被称为非正式控制，是指运用非强制性手段，如舆论、习俗、道德等对社会成员的价值观和行为方式实施控制。硬控制是一种制度化控制，表现为正式的社会机构（如警察部门）根据法律授权而从事的职能性活动；软控制是一种非制度化控制，表现为能够影响人行为的日常性外界反应。

3. 外在控制与内在控制。外在控制是依靠社会力量促使社会成员服从社会规范的控制类型，它以社会力量的强制性为基础。内在控制指社会成员在内化社会规范的基础上，自觉地用规范约束和检点自己的价值观和行为方式，又称为自我控制。事实证明，单纯依赖正式的社会控制很难有效防止越轨和犯罪行为，而非正式控制在这方面有难以估量的作用，在犯罪预防中，必须重视对后一种控制形式的运用。[1]

上述积极控制、软控制、内在控制表述的侧重点有所不同，但实质上讲的是同一种控制形式，即通过说服、教育使社会成员认同社会规范并付之行动；而消极控制、硬控制、外在控制也是同一种形式的控制，就是在社会成员不认同社会规范的情况下，使用外部力量，以惩罚性的手段约束其行为。[2]

根据社会学理论，促使一个人实施犯罪的原因力有内外两个方面：内在推力包括冲动、愤怒、仇恨、忧虑、绝望等负面情绪，这会使人失去理智及判断是非的能力；外在拉力包括歧视、贫穷、失业、负面朋辈影响及不良社会风气等。由此出发，对犯罪的社会控制应当综合运用各种控制手段，做到软硬兼施、内外结合。具体来说，应从两个方面展开：一是促进社会成员加强内在的自我控制，如提高自身的道德素养、塑造良好的自我形象、树立正确的个人奋斗目标、培养对逆境与挫折的承受能力等，这也

---

〔1〕储槐植、许章润等：《犯罪学》，法律出版社1997年版，第292—293页。
〔2〕朱力等：《社会学原理》，社会科学文献出版社2003年版，第279页。

就是上述的积极控制、软控制思路；二是加强外在控制，即通过各种社会规范和社会管控机制来规范和约束社会成员的行为，包括道德教化、法律约束、治安防控、司法惩治等，这也就是上述的消极控制、硬控制思路。内在控制和外在控制是密切关联、相互依存的，只有将两个方面紧密结合起来，使外部规范能抵达人的内心世界，实现"内化于心、外化于行"的效果，才能有效阻断犯罪的发生。

社会支持理论兴起于20世纪六七十年代，最初出现在精神病学研究领域，后来在社会学、心理学、犯罪学等领域得到广泛应用，目前已经成为犯罪学中最具影响力的理论流派之一。美国学者弗朗西斯·卡伦（Francis T. Cullen）是公认的犯罪学领域该理论的主要创始人之一。1994年，卡伦发表《作为理解犯罪学的综合性概念的社会支持》（Social Support as an Organizing Concept for Criminology: Presidential Address to the Academy of Criminal Justice Science）一文，呼吁重视社会支持在预防和降低犯罪中的作用，标志着该理论在犯罪学领域的产生。卡伦深入分析了曾在犯罪学领域占主导地位的社会控制理论的缺陷，指出该理论强调人人都有犯罪动机这一性恶论，忽略了人有给予社会支持的利他性和接受社会支持的需要；过于强调社会控制和自我控制对预防和降低犯罪的作用，忽略了社会支持对犯罪的直接影响；社会控制也给人一种外在性控制以及强迫性控制的被动感觉。[1] 关于社会支持的内涵，卡伦认为："社会支持是由社区、社会网络以及可信任的他人所实际或想象中可能提供的物质和精神上的帮助。"关于社会支持在犯罪治理中的功能，卡伦指出："社会支持具有缓冲器的功能，社会支持可以培养人的利他观念或行为，社会支持可以改变一个人的生活方式、心理动因及行为方向，社会支持是社会控制有效与否的前提条件，提供充分的社会支持有助于减少底层群体犯罪的发生。"[2]

继卡伦之后，科尔文（Calvin）、江山河、钱林等对不同类型的社会支持对犯罪的影响作了进一步探讨。通过大量的实证研究，社会支持影响犯罪行为的假设基本上得到证实。关于社会支持的类型，有学者按照行为性质，将其划分为工具性支持和情感性支持；还有人进一步将其细分为情感

---

[1] 于阳：《弱势群体的犯罪防控——当代西方犯罪学社会支持理论述评》，全国哲学社会科学工作办公室2011年12月12日，http://www.nopss.gov.cn/GB/219567/219575/16573857.html。
[2] 转引自高玥：《社会支持理论的犯罪学解析与启示》，《当代法学》2014年第4期。

支持（理解、关心、爱和信任等）、工具支持（物资、金钱、时间和服务等）、信息支持（提供建议、消息等）及评估支持（反馈、比较等）。[1]

社会支持理论对社会控制理论进行了扬弃，关注到了边缘人群犯罪背后的社会支持不足的因素，旨在倡导一种主动、积极、人性化的刑事政策，通过改进政府的治理模式、激发社会成员的利他动机，构建社会力量广泛参与的社会支持系统，以协助处于社会底层或者困境中的社会成员改善生存状况，进而缓解社会压力、抵御犯罪风险。进入21世纪以来，我国社会矛盾纠纷激增，维稳压力增大，社会弱势群体或者底层失意者实施的相关犯罪呈现增长态势，而传统的强力维稳与重刑惩治模式在应对上显然存在捉襟见肘的问题。社会支持理论的引入，对此类犯罪的成因具有一定的解释力，其倡导的积极刑事政策，对于预防和减少个人极端暴力犯罪具有重要的借鉴价值。

在社会支持理论的具体应用中，对物质支持和精神支持应当同等重视。"社会问题之所以产生，有的是由于物质条件不能满足人们的基本生活需要，有的则是人们的精神状态不能适应社会环境，而这两方面又是不能截然分开的。"[2]例如：对于缺乏固定收入或收入偏低的贫困者，应当侧重于物质帮助；对于具有心理问题或者患有精神障碍的人，应当以心理疏导、精神治疗为主；对于多数刑满释放人员以及城市流浪儿童、农村留守儿童等，则需要物质与精神两方面的帮助并重，既要帮助其解决生活出路、生活困难的问题，又要关注其思想、心理方面的问题，给予必要的精神帮助。

需要指出，社会支持理论的引入，并不意味着对社会控制理论的否定和完全替代，两种理论各有侧重和特色，在效用上可以形成互补。在个人极端暴力犯罪的治理方面，应当坚持社会控制与社会支持并重，唯此才能形成比较理想的治理局面。

（三）国家力量与社会力量并重

在我国，长期以来犯罪治理主要采取国家绝对主导的一元化模式，其主要特点是：国家垄断犯罪控制的资源配置，强调由上而下的对社会的管控，过分依赖刑事司法系统在犯罪治理中的作用。这种模式的优点在于具

---

[1] 高玥：《社会支持理论的犯罪学解析与启示》，《当代法学》2014年第4期。
[2] 朱力等：《社会学原理》，社会科学文献出版社2003年版，第325页。

有较高的行动效率,借助于国家强大的动员能力,能在全国范围内迅速集中有限的司法资源,对一定时期内某类比较猖獗的犯罪展开打击行动,在短期内取得比较明显的控制犯罪的效果。但其缺陷也是显而易见的:其一,运行成本高。在该模式下,犯罪控制的效果取决于司法资源投入的多少,而刑事司法系统有着高昂的运行成本。其二,效果有限。司法控制主要是事后控制,而犯罪一旦发生,其社会危害即已造成,有些后果是无法挽回的。所以,这是一种被动的对犯罪的反应模式。其三,存在负面作用。如"严打"行动容易产生运动化、形式化等不良倾向。[1]

在当今日益开放的社会背景下,传统犯罪治理模式存在的效能不高、效果不佳等问题越来越突出。可以说,开放社会对传统的犯罪治理模式提出了挑战。国外的研究和实践表明,民间社会的发达和积极参与是社会稳定与繁荣的重要保证。我国要走出刑罚量与犯罪量齐头并进、维稳成本与维稳压力同步增长的恶性循环,只有顺应社会变化的潮流,重新设计犯罪治理的思路与模式。党的十八届三中全会通过的《中共中央关于全面深化改革若干重大问题的决定》提出,全面深化改革的总目标之一是,推进国家治理体系和治理能力现代化。犯罪治理是国家治理体系的重要内容之一,而提高犯罪治理能力现代化,是推进国家治理能力现代化的题中应有之义。对于我国当前犯罪治理面临的困境,储槐植教授多年以前就有敏锐的洞察,他指出,走出困境的路径在于,实现犯罪治理模式从传统的国家本位转向国家和社会双本位。[2] 依笔者的理解,这一转化也就是从一元化治理模式走向多元化治理模式,而转化的关键在于通过培育和发展社会自治,提升社会在犯罪治理中的地位并发挥其作用。社会不是一个抽象的概念,社区是社会的主要载体,公民则是社区的真正主人。社会自治的良性运转及其在犯罪治理中发挥作用,有赖于健全而充满活力的社区,特别是具有主体意识与参与能力的社区民众的广泛参与。

可以预见,随着新一轮改革的深入推进,我国的犯罪应对模式将发生重大变革。社会自治的发育和发展,将逐步推动犯罪治理中"国家与社会

---

[1] 冯卫国:《寻求更加有效的犯罪治理——走向国家与社会合作共治》,《甘肃理论学刊》2015年第1期。

[2] 储槐植:《刑事一体化与关系刑法论》,北京大学出版社1997年版,第408—410页。

共治"的二元治理结构的形成,进而为犯罪控制提供强有力的动力和支持[1]。对于个人极端暴力犯罪的防控与治理而言,社会力量的支持和参与尤为必要。由于此类犯罪往往表现为"独狼式"、突发性袭击,防控难度极大,因此单凭国家机关的力量很难有效加以防范。然而,从实践中发生的许多此类案件看,犯罪的发生也是有迹象可查、有规律可循的。行为人大多性格上有一定缺陷,如个性孤僻、心胸狭隘、思维偏激、不善与人交往;作案前往往面临生活、工作上的挫折,如家庭变故、婚姻失败、恋爱受挫、下岗失业、生意失利、与有关人员或单位发生纠纷等,因此而情绪低落、心情沮丧、焦虑不安或愤愤不平,甚至有人会在与他人交谈中或者在网络社交平台流露犯意表示;另外,大多数此类犯罪表现为有预谋作案,行为人作案前会有一些预备行为,如准备凶器、选择作案地点等。这些特殊的甚至反常的表现,往往是行为人实施犯罪的征兆。现代社会中,离群索居、与世隔绝的人毕竟是极少数,行为人基本上都是生活在社区之中的,即使其性格孤僻,也不可避免地存在各种各样的社会关系。如果有效地发动社会力量(如同行为人有各种联系的家庭成员、亲朋好友、同学同事、街坊邻里等),就有可能及时发现社区中潜藏的各种犯罪隐患和风险,并通过相关机构及人员的及时介入和干预,协助其解决问题、化解矛盾、纾解情绪,从而消除潜在的治安风险,或者将可能实施的严重罪行遏制在萌芽阶段,有效维护社会安全。

(四)犯罪治理与社会治理并重

犯罪治理是社会治理的有机组成部分,犯罪治理的能力和水平是衡量社会治理效能的重要标尺。但二者毕竟不是完全等同的概念,需要准确把握二者的关系。这里所讲的犯罪治理,是指直接以预防犯罪为目标的刑事司法、治安防控等制度和措施。而社会治理作为国家治理体系中的核心内容,是一个范围更广泛、内容更丰富的范畴,涉及社会生活的方方面面。社会治理的基本目标,就是实现社会有序、和谐运转,最大程度地促进人民福祉。正如习近平总书记在党的十九大报告中所指出的,"加强和创新社会治理","使人民获得感、幸福感、安全感更加充实、更有保障、更可持续"。这是新时代我国社会治理的目标指向。

---

[1] 冯卫国:《寻求更加有效的犯罪治理——走向国家与社会合作共治》,《甘肃理论学刊》2015年第1期。

犯罪首先是一个治安问题、法律问题，需要从治安防范、司法惩治等方面寻求解决；其次也是一个社会问题，必须从社会治理的大视野中审视犯罪现象，将犯罪治理纳入社会治理体系，这是解决犯罪问题的根本之道。犯罪治理在社会治理体系中处于基础性地位，也是社会治理的难点和重点。缺乏有效的犯罪治理，就没有社会的稳定与和谐。因此，必须在犯罪治理方面给予足够的投入与保障。但是，不能过分夸大犯罪治理的地位和功能：一则社会资源是有限的，如果犯罪治理方面的资源投入过多，必然会对社会治理的其他方面造成一定影响；二则如果视野局限在刑事司法、治安防控等直接的犯罪治理手段上，而忽视社会治理其他方面的跟进、配合，就难以实现标本兼治的效果，难以保障社会的长治久安。实际上，除直接的犯罪治理措施外，推进其他方面社会治理的完善，本身也有助于预防和减少犯罪。犯罪的形成原因是十分复杂的，但就宏观而言，犯罪来源于社会，是社会矛盾运动的综合反映，这已经成为犯罪学界的共识。因此，必须从社会自身寻找犯罪的成因与治理之策。正所谓"最好的社会政策就是最好的刑事政策"，间接防止犯罪有关的各种社会政策，如教育政策、就业政策、住房政策、公共卫生政策、社会保障政策等，都同犯罪治理有着内在关联，属于理论上所称的"最广义的刑事政策"。当前，我国个人极端暴力犯罪频发的背后，一定程度上暴露出我国社会治理、社会建设方面存在的问题和短板，从长远看，要想从根本上防止个人极端暴力犯罪的滋生，有赖于不断创新社会治理，推动社会建设水平的提高，这是治本之策。当然，这是一个极为宏大的社会系统工程，需要在党和政府的领导下，全社会坚持不懈地努力；同时，这也是一个比较漫长的过程，其效果不是立竿见影的，我们应该有足够的耐心和韧性。此外，我们也不能静观待变、消极无为，在个人极端暴力犯罪多发、社会安全面临严重威胁的背景下，治标与治本同等重要，必须采取及时、有力的措施，有效遏制此类犯罪多发、蔓延的态势。

第二节 个人极端暴力犯罪的刑事制裁路径

刑事制裁，即通过启动刑事追诉程序，对行为人定罪并适用刑罚，以实现惩治和预防犯罪的目的。尽管在个人极端暴力犯罪的治理中，刑事制裁只是最后手段且功能具有一定局限性，但其仍是重要的一个方面。如前所述，个人极端暴力犯罪的实施者中，有一部分人在作案过程中死亡（自杀或被击毙），对此不能启动追诉程序追究刑事责任，而对于其他行为人，必须及时抓捕，并依法从重从快予以惩治。

一、坚持"严打"政策

"严打"，即依法从重从快打击严重危害社会治安犯罪分子的方针政策，是在特定时期为了遏制某些严重危害社会治安犯罪的升级和蔓延而采取的刑事政策。自 1983 年进行第一次全国范围内的"严打"行动以来，历次"严打"行动都取得了一定成效，但以往的"严打"行动中也出现过一些问题与偏差。例如：片面强调打击，对涉案人员的诉讼权利保障不足；片面理解"从重从快"，一定程度上影响了办案质量与刑法的公正性；追求短时间内的"战果辉煌"与浩大声势，对日常的治安管理工作重视不够；等等。个别地区在"严打"行动中，由于没有严格遵守法定程序，对案件的事实、证据、法律适用等把关不严，制造了一些冤案错案，造成了不良社会影响，大大损害了"严打"斗争的效果。由此也一度引发了学界及社会对"严打"的正当性和必要性的争议。主流观点认为，当前我国正处在一个社会变革和体制转型的时期，犯罪增长尤其是恶性案件多发的势头尚未得到彻底控制，社会治安根本好转的目标也没有完全实现，因此通过实施"严打"斗争，维持对犯罪的高压态势，是特定时期内应对犯罪的必然选择。

2005 年以后，我国逐步确立了宽严相济的基本刑事政策。但是，这并不意味着"严打"政策退出了历史舞台。严宽相济刑事政策，"基本内容是指对刑事犯罪区别对待，一方面，必须坚持'严打'方针不动摇，对严重刑事犯罪依法严厉打击，什么犯罪突出就重点打击什么犯罪，在稳准狠上和及时性上全面体现这一方针，通过'严'有力打击和震慑犯罪，维护法制的严肃性；另一方面，要充分重视依法从宽的一面，对轻微违法犯罪人员，对失足青少年，要继续坚持教育、感化、挽救方针，有条件的可适当多判一些缓刑，积极稳妥地推进社会矫正工作，通过'宽'尽可能减少社会对抗，化消极因素为积极因素，最大限度遏制、预防和减少犯罪，实现法律效果与社会效果的有机统一"[1]。

---

[1] 张明山：《解读与阐述：和谐社会语境中的宽严相济刑事政策》，中国法院网 2008 年 12 月 29 日，https://www.chinacourt.org/article/detail/2008/12/id/338685.shtml。

在刑事司法实践中，要准确把握宽严相济政策与"严打"政策之间的关系。宽严相济政策是当前我国基本刑事政策，在刑事政策体系中占据全局性、主导性地位，对刑事立法、刑事司法、刑事执法等刑事法律实践具有普遍性的指导意义。"严打"则是今后一定时期内仍应坚持的一项具体刑事政策，它对宽严相济的基本刑事政策具有依从性，"严打"的对象是有特定范围的，即只限于那些严重危害社会治安的恶性犯罪，不能随意扩大，否则就背离了"严打"政策的初衷，对刑事法律的公正和效益价值都会造成损害。"严打"政策与宽严相济政策并不是截然对立的：一方面，宽严相济政策中"严"的方面，实际上包含了"严打"的内涵，"严打"成为宽严相济政策的具体体现；另一方面，"严打"作为具体刑事政策，要受到宽严相济的基本刑事政策的制约，例如，即使在"严打"期间，对那些社会危害性不大的犯罪或人身危险性较小的犯罪人，仍应依法适用比较宽容的处理措施，不能片面强调"严"的一面。要正确理解"严打"的内涵，"严"不只是严厉，也有严格、严肃、严密之意。不要把"严打"仅仅理解为多判、重判、快判，其更重要的是严密法网，提高刑事司法的效能，及时破案、及时惩处，使犯罪分子得到公正的惩罚。

根据宽严相济刑事政策的要求，对重大、恶性刑事犯罪要坚决、严厉地打击，以维护社会的安全与稳定。个人极端暴力犯罪作为对社会治安极具破坏性的犯罪，严重威胁公民的生命健康安全，极大地冲击着社会秩序，毫无疑问，其应当被列入"严打"对象，并且是"严打"的首要、核心目标。对于实际发生的个人极端暴力犯罪案件，包括公、检、法在内的刑事司法系统，应当在法律允许的范围内，集中司法资源，加快刑事诉讼进程，争取以较快的速度侦破案件，及时将行为人绳之以法、从严惩处，对于造成严重后果、情节恶劣、主观恶性极大的被告人，应依法适用死刑。虽然限制乃至废除死刑是国际范围内刑事政策的一个总体走向，但死刑政策的具体设计要立足于一个国家的具体情况，不能盲目攀比，也不能超越国情而进行大跃进式的改革。从近年来的情况看，由于恐怖犯罪、严重暴力犯罪等威胁的上升，一些国家在时隔多年后恢复了死刑的执行。例如：2019 年 7 月 25 日，美国司法部宣布将重新开始对联邦死刑犯执行死刑，首批被执行死刑的 5 名犯人将在 2019 年 12 月或 2020 年 1 月被执行死刑。这是美国联邦政府自2001年以来，时隔18年再度恢复执行死刑。[1]近年来，日本在死刑的执行上也有所提速。根据2014年日本政府的民调结果，支持死刑的日本民众高达80.3%。[2]一般而言，日本仅会对犯下多重命案的罪犯判处死刑。然而，由一审判刑到上诉法院的过程非常长，导致自犯罪至最高法院判刑往往历时5年以上。2018年7月6日，奥姆真理教的教主麻原彰晃（松本智津夫）等7个死刑囚犯在同一天被执行绞刑[3]，这是战后日本一天内执行死刑人数最多的一次。在我国，"保留死刑，少杀慎杀"的死刑政策是符合我国现实国情的。2011年以来，我国通过几次刑法修正，大幅度削减了死刑罪名，涉及的主要是一些非暴力犯罪的罪名。对于严重暴力犯罪，必须维持死刑立法，这将是一个长期的立法选择。尽管死刑的功能和作用有限，但在现阶段的我国，不能否认其不可或缺。只有依法对个人极端暴力犯罪的行为人从重从快惩处，对罪大恶极者酌情适用死刑，及时以法律手段明确表达对犯罪行为的坚决否定和强烈谴责，才有助于恢复被恶性犯罪所破坏的治安秩序和社会心理秩序，才能强化刑事制裁对潜在犯罪人的震慑、警戒作用。

二、确保公正底线

公正是刑事司法的首要价值目标，而公正包括实体公正和程序公正两个方面。实体公正指结果的公正，即根据行为人的罪行和罪责依法定罪量刑，使其受到应有的惩罚，实现罪刑相称，罚当其罪。程序公正是指过程的公正，即刑事追诉活动遵守法定程序，保障被追诉人依法享有诉讼权利。尽管个人极端暴力犯罪性质极为恶劣，而且往往造成严重后果，对社会安全威胁极大，但对其进行刑事追惩仍然应当依法推进，办案人员必须坚守法治底线。这是现代法治文明的要求，不能因为犯罪分子罪行严重而放弃司法的公正价值，即使罪大恶极的犯罪分子，在进入司法程序后也享有受到公正审判和公正惩罚的权利，其辩护权、上诉权等诉讼权利均应得

---

[1] 刘阳：《美国司法部要求重新开始执行死刑》，新华网2019年7月26日，http://www.xinhuanet.com/world/2019-07/26/c_1124802615.htm?baike。

[2] 《日本围绕死刑制度的争议：80%的公众认可死刑》，日本网2015年8月4日，https://www.nippon.com/hk/features/h00101/。

[3] 姜俏梅、王可佳：《日本奥姆真理教原教主麻原彰晃等7人被执行死刑》，新华网2018年7月6日，http://www.xinhuanet.com/world/2018-07/06/c_1123088687.htm。

到保障，判决结果应当符合罪责刑相适应的原则。由于个人极端暴力犯罪案件会产生恶劣的社会影响，案件的办理情况普遍受到社会的广泛关注，民众当中要求严惩凶手的呼声往往很高，甚至出现"国人皆曰可杀"的声音。此时，办案人员尤其是审判人员应当保持理性，坚守法治底线，正确地对待舆论与民意，既要合理地回应民众的诉求，又要严把事实关、证据关，不能以感情裁剪事实、以义愤取代证据，这样才能把案件办成经得起历史检验的"铁案"。对冲击人类文明底线的个人极端暴力犯罪以法治方式进行处置，更能彰显司法文明，捍卫社会的核心价值。

在个人极端暴力犯罪的认定和处理中，应当特别关注以下两个方面的问题：

一是在认定犯罪时，要准确判断行为人的刑事责任能力，认真区分心理缺陷、人格障碍与精神疾病。个人极端暴力犯罪的行为人一般都有一定的心理缺陷，很多人还形成了比较严重的人格障碍或变态人格，其思维认知、心理与行为表现与普通人有所不同，一些犯罪行为人的作案动机、行为表现有悖常理，常人难以理解，但从刑法意义上讲，行为人的辨认和控制能力并没有受到影响，其仍具备完全刑事责任能力，行为人须对自己的行为及造成的后果承担刑事责任。此外，实践中也存在不少精神病患者实施的暴力行为，其实施危害行为时由于疾病，辨认或控制能力丧失或者减弱，属于无刑事责任能力或限制刑事责任能力的状况，因而会影响其刑事责任的承担。精神病人肇事肇祸案件与人格障碍者实施的个人极端暴力犯罪，很多情况下在外在表现上是极其相似的，行为人实施暴力行为时究竟处于什么样的精神状况，是属于精神病人还是一般的人格障碍或变态人格，是否具备刑事责任能力或者刑事责任能力的程度如何，这都是案件办理中必须查明的问题。如2019年"5·24"南昌红谷滩杀人案的凶手万某弟，曾有精神病史，持有精神三级残疾证，案发后经江西精神病学司法鉴定所鉴定，被告人万某弟患有双相情感障碍，案发时处于缓解状态，辨认和控制能力完整，具有完全刑事责任能力。

二是裁量刑罚时，需具体把握案件的社会危害性。个人极端暴力犯罪作为一种犯罪类型，整体而言危害性高于普通刑事犯罪，大部分此类案件会造成严重后果，但就个案而言，不是每一个具体案件的危害程度都是等同的，也有一些案件尚未造成严重后果，或者存在法定或酌定的各种量刑情节，如犯罪未遂、犯罪中止、自首、作案时不满18周岁、属于限制刑事责任能力的精神病人、犯罪的具体动机和起因等。对此，应当在适用刑罚时予以充分考虑，这也是宽严相济刑事政策中所讲的"严中有宽"的要求，即对于严重刑事犯罪，若有法定或酌定从轻、减轻处罚情节的，也应酌情予以考虑。

在个人极端暴力犯罪的刑罚裁量中，应按照量刑规范化的要求，在全面考察所有量刑情节、综合考量全案社会危害程度的基础上，作出公正合理的量刑判决。如 2013 年发生的北京首都国际机场爆炸案，被告人冀中星被终审法院以爆炸罪判处有期徒刑 6 年。在该案中，法院审理认为："冀中星采用极端方式，在公共场所实施爆炸，尚未造成严重后果，其行为已危及公共安全，构成爆炸罪。鉴于冀中星归案后能够如实供述基本犯罪事实，故对其所犯罪行依法予以从轻处罚。鉴于被告人冀中星在案发现场声称手中有炸弹，让周围人远离，对该情节在量刑时法院酌予考虑。"[1] 综上，法院根据被告人冀中星犯罪的事实、犯罪的性质、情节及对社会的危害程度作出上述判决，这一判决综合考虑了案件中的各种情节，体现了刑法的公正性，取得了较好的法律效果和社会效果。

三、完善刑事治理

个人极端暴力犯罪属于暴力犯罪的一个具体类型，而暴力犯罪一直是我国刑法惩治的重点。为了有力维护公民权利与社会安全，现行《刑法》对暴力犯罪作了一些特别规定，在总则与分则中都有所体现：

在总则方面，对暴力性犯罪的死缓适用、假释适用都有特别规定。一是规定对暴力性犯罪适用死缓的，法院可酌情决定限制减刑，即《刑法》第 50 条第 2 款规定："对被判处死刑缓期执行的累犯以及因故意杀人、强奸、抢劫、绑架、放火、爆炸、投放危险物质或者有组织的暴力性犯罪被判处死刑缓期执行的犯罪分子，人民法院根据犯罪情节等情况可以同时决定对其限制减刑。"二是规定对暴力性犯罪的重刑犯禁止假释，即《刑法》第 81 条第 2 款规定："对累犯以及因故意杀人、强奸、抢劫、绑架、放火、爆炸、投放危险物质或者有组织的暴力性犯罪被判处十年以上有期徒刑、无期徒刑的犯罪分子，不得假释。"

---

[1]《"首都机场 7·20 爆炸案"被告人冀中星一审判刑 6 年》，中国政府网 2013 年 10 月 15 日，https://www.gov.cn/jrzg/2013-10/15/content_2507150.htm。

在分则方面，现行《刑法》除第八章贪污贿赂罪、第九章渎职罪之外，其他各章都涉及暴力犯罪的内容，有的罪名在客观方面本身包含暴力行为的内容，还有的罪名是将实施暴力作为从重处罚的情节。同个人极端暴力犯罪相关的罪名集中在《刑法》分则第二章危害公共安全罪与第四章侵犯公民人身权利、民主权利罪中。从实践中发生的常见案件性质来看，涉及第二章的罪名主要有放火罪、爆炸罪、投放危险物质罪、以危险方法危害公共安全罪等；涉及第四章的罪名主要有故意杀人罪、故意伤害罪等。这些罪名均属故意犯罪，法定最高刑大都是死刑，其中放火罪、爆炸罪等危害公共安全的罪名，采取了危险犯的立法模式，即只要造成危害公共安全罪的危险状态，即使尚未造成严重后果，也构成犯罪并属于犯罪既遂。

虽然我国《刑法》对暴力犯罪有一些特别规定，体现了从严惩治的精神，但仍有值得检讨与改进的地方；另外，在刑事诉讼程序、刑事执行制度方面，我国对暴力犯罪的处置缺乏针对性的规定，从刑事一体化的视野出发，有必要在《刑事诉讼法》《监狱法》等相关法律中，增加或完善相关内容。在风险社会来临，非传统安全威胁增多，个人极端暴力犯罪频发的背景下，刑事政策及刑事立法应在总体国家安全观指导下，作进一步的调整与完善，以适应新时期应对暴力犯罪、维护社会安全的需要。为此，笔者提出以下建议：

（一）确立刑事制裁的双轨制模式

所谓刑事制裁的双轨制，是指为了更加充分地维护社会安全，对于一些社会危害性十分严重的犯罪或者人身危险性极大的犯罪人，可以采取一些不同于普通犯罪处理模式的特别性规定，这些规定在严格限定其适用范围的前提下，可以对刑事法律中的某些一般性原则、制度或程序有所突破。20世纪下半叶以来，面对汹涌的犯罪浪潮，特别是有组织犯罪、毒品犯罪、恐怖主义犯罪等挑战，许多国家对刑事犯罪的追惩趋向"双轨制"的思路：对一般刑事犯罪案件的侦办与处置，要求必须严格遵循正当程序原则及严格的证据规则；而对于一些危害十分严重且防控难度较大的犯罪，则允许采取不同于对付一般犯罪的某些非常规手段、措施。例如，美国、韩国等都出台了相关法律，对性暴力犯罪者出狱后的权利进行一定限制，如实行登记制、一定范围内信息公开和居住限制等制度，以维护公共安全。

刑事制裁的双轨制模式，是刑事政策"两极化"趋向的反映。当前，世界各国刑事政策的趋向是，在总体趋轻的前提下，向两极化方向发展。正如日本学者森下忠指出的："第二次世界大战后，世界各国的刑事政策朝着所谓'宽松的刑事政策'和'严厉的刑事政策'两个不同的方向发展，这种现象称为刑事政策的两极化。"[1] 我国学者储槐植教授将"两极化"概括为"轻轻重重"。所谓"轻轻"，是指对轻微犯罪及人身危险性小的犯罪人，如过失犯、初犯、偶犯等，处理更加宽松、宽大，处罚更轻，具体表现为通过非犯罪化、非刑罚化、非监禁化、非司法化等途径，尽可能不定罪、不判刑或适用缓刑等开放性刑罚措施，同时在程序上尽量适用简便化的诉讼程序，提高案件处理的效率。"轻轻"体现了刑事法的人道精神，也有助于降低司法成本。"重重"则是指，对严重犯罪、对人身危险性大的犯罪人，处理更为严厉、严格，如更多地、更长期地适用监禁刑，保留死刑的国家还可以适用死刑，另外在刑事程序方面，对被追诉人的权利限制有所强化，如可以适用技术侦查、秘密侦查等特殊侦查手段，可以进行缺席审判，等等。"轻轻"和"重重"两个方向，是相反相成的关系，"轻轻"有利于更好地实现"重重"，使司法机关集中有限的司法资源，更有效地打击严重犯罪。[2]

我国现行的一些相关法律，实际上在刑事制裁的双轨制方面已有一定的体现。在"轻轻"方面，近年来我国扩大了缓刑等非监禁措施的适用，大力发展社区矫正；2018年《刑事诉讼法》修正后，扩大了简易程序的适用范围，增设了公诉案件的刑事和解认罪认罚从宽制度及刑事速裁程序等。在"重重"方面，主要表现为对危害国家安全犯罪、恐怖主义犯罪、黑社会性质犯罪、毒品犯罪、贪污贿赂犯罪、严重暴力犯罪及累犯等的处理更加严格、严厉。例如：在实体上，对这些犯罪多采取行为犯、危险犯的立法模式，规定了相对较重的法定刑，大多有死刑条款；对危害国家安全犯罪、恐怖活动犯罪、黑社会性质的组织犯罪规定了特别累犯制度，使构成累犯的标准降低；对毒品犯罪规定了再犯从重处罚的原则等。在程序上，对某些犯罪的嫌疑人在侦查中的权利限制增多，如针对危害国家安全

---

[1] [日]森下忠：《犯罪者处遇》，白绿铉、吴平、车红花译，中国纺织出版社1994年版，第4页。

[2] 储槐植：《刑事一体化与关系刑法论》，北京大学出版社1997年版，第306页。

犯罪、恐怖主义犯罪，在侦查手段、律师会见、律师对当事人的保密义务、指定居所监视居住、拘留后的家属通知等方面，都有一些特殊规定；在审理程序上，刑事诉讼法对贪污贿赂犯罪、恐怖主义犯罪等增设了违法所得的没收程序、缺席审判程序等特别程序。此外，最高司法机关通过出台相关的司法解释，对职务犯罪、金融犯罪、涉黑犯罪等类型服刑罪犯的减刑、假释进行了限制。

刑事制裁的"两极化"趋向与双轨制模式，同我国当前奉行的"宽严相济"基本刑事政策的内在精神是契合的。这是应对犯罪形势变化、提升刑事治理效果的理性选择。这一犯罪治理的对策与思路，也是价值权衡的结果。现代社会中，犯罪治理活动面临着多元价值目标，如公正、秩序、安全、自由、人道、效益等，而不同价值目标之间有可能发生一定的冲突，如公正与效益、安全与自由的冲突时有发生。因此，犯罪治理中需要把握好多元价值之间的调适与平衡。正如有学者所言："以保障权利为名过分弱化国家的社会控制和以维护安全为名过度压缩公民自由的空间都会产生不同程度的社会问题，二者之间需要保持一种动态的平衡……安全和自由都是人类延续的基本需求，两者不可偏废。但安全的强度和自由的限度在不同情势下却需要具体把握，这是一种微妙的技巧，需要倾注人类智慧。"[1]

在某些类型的犯罪危害日盛、严重冲击社会安全的情势下，社会对安全价值的需求更为迫切，因而加大对这些犯罪的惩治力度，增加对犯罪人的权利限制，在刑事立法中设置一些例外条款，是必要、合理的，也是社会所能接受的。事实上，现代社会为应对犯罪而采取的诸多防控措施及侦查措施，对犯罪人以外的普通公民的权利也带来了一定影响。如通信监听、网络拦截、遍布街头的视频监控设备及机场、地铁等场所日益严格的安检措施等，对公民的隐私权乃至人身自由构成一定的限制甚至威胁。但是，为了反恐及防范个人极端暴力犯罪的需要，这些限制性措施是正当的，这在国际法上称为"权利克减"，即在紧急状态下，国家不履行某些国际人权法的义务被认为是合理的，但这种合理是在严格条件限制之下的应对非常情势之需，而且其最终目的不是限制人权而是在紧急状态下仍能最大限度地使人权得到保障。另外，根据《公民权利和政治权利国际公

---

[1] 倪春乐：《恐怖主义犯罪特别诉讼程序比较研究》，群众出版社2013年版，第43—44页。

约》的要求，公民的某些基本人权是不得克减的，如不受酷刑和不人道待遇的权利、不受奴役的权利、不受刑事溯及处罚的权利、法律人格权等。[1]

在个人极端暴力犯罪的刑事治理对策设计中，一定要把握好原则与例外的关系，既要有助于增强刑事法律的适应性和实效性，又不能对现代刑事法治的一些基本理念、基本原则造成不必要的损害。例如，罪刑法定、罪责刑相适应、刑法适用平等等刑法基本原则仍必须坚持，必须保障被追诉人基本的诉讼权利。同时，必须强调，例外规则的设立只能通过立法的方式，而不能放任司法者自行突破法律确立的原则与规则，即使是以立法形式设立的例外规则，也是有限度的，不能超出现代法治与社会伦理所能容忍的底线。例如：除非在制止正在实施或马上实施的暴力行为、危险巨大且迫在眉睫的紧急情况下，否则不能直接使用击毙这样的非常规手段；对于被抓捕归案的嫌疑人或者被判刑的罪犯，不能采取体罚、虐待等措施；对被告人从重处罚不能超出法律规定的上限；等等。

考虑到个人极端暴力犯罪特殊的表现形式和严重的社会危害，为了更有针对性地对其进行防范和打击，可以考虑制定一部专门的"个人极端暴力犯罪防治法"，将相关的实体问题、程序问题进行一体性的规定，并将惩治和防范的内容集中予以立法。这种立法模式域外有可借鉴的样板。例如，美国于1994年通过了《暴力犯罪控制及执法法案》，该法加重了对暴力犯罪的处罚，增加了死刑，规定对累犯、再犯采取"三振出局法"[2]，规定了枪支管控的措施，还对警察等机构如何控制犯罪，如何建立各种犯罪预防方案，如何促使犯罪人复归社会及为其提供药物治疗、教育、就业训练，如何建立和投入地方犯罪预防基金等措施都作了明确的规定。[3] 当然，我国不能简单照搬域外立法，在参考域外有益立法经验的同时，更多地要从我国的实际情况出发。我国在1979年《刑法》初次颁布后直到1997年全面修订前，特别刑法曾是一度盛行的立法模式，但由于立法技术上的因素，刑法体系的协调性受损，出现了所谓的"特别刑法肥大症"现

---

[1] 袁登明：《反恐立法中的人权保障》，载赵秉志主编：《中国反恐立法专论》，中国人民公安大学出版社2007年版，第363页。

[2] "三振出局法"，即对于之前已犯二次重大犯罪的重犯，或者曾犯一次以上重大暴力犯罪的重犯，或者一次以上重大犯罪的毒品犯，当其再犯罪时，将被判处终身监禁，不得假释。

[3] 李春雷、靳高风主编：《犯罪预防学》，中国人民大学出版社2016年版，第52页。

象，法条冲突问题严重，特别刑法在很大程度上架空了《刑法》，《刑法》的权威受到影响。1997年之后，我国仅仅在1998年出台过一部特别刑法，即1998年12月29日通过的《全国人民代表大会常务委员会关于惩治骗购外汇、逃汇和非法买卖外汇犯罪的决定》，此后立法机关几乎放弃了特别刑法的立法模式，迄今未出台过新的特别刑法。我们认为，特别刑法的立法模式还是具有一定的价值和优势的，对于某些具有相当特殊性的犯罪单独加以规定，可能比将其放在《刑法》中更为合适。例如，从主体和犯罪性质的特点考虑，对军人违反职责罪就适宜采取单独立法的模式。另外，考虑到有效打击某类犯罪的现实需要，或者对某类犯罪的制裁需要设置较多的例外规则时，特别刑法不失为一种更优的选择。

（二）双轨制模式下暴力犯罪刑事治理的完善构想

1. 设立对有暴力行为迹象的人员的临时性约束措施。我国2015年出台的《反恐怖主义法》（2018年已修正），第五章专门规定了对恐怖活动的调查程序。公安机关接到恐怖活动嫌疑的报告或者发现恐怖活动嫌疑，需要调查核实的，应当迅速进行调查。（第49条）法律赋予调查过程中公安机关采取一定的强制性手段的权力，其中一项重要权力就是可以根据恐怖活动嫌疑人员的危险程度，责令其遵守下列一项或者多项约束措施：（1）未经批准不得离开所居住的市、县或者指定的处所；（2）不得参加大型群众性活动或者从事特定的活动；（3）未经批准不得乘坐公共交通工具或者进入特定的场所；（4）不得与特定的人员会见或者通信；（5）定期向公安机关报告活动情况；（6）将护照等出入境证件、身份证件、驾驶证件交公安机关保存。反恐约束措施须经县级以上公安机关负责人批准，公安机关可以采取电子监控、不定期检查等方式对恐怖活动嫌疑人员遵守约束措施的情况进行监督，约束措施的期限不得超过3个月。（第53条）

上述反恐调查中的临时性约束措施，是在正式立案侦查前进行的，属于为了维护社会安全而采取的一种预防性措施。这一措施的确立，意味着刑事司法的触角向前延伸，强化了对恐怖活动的防范和打击。鉴于个人极端暴力犯罪同恐怖主义犯罪具有相似的危险程度，建议借鉴《反恐怖主义法》的相关规定，在有关法律中规定针对暴力行为的临时性约束措施，即在根据各种线索来源判定某人有实施严重暴力行为的迹象、对社会安全构成相当威胁的情况下，公安机关可以在尚未达到立案条件的情况下，及时出动警力，对暴力行为的嫌疑人采取一定的约束警戒措施，防止暴力的升级，最大限度维护公共安全。例如，对于携带凶器或疑似凶器在幼儿园、小学等校园门口附近游走，或者携带易燃易爆物品欲进入公共交通工具或公共场所的人员，形迹可疑，有较为明显的实施暴力行为倾向的，或者拒不听从有关保安人员劝阻的，可以采取临时性约束措施，防患于未然。

2. 降低暴力行为的入罪门槛。在个人极端暴力犯罪的行为人中，有一部分人平时生活中没有明显的暴力倾向，但也有相当一部分人暴力倾向显著，他们以往实施过一定程度的暴力行为甚至有过暴力犯罪的前科，不同程度上怀有对暴力的崇尚心理，遇到人际间的矛盾冲突习惯于通过暴力方式解决。对于这些具有暴力思维或暴力习性的人，如果他们在实施轻微暴力之时，就能及时得到有效的惩戒，就有可能弱化其暴力思维或习性，从而避免其实施更为严重的暴力行为。对此，首先要发挥纪律处分、治安处罚等惩戒手段的功效，必要的时候需要诉诸刑事手段，刑事制裁作为最严厉的制裁手段，相对而言具有更强的惩戒作用。但是，我国现行刑法对暴力行为的制裁存在一定的缺陷，主要问题是故意伤害罪的成立要以造成轻伤害为前提，这样就把大量的虽未达到轻伤程度，但情节比较恶劣的行为排除在治罪范围之外，不利于充分发挥刑法的惩治与预防功能。

从国外立法看，许多国家都规定有暴行罪，即只要具有一定程度的暴力攻击他人的行为，不论是否造成实际的身体伤害，行为人都可能面临刑事指控。《日本刑法典》第 208 条规定："实施暴行而没有伤害他人的，处二年以下惩役、三十万元以下罚金或者拘留或者科料。"《意大利刑法典》第 581 条规定："殴打他人，未造成身体或者精神的疾病，经被害人告诉的，处 6 个月以下徒刑或者 60 万里拉以下罚金。"《瑞士刑法典》第 126 条规定："殴打他人未造成身体或者健康损害的，处拘役或者罚金。本罪告诉才处理。"[1] 还有的国家规定了恐吓罪，行为人使用语言表达具有暴力内容的威胁行为，也构成刑法上的犯罪。如《德国刑法典》第 241 条规定，以对被害人本人或与其近亲者犯重罪相威胁的，处 1 年以下自由刑或罚金刑。

为了体现刑法对暴力行为的"零容忍"，更好地发挥刑法对公民行为的引导作用，有必要借鉴国外的立法例，在我国《刑法》中增设暴行罪，

---

〔1〕 张明楷：《外国刑法纲要》（第 3 版），法律出版社 2020 年版，第 419 页。

将情节严重但尚未达到轻伤程度的暴力行为纳入刑事制裁范围。至于有些国家刑法中的恐吓罪，我国刑法暂时没有专门规定的必要，因为 2011 年《刑法修正案（八）》出台后，在寻衅滋事罪的罪状中增加了"恐吓他人"的情形，对于"恐吓他人、情节恶劣"的行为人，可以按照寻衅滋事罪追究刑事责任，相关的司法解释也对何谓"情节恶劣"作了比较细致的解释。但从目前司法实践来看，对暴力恐吓行为追究刑事责任的案例并不多，究其原因，同传统司法观念的影响不无关系。一些基层公安、司法人员在看待暴力相关行为的社会性方面，仍停留在传统的观念上，即过分看重有形的损害结果，对暴力恐吓行为造成的精神伤害关注不够，因而制裁力度不够。必须转变司法观念，将情节恶劣的恐吓行为依法治罪，以更充分地保护公民的人身权利，抑制语言形式的暴力向肢体与动作形式的暴力转化。

3. 加强对暴力性罪犯的监管改造。暴力性罪犯，简称暴力犯，历来是罪犯改造工作中的重点和难点。我国的罪犯改造工作包括监狱改造与社区矫正。无论是监狱改造还是社区矫正，都应当高度关注暴力犯的改造问题。首先，要做好对暴力犯的监督管理工作，这是有效改造的前提和基础。暴力犯往往具有暴力倾向，而具有暴力倾向的人，心理容易产生波动，情绪控制能力差，不善于处理人际关系，容易与人发生争执并引发攻击、斗殴等暴力事件。尤其是在监狱服刑的暴力犯，身处监狱这一与外界隔离的异常环境中，容易受到监狱亚文化的熏染。信奉暴力哲学、崇尚江湖义气、遵循丛林法则等，是监狱亚文化的重要内容，这会强化罪犯的暴力倾向，引发狱内的暴力行为，破坏正常的监管改造秩序。另外，暴力犯中长刑犯、重刑犯居多，由于出狱之日遥不可期，这些罪犯容易产生烦躁、焦虑乃至绝望心理，有的罪犯进而实施自杀、自残、脱逃、攻击监狱警察或其他犯人等行为。例如以下案例：

◎ **案例 1　监狱罪犯张某伤害民警案**

张某，被判处死缓并限制减刑，他看到不少同监犯人陆续被释放，想到自己要到 70 多岁才能刑满出狱，十分绝望，产生了强烈的报复社会的心理。某日在车间劳动期间，当 3 名在车间执勤巡查民警从他身边经过时，他产生一股莫名的报复心理，迅速将服装裁剪打样用的圆珠笔芯中的钢丝抽出，朝走在最后一名民警的脸部颈部猛戳,导致该民警脖子被划伤,缝合四针。该罪犯因在死缓期间重新犯罪被执行死刑。

◎ 案例2 无期徒刑罪犯狱中谋杀案

某监狱无期徒刑罪犯尤某、晋某,由于悲观绝望,蓄意结伙制造了一起"杀人求死"事件,图谋杀死其他罪犯,以求判处死刑被枪毙。尤某事后交代:"我就想犯个事儿杀个人,被判死刑枪毙算了。"晋某也说:"我就是想死,死也要拉几个垫背的。"某日,两犯同时用铁棍朝罪犯尧某头上砸去,并对上前制止的其他罪犯进行击打,打伤两人。两犯被民警和在场的其他罪犯制服,因犯故意杀人罪未遂,与前罪并罚,两犯仍被判处无期徒刑。[1]

可见,如果对罪犯尤其是暴力犯的监管改造不到位,就有可能滋生新的暴力事件甚至极端暴力犯罪,不仅破坏监管秩序的稳定,而且罪犯出狱后将增大社会的安全风险。在确保管控到位、保证监管秩序稳定的前提下,刑罚执行工作者应当深入了解暴力犯的特点、犯罪成因与改造规律,综合运用思想教育、文化教育、心理矫治、循证矫正等多种教育改造手段,不断提高对暴力犯的改造效果,努力去除或者弱化罪犯的极端化、暴力化倾向,预防新的暴力行为发生,维护监狱安全和社会安全。

4. 建立针对暴力犯罪刑释人员的教育管束制度。某些实施暴力犯罪的刑满释放人员,属于监狱管理中所称的"顽危犯",即思想顽固不化,人身危险程度高,改造难度大的人。如果即将刑满释放时发现其危险性并没有降低,释放后对社会具有较大威胁,则有必要采取一定的教育管控措施。对此,可以参照《反恐怖主义法》规定的安置教育制度。安置教育具有典型的保安处分的性质以及限制人身自由的强制性质,适用对象是刑满释放但仍具有恐怖主义和极端主义倾向的人员,目的是促进对这部分人的教育矫正并有效维护社会秩序,而不是为了惩治已然的罪行。《反恐怖主

---

[1] 案例1、案例2均来源于真探:《涉及宏观决策,关乎长治久安——关于重刑犯监狱"极重"罪犯的配比问题》,微信公众号"说着老道"2019年8月11日,https://mp.weixin.qq.com/s/sadl6PrzRqIJu7hUuq9lAQ。

义法》第 30 条对安置教育的适用对象、决定程序、救济途径、实施、解除与监督等问题作了细致的规定。建议在相关法律中针对暴力犯罪设置类似制度，对人身危险尚未消除的暴力犯罪刑释人员进行必要的教育管束，同时附加严格的条件限制和程序限制，以避免这种教育管束措施的滥用。

第三节　个人极端暴力犯罪的治安防控路径

在个人极端暴力犯罪的三层治理体系中，治安防控处于中间层面，承担着关键的角色且发挥着重要作用。刑事制裁主要是在危害结果发生后的事后处理，预防和治理的功能有限；社会治理虽然是治本的途径，但是涉及面太广，且操作难度大，其是一个长期过程，很难短期内见效。在防范和控制个人极端暴力犯罪方面，治安防控工作更能发挥及时、有效的作用，产生预防犯罪发生和降低犯罪危害的实效。尽管个人极端暴力犯罪的突发性极强，但案发前一般有一段时间的动机酝酿和策划准备过程。部分犯罪人在案发前有反常的行为征兆，如向特定目标或者通过互联网表达偏激情绪，案发前进行有预谋的准备活动，等等。所以，本质上个人极端暴力犯罪是可防可控的。[1] 结合个人极端暴力犯罪的特点，构建立体化的治安防控体系，扎实做好日常的治安管理和防控工作，是控制个人极端暴力犯罪的关键所在。

近年来，各地普遍加强了防控个人极端暴力犯罪的工作，一些地方还制定了专门的地方性立法或者规范性文件，如 2014 年《福建省预防处置个人极端暴力行为工作办法》、福建省《南平市贯彻落实福建省预防处置个人极端暴力行为工作办法的实施意见》，规定了相关的工作目标和重点、工作措施、职责分工、工作保障机制等内容，对个人极端暴力犯罪的防控与治理起到了积极推动作用。

一、构建立体化、信息化的治安防控体系

社会治安综合治理，是我国党和政府长期以来坚持的治安工作的总方

---

[1] 李国军：《论极端暴力犯罪案件现场处置中的警察第一响应者》，《中国人民公安大学学报（社会科学版）》2014 年第 2 期。

针，是控制违法犯罪的基本策略，因而也是防控个人极端暴力犯罪的有效路径。在新形势下，我国治安领域出现一些新情况、新问题，社会治安形势日趋复杂，治安工作面临严峻挑战。随着改革开放步入深水区，社会利益格局分化加剧，各种矛盾纠纷激增；社会大变革引发了部分社会成员心理失衡、价值错位，社会道德出现滑坡，从而导致了自我约束力的降低和行为的失控；市场化、城市化的快速推进，导致基层组织的社会整合能力弱化；交通的日益便捷加速了人员流动，网络与社交工具的兴起促进了人际交流，这大大便利了人们的生活和工作，但也给违法犯罪分子带来了可乘之机。近年来，虽然我国大力推进平安建设，社会治安形势总体向好，但一些恶性案件、新型案件呈现上升势头，给治安工作带来很大压力。因此，创新和完善社会治安治理体制机制成为当务之急。

2009年，公安部提出构建"六张网、四结合"的社会治安防控体系[1]，治安防控体系开始从城市向农村拓展延伸。2015年，中共中央办公厅、国务院办公厅印发了《关于加强社会治安防控体系建设的意见》，要求创新立体化社会治安防控体系建设，全面推进平安中国建设。2016年10月，全国社会治安综合治理创新工作会议在江西南昌召开，习近平总书记就加强和创新社会治理作出重要指示，提出"要完善社会治安综合治理体制机制，加快建设立体化、信息化社会治安防控体系"[2]。党的十九届四中全会通过的《中共中央关于坚持和完善中国特色社会主义制度，推进国家治理体系和治理能力现代化若干重大问题的决定》（以下简称"党的十九届四中全会《决定》"）进一步提出："坚持专群结合、群防群治，提高社会治安立体化、法治化、专业化、智能化水平，形成问题联治、工作联动、平安联创的工作机制，提高预测预警预防各类风险能力，增强社会治安防控的整体性、协同性、精准性。"

社会治安综合治理体制机制的创新完善，核心在于构建立体化、信息化的社会治安防控体系。"社会治安防控体系是以维护社会公共秩序和提

---

[1] "六张网"即街面防控网、社区防控网、单位内部防控网、视频监控网、区域警务协作网和"虚拟社会"防控网。"四结合"即构建点、线、面结合，人防、物防、技防结合，打防管控结合，网上网下结合的社会治安防控网络，努力实现对动态社会的全天候、全方位、无缝隙、立体化覆盖。

[2]《习近平就加强和创新社会治理作出重要指示》，央广网2016年10月13日，https：//china.cnr.cn/news/20161013/t20161013_523193669.shtml。

升社会公众的安全感为目标,在党委和政府的领导下,以公安机关为主导、社会力量广泛参与,通过整合社会资源,由违法犯罪防控网络及其运行机制所构成的系统工程。"[1]《关于加强社会治安防控体系建设的意见》对社会治安防控体系建设的指导思想、目标任务、主要措施、运行机制等进行了全面阐述和周密部署。根据该意见,加强社会治安防控体系建设的目标任务,就是要增强社会治安整体防控能力,努力使影响公共安全的暴力恐怖犯罪、个人极端暴力犯罪等得到有效遏制,使影响群众安全感的多发性案件和公共安全事故得到有效防范,人民群众安全感和满意度明显提升,社会更加和谐有序。可见,中央对个人极端暴力犯罪的防控极为重视,将其作为社会治安防控体系建设的一个重要目标和任务。

社会治安防控体系的建设和完善有两个基本方向:第一是立体化;第二是信息化。所谓立体化,主要有以下四层含义:(1)时间上的全时段防控;(2)空间上的全地域覆盖,包含城市与农村、物理空间与网络空间等;(3)主体上的多元化协同,包括政府力量与社会力量之间的协同、不同机构之间的协同等;(4)机制上的多样态运作,包括打防结合,标本兼治,管理与服务并重,人防、物防、技防有机统一,等等。所谓"信息化",是指在信息时代背景下,要强调治安防控和犯罪治理中的科技支撑作用,积极运用大数据、云计算、人工智能等信息技术助力于治安工作。

《关于加强社会治安防控体系建设的意见》还明确了社会治安防控体系建设的主要举措,包括加强社会面治安防控网建设,加强重点行业治安防控网建设,加强乡镇(街道)和村(社区)治安防控网建设,加强机关、企事业单位内部安全防控网建设,加强信息网络防控网建设,提高社会治安防控体系建设科技水平,完善社会治安防控运行机制,等等。这些思路与举措,对个人极端暴力犯罪的防控具有很强的针对性。

近年来,一些地方按照《关于加强社会治安防控体系建设的意见》的要求,努力构建和完善个人极端暴力犯罪的防控体系,取得了明显成效。如四川省叙永县公安局在这方面的工作就做得比较扎实,该局推出了个人极端暴力犯罪防控的"五个一"举措,值得各地借鉴和推广:

---

[1] 贯宇:《如何建设立体化、信息化社会治安防控体系》,中国法院网2016年10月20日,https://www.chinacourt.org/article/detail/2016/10/id/2321410.shtml。

1. 防范堵漏，明确"一点一控"。该局牵头会同有关部门，在全县中小学校以及其他人流、车流聚集密集场所安装了物理防冲撞设施。采取"一对一""点对点"方式，逐个点位落实技防物防举措。对各类群众自发性聚集、商业节庆活动严把审批关口，提前落实风险评估，做足应急预案，强化警力常态化、网格化织网巡逻，有效稳控社会面秩序。

2. 拉网排查，采取"一人一档"。会同县卫生、财政、社保等部门，健全衔接处置机制，创新压实特殊群体管控模式，集中在全县范围开展刑释解教、精神肇事肇祸、心态失衡、行为反常等群体大排查行动。对各类高危重点人员，"一人一档"逐人纳入视线、进行针对核实，有效掌握重点人员的身份、居住、就业、现实表现、家庭关系、社会交往等关联基本信息，逐一严格采取重点盯防管控措施。

3. 源头化解，落实"一人一策"。扎实推动矛盾纠纷有效化解。对属于公安机关职责范围的诉求和源头问题，立即专题研究，依法依规予以解决；依法依规无法解决的，做好深入细致的说明解释工作。对涉及其他职能部门的诉求和源头问题，及时加强多方通报沟通，全方位推动教育、帮扶、化解等工作有机衔接、不留空当。

4. 责任稳控，实行"一人一组"。主动会同乡镇、企事业单位、家庭等，逐个成立稳控工作小组。对各类重点对象采取"一人一组"措施，指定专人每天走访见面一次，警务区民警每周走访见面不少于一次，深入了解掌握相关人员的思想动态、现实表现、活动情况等，并进行在控登记。针对性地布建信息员，及时发现、掌握相关人员的动态性、预警性、苗头性情报信息等。对各类管控预警指令、去向不明等异常情况，做到24小时不过夜逐一落地核查处置，确保有效将问题管控防范在源头、遏制在萌芽、处置在先期。

5. 问责追究，严格"一案一查"。严格落实"谁列管、谁负责"的工作责任，明确乡镇辖区派出所属地管辖要求，依托合成作战勤务机制，及时建立启动应对重大案事件会商、研判协同机制，按照一点触发、全警响应的工作流程，严密基础情报信息、行动性线索的掌握收集。对于掌握预警情报不及时、排查管控工作不到位、应当排查列管而没有排查列管或列管后稳控措施不到位，导致重大损失或恶劣影响的，依法依纪严肃问责，追究相关责任民警和领导的责任，坚决堵塞漏洞、消除隐患，最大限度消除各类重大风险和管理盲区。[1]

下文结合《关于加强社会治安防控体系建设的意见》的要求和各地的有效经验和做法，进一步探讨个人极端暴力犯罪的治安防控问题。

二、加强对特殊人群的服务与管理

特殊人群，主要指社区服刑人员[2]、刑满释放人员、吸毒人员、严重精神障碍患者、感染艾滋病病毒人员、扬言报复社会人员等少部分群体。这些人群因为生理、心理因素或特殊的生活经历，在适应社会方面面临一定障碍，容易受到来自社会的歧视与排斥，大都属于社会边缘群体，存在较高的犯罪风险，是社会治安防控体系所关注的重点人群。

从已经发生的个人极端暴力犯罪来看，犯罪主体中上述特殊人群占据了一定比例，在其他类型犯罪如财产性犯罪中，这些人群所占比例更高，属于犯罪高风险群体。对这些特殊人群实施有效的管控是十分重要的，对于防范其实施违法犯罪行为或其他危害行为必不可少，但仅仅重视管控是不够的，有力的帮扶、教育、矫治等工作同样重要，这也是文明国家与法治社会中，政府和社会对这些特殊公民所应承担的责任。只有将有效的管控与有力的帮教紧密结合起来，才有可能把他们对社会的危害程度降至最低，在严管与善待特殊人群的同时，社会自身也得以充分保护。为此，《关于加强社会治安防控体系建设的意见》指出，要加强特殊人群的服务管理工作，健全政府、社会、家庭三位一体的关怀帮扶体系，加大政府经费支持力度，加强相关专业社会组织、社会工作人才队伍等建设，落实教育、矫治、管理以及综合干预措施。

一些地区在上述特殊人群的基础上，根据相关人员的具体表现和活动，进一步筛查出现实危险性更大的"个人极端高危人员"。如福建省南

---

[1] 李志永：《叙永县公安局"五个一"举措，严防个人极端暴力犯罪》，四川新闻网，http://www.newssc.org。

[2] 我国于2003年启动的社区矫正工作试点中，曾经长期将接受社区矫正的人员称为"社区服刑人员"，2012年出台的《社区矫正实施办法》将其改称"社区矫正人员"，2019年通过的《社区矫正法》则使用了"社区矫正对象"的称谓。立法之所以这样规定，主要是对缓刑的执行是否属于刑罚执行存在认识分歧。我们认为，缓刑在我国虽然不是独立的刑种，但本身也属于刑罚制度，应当将缓刑的执行理解为刑罚执行。因此，"社区服刑人员"这一称谓在法理上是没有问题的，而且较之"社区矫正对象"，这一表述明确揭示了有关主体的法律地位和性质，更符合立法用语的明确性要求，故本书仍然使用"社区服刑人员"这一表述。

平市将以下五类人员列为重点防范的个人极端高危人员：（1）因各类矛盾纠纷扬言以杀人、放火、爆炸、枪击、投毒、驾车冲撞等各种危险方式报复社会和他人的；（2）因生活无着、长期患病、心理失衡、悲观厌世等表露出实施个人极端暴力犯罪倾向的；（3）非法持有或着手准备枪支弹药、爆炸物品、管制刀具、剧毒物品、危险化学品等有个人极端暴力犯罪倾向的；（4）有教唆他人实施个人极端暴力犯罪活动嫌疑的；（5）其他有可能实施个人极端暴力犯罪的嫌疑人员。在对个人极端高危人员的排查稳控工作中，要求做到"五个一"：在排查上实行"一人一档"，对个人极端高危人员逐人建档，有效掌握其基本信息；在化解上实行"一人一策"，对高危重点人员逐人认真分析其诉求和源头问题，提出稳控化解对策；在稳控上实行"一人一组"，对个人极端高危人员，推动所在乡镇、街道逐人成立化解稳控工作小组，落实各项化解、帮扶、教育和稳控工作；在激励上实行"一案一奖励"，对排查管控、有效预防和妥善处置个人极端暴力行为工作突出的单位和个人，要予以表彰奖励；在追责上实行"一案一倒查"，对应当排查列管而没有排查列管或列管后稳控措施不到位，导致发生个人极端暴力事件，造成重大损失或恶劣影响的，严格责任追究。

特殊人群是一个集合概念，他们的身心特点、社会境遇等存在差异，因此服务管理的侧重点也应当有所不同。

（一）社区服刑人员

社区服刑人员，是指被适用管制、缓刑、假释及暂予监外执行等非监禁刑罚，在社区接受监管与改造的人员。社区服刑人员法律上具有罪犯的身份，其公民权利依法受到限制，社区矫正机构对其监督管理是国家的刑罚执行活动。相对于其他罪犯而言，接受社区矫正的罪犯尽管罪行较轻、人身危险性较低，但仍然具有一定的社会危险性。监督管理是社区矫正的基础性工作，必须认真落实各项监管措施，确保社区服刑人员不脱管、不漏管，不发生重大案件和影响社会稳定的重大问题。在此前提下，应当进行深入扎实的教育矫正工作，促进社区服刑人员改过自新，成为守法公民。此外，对于有特殊困难的社区服刑人员，应当进行帮困扶助，尽可能帮助其解决面临的问题或困难。如果社区服刑人员的基本生活保障问题得不到解决，就会加大其再犯罪风险。例如，2016年山东青州市发生的一起抢劫案件，一名服刑17年后获得假释的65岁老人李某，出狱后因没有住处、没有朋友、没有收入，身体也越来越衰弱，遂产生进行抢劫以再回监狱服刑的想法，其在假释考验期内到一个小超市抢劫，被店主和群众当场制服。[1] 因此，为了巩固社区矫正的效果，应积极推动将社区矫正工作纳入社会管理服务工作体系，协调解决社区服刑人员的就业、就学、最低生活保障、临时救助、社会保险等问题。

（二）刑满释放人员

刑满释放人员，是指曾在监狱或看守所服刑，因刑罚执行完毕或者赦免，依法被释放的人员。在押罪犯于封闭、隔离的监所环境内服刑，在相当时间与社会脱节，且容易受到监狱亚文化的熏染，他们出狱后往往面临社会适应方面的障碍，如果得不到妥善安置与帮扶，甚至遭受社会的冷遇和歧视，很容易再次走上犯罪道路。我国一直实行对刑满释放人员不歧视、不嫌弃、给出路的政策，并建立了以安置就业和社会帮教为主要形式的安置帮教制度。但在新形势下，安置帮教工作在实践中面临诸多问题。

笔者曾调研发现，安置帮教工作在一些基层部门存在重视不足、落实不够、效果不佳的问题。例如：个别地方安置帮教工作徒有其名，落在实处的寥寥无几；一些过渡性安置帮教基地形同虚设，未实际发挥作用；相当一部分刑满释放人员生存状况堪忧。根据对 X 市 C 区的问卷调查结果：近六成的刑满释放人员欠缺社会需要的基本学历或文化水平；87% 的用人单位因担心对企业有不良影响而不愿吸纳刑满释放人员就业。

与安置帮教成效不佳形成对比的是，刑满释放人员重新犯罪率呈上升趋势，这已成为威胁社会稳定的高危因素。根据司法部预防犯罪研究所课题组的一项调研成果，我国 1997—2001 年监狱释放罪犯 3 年内重新犯罪率达到 8.15%，与 1982—1986 年监狱释放罪犯 3 年内重新犯罪率（5.39%）相比，15 年间增长的幅度超过了 50%；与此同时，在过去 10 多年间，全国监狱系统判刑二次以上的重新犯罪罪犯占押犯总数的比重逐年上升，已由 1990 年的 8.55% 增加到 2003 年的 13.78%。[2] 梳理实践中的案例可发现，刑满释放人员实施的个人极端暴力犯罪屡见不鲜。例如南京汤山特大投毒案的行为人陈正平，曾因盗窃罪被判处有期徒刑 2 年零 6 个月，其出

───────

〔1〕《青州一六旬老人假释期内故意抢劫，只为入狱"养老"》，中华网 2016 年 11 月 7 日，https://news.china.com/socialgd/10000169/20161107/23858777.html。

〔2〕司法部预防犯罪研究所课题组：《关于监狱释放罪犯重新犯罪问题的调查报告——对全国 1997 年—2001 年监狱释放罪犯重新犯罪的考察》，《犯罪与改造研究》2019 年第 5 期。

狱后因服刑经历在生意和婚姻上屡遭挫折，亲戚朋友前后为他介绍了七八个女朋友，但都因其入狱纪录和精神不佳而告吹。2002年9月14日，陈正平深夜潜入一家面食店，将剧毒毒鼠强投放到该店食品原料内，造成300多人中毒。再如石家庄"3·16"特大爆炸案的案犯靳如超，曾因强奸罪被判刑10年，出狱后几次找工作，几次失业，经常面临别人的讥讽与嘲笑。在这些案例中，家人的抛弃、社会的歧视，加之生活的挫折，是导致行为人燃烧复仇之火，进而疯狂报复社会的重要原因。

笔者负责的课题组于2018年8月对某省20所监狱进行了调研，共发放问卷6000份，回收有效问卷5626份，总有效率93.77%。另外，抽取其中约5.6%的罪犯334人进行了个案访谈。根据该省监狱局的统计，从2015年到2017年，该省监狱押犯人数分别为3.8万人、3.6万人和3.5万人，呈逐年下降趋势，然而监狱押犯中二次及以上犯罪人员（以下简称"再犯人员"）数量却呈逐年上升趋势，从2015年到2017年分别为7000人、7400人、7700人，再犯人员所占比重越来越高。下面是通过调研发现的再犯人员的基本情况和特点：

1. 年龄情况。再犯人员初次犯罪时的平均年龄约为24岁，再次犯罪时的平均年龄约为32岁。大多数再犯人员的初次犯罪年龄为18—25岁，占比49.1%；初次犯罪为未成年的，占比达到19.1%；而61岁及以上初次犯罪的罪犯占极少数，约为0.1%。可见，在再犯群体中，初次犯罪时以25岁以下的年轻人为主。

2. 受教育情况。再犯人员文化程度普遍偏低，辍学比例较高。在文化程度方面，大部分再犯人员只有初中和小学文化程度，二者占比达到了80.2%，甚至有6.1%的人没上过学。具有大学以上文化程度的罪犯只占极少部分。从辍学经历看，62.1%的罪犯有过辍学经历，且在14—15岁辍学的比例较高。

3. 家庭生活情况。再犯人员的家庭经济收入总体偏低，普遍缺乏生活保障，家庭完整度低。调研数据显示：绝大部分罪犯的家庭年收入较低，有51.6%的罪犯家庭年收入甚至在5000元以下；在家庭收入来源方面，主要依靠务农和打工，占比超过60%，缺乏稳定的收入来源；大多数再犯人员缺乏生活保障，家庭中没有存款、没有住房和养老保障、没有低保等情况比较明显，占比超过了九成；从工作状态看，二次及以上犯罪在押人员入狱前大部分没有稳定工作，大部分罪犯没有受过职业技能培训，占比过半，缺少谋生就业的技能是再犯人员一个较为典型的特征；从婚姻状况来看，二次及以上犯罪在押人员的离异比例偏高，数据显示，再犯人员离异占比达到 27.5%。

4. 成长经历情况。再犯人员成长过程中父母陪伴状况不佳，父母教育方式大多存在问题，在学校遭受欺凌的情况比较严重，遭受过违法犯罪侵害的情况比较突出；此外，未成年时存在严重不良行为者居多。就成长经历来看，仅有 39.5% 再犯人员的父母能够经常陪伴，而家庭结构处于正常状态（即不存在父母离异、去世、丧失劳动能力等异常情况）的再犯人员占比不足一半；在父母教育方式问题上，超过半数再犯人员父母存在溺爱、简单粗暴或者不管不顾等方面的问题；在受侵害经历方面，在学校期间遭受过校园欺凌的再犯人员占比过半，曾遭受过人身和财产方面侵害的比例超过四成；在未成年时的行为表现方面，再犯人员不存在不良行为的占比仅 42.7%，超过一半再犯人员少年时期存在经常逃学、打架斗殴、加入不良群体等行为。

5. 社会关系情况。再犯人员普遍存在一定的交往障碍，表现为遇事不愿求助、不愿与人沟通等，交往圈中有违法犯罪经历的人员占比较大。从交往积极性上看，再犯人员不愿意与人交往的占比 18.8%，遇到困难从不寻求帮助的占比 20.2%，与朋友在一起时总是喝酒、赌钱或出入洗浴休闲场所、夜总会的占比 23.8%；从再犯人员的交往圈子看，与有违法犯罪经历的人交往的比例较高，占比 58.4%，而出狱后和狱友来往较多的再犯人员占比也达到了 26.6%。

6. 犯罪情况及服刑表现情况。再犯人员犯罪类型集中于财产犯罪，犯罪间隔时间较短，犯罪动机上经济原因占主要地位，并且犯罪后多数都有自首、坦白等悔罪表现。而在服刑表现方面，大多数罪犯没有获得减刑或其他奖励，表现一般，服刑心态欠积极。

7. 行为表现情况。再犯人员普遍存在不良行为习惯。比如：酗酒和时常喝酒（已经影响其生活）的占比高达 80%，其中因喝酒犯过罪或者受到过行政处罚者占到了 6.8%；再犯人员中有赌博经历的有三分之二，其中经常赌博的占比 13.1%；涉及吸毒的人员占比达到 41%，远高于社会普通群体。

8. 社会融入情况。数据显示，有近两成的再犯人员在上次犯罪刑满释放后与社会严重脱节，完全不能适应社会。在个案访谈中进一步发现，再犯人员在上次刑满释放之后遭受社会歧视的现象比较严重，表现在亲友、邻里的排斥以及就业歧视等方面。

服刑人员再犯罪是一个十分复杂的问题，不仅与监管改造工作有关，也同罪犯出狱后面临的家庭环境、社会际遇、生活和就业情况等有关。因此，遏制刑释解矫人员重新犯罪是一个社会系统工程，单靠监狱管理部门是难以奏效的，需要社会各方面的配合和努力；同时，涉及的工作方方面面，必须综合施策、多措并举。我们认为，结合上述调研中发现的问题，当前尤其要关注以下方面的内容：

1. 进一步提高监狱教育改造的效能

（1）加强思想教育。调研中发现，再犯人员心态上普遍处于消极状态，如缺乏责任感、崇拜江湖义气、总抱怨社会不公等。在对被害人的态度方面，只有 58.6% 的再犯人员"不痛恨被害人或举报人"，甚至有 8.5% 的再犯人员出狱后想实施报复，这应当引起足够的注意。必须强化再犯人员思想道德和法律意识方面的教育，要改变以集体教育、课堂教育为主的"灌输－接受"教育模式，使监狱教育更接地气、更有效果。应当以恢复性司法理念为指导，让犯罪人"直面犯罪行为的后果"，认识到给他人带来的伤害，从而促使其自我反思、真诚悔罪。

（2）改进文化教育。调研中发现，再犯人员普遍在经济方面存在困境，主要表现为没有稳定工作、没有收入来源等导致的生活困境。而其再犯罪前没有稳定经济收入的症结在于文化程度低，缺乏一定的技术凭借，难以在社会上立足。随着社会的不断发展，初中文化程度已经远远不能满足就业需要，监狱应当在扫盲、小学、初中文化教育的基础上，大力拓展高中教育，并鼓励有条件的罪犯参加高等教育自学考试。考虑到监狱教育资源的有限性，可以寻求与社会教育部门的合作；监狱也可以与有关机构合作，开发多媒体学习平台建设，创建离线学习平台资源库。

（3）提高职业教育实效。调查中发现，监狱在技术培训问题上存在时间短、理论性为主而实操性差的局限性。因此，应当加强职业技术教育的实操性，提高服刑人员相关技术操作能力。要把职业技能证书的获取率作为监狱职业技术教育的重要目标之一，提升职业资格证书的社会认可度，为刑满释放人员再就业提供条件。要加强与企业的合作，尽力为服刑人员提供就业岗位。应当强调罪犯劳动服务于改造需要，逐步促进劳动项目设置的多元化，提高劳动内容的技术含量。

2. 培养服刑人员社会适应能力

调查结果发现，相当一部分服刑人员在上次犯罪刑释解矫之后存在不能适应社会的情况。其中，"完全不能适应社会"的接近两成，而"完全能适应社会"的占比仅为 24.8%。因此，培养服刑人员社会适应能力十分重要。监狱要主动寻求与有关部门、企业的合作，帮助刑满释放人员顺利向自由社会过渡。我们发现，服刑人员对出狱后的安置帮教工作并不了解，甚至存在一定误解。监狱应对即将刑满释放的服刑人员宣讲安置帮教相关政策，并邀请司法社工组织等训练其社会适应能力。

此外，还应适度发展狱外教育，通过狱外参观、狱外劳动、狱外学习等各种狱外教育形式，为服刑人员创造接触社会、了解社会的机会。在罪犯释放前，让其更多地接触社会，对其平稳回归社会意义尤为重要。

3. 加强特困刑满释放人员的生活保障

司法行政机关安置帮教机构应当与财政、民政部门增进沟通协作，加强对特困刑满释放人员的生活保障，为经济处于困境的刑满释放人员及时提供最低生活保障与医疗保障，以满足其基本的生活需求。

4. 增强罪犯刑满释放后的社会归属感

针对诱发再犯罪的情感动因，监狱部门应当与罪犯家庭、罪犯所在社区以及安置帮教工作机构展开合作，增强罪犯刑满释放后的社会归属感。在监狱执行期间，通过加强罪犯与家人的沟通与联系，化解服刑人员与家人的矛盾，以为服刑人员刑满释放后回归家庭奠定情感支撑。

5. 净化刑满释放人员的社会交往圈

针对诱发犯罪的朋辈群体原因，建议净化刑满释放人员的社会交往圈，阻断其再犯罪的人际影响因素。根据调查结果，押犯对再犯原因的自评分析方面，"义气冲动"成为诱发其再犯的第二大原因。而在"上次犯罪动机"的调查中，义气冲动而致者占比更是达到了 25.5%。在犯罪形态方面，再犯人员再次犯罪多为共同犯罪，占比接近 60%。再犯人员原社会交往圈中，有违法犯罪记录者占比达到 58.4%，出狱后与狱友来往较多者占比达到 26.6%。在个案访谈中也发现，刑满释放人员与狱友一起实施再犯罪情况比较严重。这些数字印证了交往圈对再犯人员的影响。因此，安置帮教机构应与公安部门等合作，建立刑满释放人员跟踪回访制度，掌握其社会交往圈构成，并加强社区文化建设，增进刑满释放人员与所在社区成员的融合与联系，通过加强社区融入来弱化刑满释放人员之间的团体化倾向。另外，根据问卷调查和个案访谈的结果发现，二次犯罪中酒后冲动型犯罪者占一定比例，对此，可考虑出台相关立法，在罪犯刑满释放后的一定时期内，对其酗酒等不良行为进行一定的管束。

6. 推动刑满释放人员安置帮教法的出台

近年来，我国政府根据形势需要，进一步加强了刑满释放人员安置帮教工作。2015 年，司法部、中央综治办等十三个部门联合出台《关于加强刑满释放人员救助管理工作的意见》，要求各地积极落实对刑满释放人员的救助、帮扶措施，切实做好安置帮教工作。2016 年，司法部、中央综治办、民政部、财政部联合出台《关于社会组织参与安置帮教刑释人员工作的意见》，对社会组织参与安置帮教工作的具体内容作出了规定，社会组织可以根据刑满释放人员的具体情况，开展思想道德教育、社会适应性教育和训练、心理健康教育以及参与困难救助等。在安置帮教工作的未来发展上，除应进一步完善其内容和形式，推动社会力量参与之外，还有必要加紧制定专门的"安置帮教法"，明确规定安置帮教的权利、义务和社会各有关部门的职权与职责，从而改变目前主要依靠政策来调整的状况，以立法推进新时代安置帮教工作的新发展。

（三）吸毒人员

2019 年 6 月 17 日，国家禁毒办举行《2018 年中国毒品形势报告》新闻发布会，根据报告，截至 2018 年年底，"全国现有吸毒人员 240.4 万名（不含戒断三年未发现复吸人数、死亡人数和离境人数），同比下降 5.8%"[1]。这是我国登记在册的吸毒人数首次出现下降，说明禁毒工作取得明显成效，但禁毒工作依然任重道远，绝不能松懈。一方面，我国吸毒人员基数依然庞大，还存在相当数量的未登记在册的隐性吸毒人员，戒毒人员的复吸率居高不下，新类型毒品不断出现且监管执法难度大；另一方面，吸毒引发的刑事犯罪包括暴力犯罪、危害公共安全犯罪日益严重。

"在毒品的副作用下产生精神异常下的犯罪，例如滥用冰毒、摇头丸和 K 粉后由于中枢神经系统高度兴奋或产生幻觉、错觉而出现易激惹、不计后果、不可控制的攻击、暴力行为，进而导致违法犯罪。"[2] 毒品具有

---

[1]《2018 年中国毒品形势报告（全文）》，中国禁毒网 2019 年 6 月 17 日，http://www.nncc626.com/2019-06/17/c_1210161797.htm。

[2] 朱力：《社会问题》，社会科学文献出版社 2018 年版，第 175 页。

使中枢神经兴奋、抑制或者致幻作用，会使吸毒者出现兴奋、狂躁、抑郁，甚至被害妄想、幻视幻听等症状，进而导致其自伤自残或实施暴力犯罪。近年来，吸毒诱发的故意杀人、故意伤害等暴力犯罪频发，严重危害社会治安，有的案件造成了恶劣的社会影响。

◎案例1　陈万寿故意杀人案

陈万寿常年吸毒，被强制隔离戒毒2年后复吸毒品。2013年9月20日中午，陈万寿在家中吸毒产生幻觉后，持菜刀闯入邻居陈某甲住宅，挟持了陈某甲年仅3岁的孩子，并威胁在一旁劝阻的群众。公安人员接警后赶到现场，陈万寿将小孩挟持至院内，不顾众人劝解，将手中的菜刀砍向孩子颈部，致其当场死亡。后法院依法对陈万寿判处死刑并核准执行。[1]

◎案例2　马庆阳伤害他人案

2012年6月26日夜晚至27日凌晨，马庆阳两次吸食毒品，致使吸食过量，精神恍惚。27日晚，其来到某蔬菜批发市场，从一西瓜摊上将切瓜用的尖刀拿走，行至蔬菜批发市场外时，遇见其舅母，持刀捅刺舅母数刀（重伤），后又将其姨妈肩膀刺伤（轻微伤）。当晚，马庆阳还持刀逼迫一司机拉载他，并行刺（轻微伤），尔后又向一路人连捅数刀（重伤）。法院认为，马庆阳吸食毒品过量后，使用凶器在公共场所无端伤害他人，造成2人重伤、2人轻微伤的后果，严重危害公共安全，构成以危险方法危害公共安全罪，判处其有期徒刑10年6个月。[2]

另外，"毒驾"现象也是值得关注的问题。一些毒品因具有兴奋、致幻作用，吸食后会对吸毒人员的驾驶能力产生影响，因此吸毒后驾驶机动车，极易因驾驶行为失控而肇事肇祸。此类案件近年来多有发生，亟待采取有效对策加以治理。如2013年12月21日，大连市民陈垚在吸食冰毒后

---

〔1〕李万祥：《念紧"刑"字诀，铲除罪恶花》，《经济日报》2016年6月27日，第16版。
〔2〕《辽宁发布吸毒危害公共安全典型案例》，中国政府网2016年6月26日，https://www.gov.cn/xinwen/2016-06/26/content_5085675.htm。

驾车产生幻觉，在街道及高速公路横冲直撞，持续两个半小时，造成22辆车被撞。陈垚犯以危险方法危害公共安全罪，被判处有期徒刑10年。[1]

除持有一定数量的毒品触犯非法持有毒品罪外，一般的吸毒行为在我国不构成犯罪，但仍属治安违法行为。同时，吸毒会引发大量的刑事犯罪，对于吸毒人员在毒品副作用支配下实施的严重危害行为，尽管行为人当时可能暂时丧失了辨认及控制能力，但根据刑法学上的"原因上的自由行为"理论，行为人仍具有罪过与责任，可以依法对其定罪处刑。对吸毒人员实施的违法犯罪，必须严惩不贷；对于吸毒行为本身，应给予相应的治安处罚；对于吸毒成瘾人员，应根据具体情况依法采取社区戒毒、强制隔离戒毒等措施。

矫治吸毒是一项社会工程，戒毒效果同社会的支持密切相关。在实践中，戒毒人员普遍感到巨大的社会压力与歧视，一定的社会压力未必是坏事，有可能转化为促使其戒毒的动力，但是，要引导公众改变对吸毒人员歧视、排斥的心态，如果吸毒人员因为歧视而失去工作、家庭，得不到关心和帮助，就会产生"破罐子破摔"的心理，进而走上复吸之路。吸毒行为固然是一种不良行为、违法行为，但是不能把吸毒者当成罪人、坏人。吸毒上瘾后也是一种反复发作的脑疾病，所以吸毒者也是病人。[2] 正确地看待吸毒现象，正确地对待吸毒人员，有助于采取有效的治理对策。一方面，要强化社会支持，提高戒毒效果；另一方面，鉴于吸毒人员属于犯罪高危人群，应当对其加强社会管控，降低犯罪风险，这既是公共利益的考虑，也有利于吸毒人员脱离毒品。

公安部于2006年建立了吸毒人员网上动态管控预警系统，这是一个全国联网的监控信息平台，有助于公安机关有效地跟踪、监控吸毒人员，预防其进一步实施违法犯罪行为。2011年发布的《戒毒条例》明确了对吸毒人员的动态管控规定，根据该条例，县级以上地方人民政府公安机关负责对涉嫌吸毒人员进行检测，对吸毒人员进行登记并依法实行动态管控。2014年发布的《中共中央、国务院关于加强禁毒工作的意见》决定，把吸毒人员纳入网格化社会管理服务体系，通过风险评估实施分类、分级管理

---

[1]《辽宁发布吸毒危害公共安全典型案例》，中国政府网2016年6月26日，https://www.gov.cn/xinwen/2016-06/26/content_5085675.htm。

[2] 朱力：《社会问题》，社会科学文献出版社2018年版，第175页。

和动态管控，严防吸毒人员肇事肇祸。据此，国家禁毒办等七部委于2016年6月6日发布《社会面吸毒人员风险分类评估管理办法》，进一步规范和加强了社会面吸毒人员动态管控工作。根据该办法，社会面吸毒人员风险分类评估工作坚持"全面排查、逐人分析、科学评定、动态调整"原则；管控工作坚持"户籍地为主、居住地为辅，双向管控、双向追责"原则；对社会面吸毒人员，分为高、中、低三种风险类别，实行分类管控。

《社会面吸毒人员风险分类评估管理办法》将"有因吸毒引发肇事肇祸前科或扬言报复他人、报复社会的"等情形，纳入了高风险类管控类别。提高对这些人员的管控效果，对预防个人极端暴力犯罪的发生具有积极作用。在管控工作中，应当贯彻专门机关与群众路线相结合的原则，在各级禁毒办会同综治办牵头组织下，加强公安、司法行政、卫生计生、民政等相关职能部门协同配合，发动禁毒社会组织、村（居）民委员会以及禁毒社会工作者、网格员、吸毒人员家属等共同参与。对于中、高风险类人员，应逐人制定管控方案，建立管控工作小组，确定社区民警管控责任，明确社区医务人员、禁毒社会工作者、村（居）民委员会成员、网格员等工作分工。社区民警应带领管控工作小组严格落实管控措施，密切掌握相关人员活动动向、规律，对发现有精神病症状或者有肇事肇祸行为苗头的，应当督促和协助其亲属落实治疗看护措施；对随时可能发生危害公共安全行为的，应当列为公安机关情报预警处置对象，并动员其家属、所在单位做好送医就诊工作。

（四）严重精神障碍患者

严重精神障碍患者，也就是刑法上所指的精神病人。根据我国《刑法》第18条规定，精神病人的刑事责任能力分为三种情况，即完全无刑事责任能力、限制刑事责任能力和完全刑事责任能力。精神病人在不能辨认或控制自己行为的时候造成危害结果，经法定程序鉴定确认，属于完全无刑事责任能力的，不负刑事责任；尚未完全丧失辨认或控制自己行为能力的精神病人犯罪的，属于限制刑事责任能力，应当负刑事责任，但可以从轻或减轻处罚；间歇性的精神病人在精神正常的时候犯罪，属于完全刑事责任能力，应当负刑事责任。

在一些造成严重后果的暴力事件中，行为人患有较为严重的精神障碍，实施危害行为时辨认或控制能力有所减弱，但尚未完全丧失的，仍应当承担刑事责任。如果行为人有发泄私愤、报复社会等动机，其行为属于个人极端暴力犯罪的范围。但若行为人在实施危害行为时完全丧失了辨认或控制能力，则其依法不负刑事责任，也不能称其行为为个人极端暴力犯罪。然而，从犯罪学理论及治安防控的视角出发，不管行为主体在行为时的实际精神状态如何，以及对行为的法律性质与法律后果评价如何，都应当将这种危险行为纳入治安防控的范围，因为其外在表现与客观危害同违法犯罪行为相比并没有实质差别。

2016年10月，"根据我国部分地区精神疾病流行病学调查结果估算：我国15岁以上人口中，各类精神疾病患者人数超过1亿人，其中1600万人是重性精神障碍患者，其余大多数是抑郁症、自闭症等精神障碍或心理行为障碍患者"[1]。根据有关部门公布的数据，截至2017年年底，我国在册严重精神障碍患者人数已达581万。[2] 此外，还有相当一部分严重精神障碍患者因故未登记在册。如此庞大的一个特殊人群，对社会治安构成了巨大威胁。多年以来，精神病人肇事肇祸的行为时有发生，近几年就发生多例此类事件。例如：2019年7月20日，香港著名艺人任达华在出席某商家活动时被一名男子刺伤，经过精神病专家的检查和诊断，该男子存在精神障碍。[3] 2019年7月28日上午，西安钟楼盘道，一男子持刀砍向一中年妇女和女童，事后警方通报称，砍人者有精神病史。[4]

对于疑似精神病人实施的暴力攻击事件，应严格按照法定鉴定程序确定其责任能力。对于具备完全或限制责任能力的行为人，应依法追究刑事责任，不能轻易让精神病成为犯罪人逍遥法外的"挡箭牌"或者"免死金牌"。要严格区分精神病与非精神病性精神障碍，根据司法精神病学，非精神病性精神障碍包括各种类型的神经症、各种人格障碍或变态人格、性变态等，其在大多数情况下对行为人的责任能力没有影响，一般不能成为免除或减轻刑事责任的理由。对于经鉴定属于限制责任能力的被告人，依法可以从轻或减轻处罚。例如，2017年2月18日，湖北武汉市武昌火车

---

[1]《我国各类精神疾病患者人数超过1亿》，央广网2016年10月14日，https://news.cnr.cn/native/gd/20161014/t20161014_523196819.shtml。

[2]《我国在册严重精神障碍患者人数达581万》，中国政府网2018年1月26日，https://www.gov.cn/xinwen/2018-01/26/content_5261204.htm。

[3]《警方通报任达华被刺案：53岁嫌疑人存在精神障碍》，澎湃新闻2019年7月20日，https://m.thepaper.cn/baijiahao_3971386。

[4]《西安钟楼地下通道男子砍伤老人和女孩 警方通报：疑犯有精神病史》，中国青年网2019年7月29日，https://baijiahao.baidu.com/s?id=1640382473234683981&wfr=spider&for=pc。

站附近发生一起恶性刑事案件，犯罪嫌疑人胡某某（22岁）因口角纠纷，在一面馆门口持面馆菜刀，将面馆业主姚某头颅砍下，后胡某某经鉴定为限制刑事责任能力人。该案一审以故意杀人罪和盗窃罪判处胡某某死刑缓期执行。[1]

对于经鉴定施暴者属于完全无刑事责任能力的，应依照刑法规定，责令其家属或者监护人严加看管并进行医治，必要时由政府强制医疗。强制医疗是一种具有保安处分性质的强制处分措施。2012年修正后的《刑事诉讼法》增设了依法不负刑事责任的精神病人的强制医疗程序，应当严格遵循法定程序，由法院在审理后决定是否对肇事精神病人实施强制医疗。

较之肇事肇祸后的事后处置，对精神病人的日常救治和对暴力行为的事前防控更为重要。精神病首先是一种疾病现象，对病人的治疗和救助是第一位的。与此同时，作为特殊的精神疾病，精神病存在暴力攻击等社会危险，必要时应当采取相应的干预措施，以保护公众安全。但有的干预措施如强制医疗等可能对精神病人的权利造成一定限制，所以实践中要把握好保护精神病人合法权益与保卫公共安全的关系，不能过于偏重某一方面而顾此失彼。2012年出台的《精神卫生法》对加强精神病人的权益保障、完善精神卫生服务体系起到了积极推动作用，也对精神病人的诊断、住院治疗、危险行为制止等内容作了原则性规定。但当前我国在精神病人服务管理方面还存在一些困惑与问题，例如：一些贫困家庭无力负担家中精神病人的医药费用；一些家庭家属因年龄、身体等因素，监护能力差，或者不负责任，对患者放任不管，不能尽到看护、管理责任，甚至有精神病人被家属弃管的现象；社工服务介入不够，支持性体系不足；部分精神病人因外出打工等，流动性大，出现"失联"现象，增加了管理服务难度。此外，由于现行法律规定，在住院治疗等方面，监护人话语权过大，相当一部分精神病患者未经任何治疗直接流入社会，从而埋下安全隐患。

为了解决实践中对精神病人治疗难、监护难、监管难的"三难"问题，应当进一步完善相关的法律、政策与工作机制。在强化家庭监护主体责任的同时，应加强政府对经济困难的重症精神病人家庭的救助与救济，保障患者得到治疗和康复的机会，减轻家庭负担；应将重症精神病人纳入

---

[1]《武汉面馆砍头案一审宣判，杀人者被判死缓赔偿2.5万》，搜狐网2018年6月27日，https://www.sohu.com/a/238043060_255783。

监管范畴，实行长期跟踪管理，必要时实行有效的干预；应构建社区支持网络，鼓励社会组织介入。2012年生效的《精神卫生法》要求建立精神卫生疾病监测网络；2015年，《全国精神卫生工作规划（2015—2020年）》提出，要将符合条件的贫困严重精神障碍患者全部纳入医疗救助。

在针对精神病人的危险管控方面，基层公安机关应当同卫计部门、医疗机构、社区、社会组织、患者家属及有关单位等密切沟通、配合，认真摸排、仔细筛查，确保信息全面、管控到位。首先，应摸清辖区内严重精神病患者的数量、分布等基本情况，通过查询档案信息、入户走访、与病人家属交谈等途径，了解精神病人的生活状态及就医情况；督促家属要做好看护管理，如发生走失、肇事肇祸等紧急情况及时联系公安机关。其次，要特别关注有暴力倾向的精神病患者，对于出现暴力行为、危及群众安全的，应立即采取措施予以制止，并协助其家属及时送往医疗机构治疗，以消除辖区治安隐患。现实中，存在相关机构及患者家属之间沟通配合不力，导致精神障碍患者漏筛失管，甚至发生惨案的事件。例如，2018年10月31日晚，陕西西安雁塔区一出租房内发生一起精神病人杀害房客的恶性事件。房东的儿子吕某（系某中学教师）进入一对夫妻租住的房间，在并无任何口角的情况下，突然持刀捅刺该夫妻，致丈夫死亡、妻子轻伤。案发后凶手在现场放火并拒捕，被警方击伤身亡。事后，雁塔区自查后认定：患者生前本人及家属长期蓄意隐瞒精神病事实；患者学校在吕某多次请长假治疗的情况下，未能认真核查并及时发现患者真实病情。相关政府部门也存在不同程度的工作漏洞。西安市精神卫生中心在吕某曾两次住院治疗精神分裂症的情况下，未按规定向相关部门流转信息；街道办、社区未严格落实住户筛查要求，未掌握其精神病情况并及时将其纳入精神病重点管控人员登记，存在排查不细致问题；公安派出所对吕某精神病情况未核实、未列管，此前不久吕某用刀划伤其母亲，其母报警称儿子有精神病，而处警民警虽联系120急救车将吕某送往市精神卫生中心救治，但未进一步核实其情况，未将其纳入公安对应的信息系统；卫计部门及基层卫生机构也存在未核查、未列管的问题。[1]

此外，一些特殊性质的单位，如中小学、幼儿园等，在招聘工作人员

---

[1] 佘晖：《西安一精神疾病患者杀害房客，其与家属长期蓄意隐瞒病情》，澎湃新闻2019年7月1日，https://www.thepaper.cn/newsDetail_forward_3812621。

时，应当考察相关人员的精神状况。对有精神病史的人员要慎重考虑，必要时进行危险性评估，不能将存在现实危险的精神病患者安排到不合适的岗位上；对于现有员工中出现严重精神障碍的，应当在帮助其救治的同时，及时调整其工作岗位。这不是对精神病人的歧视，而是基于社会安全的必要考量。这方面是有前车之鉴、血的教训的。如2004年8月4日发生的徐和平幼儿园伤童案，时年52岁的徐和平持一把菜刀，在北京大学第一医院幼儿园持刀行凶，砍伤18人，其中1名儿童死亡。徐和平当时是该幼儿园的门卫。据警方调查，1997年，经在医院上班的妻子介绍，徐和平到北京大学第一医院幼儿园传达室做临时工。1999年5月11日至9月24日期间，徐和平因患有偏执型精神分裂症，在北京安定医院住院治疗。[1] 这一案件暴露出我国在精神病人管理方面存在的漏洞，值得反思和检讨。对于被列入管控对象的精神病人，公安、学校等相关机构应互通信息，并采取措施防止其进入校园，在发现其进入校园周边时，必须加强戒备，防范可能出现的意外。

（五）感染艾滋病病毒人员

艾滋病，全称为"获得性免疫缺陷综合征"，英文缩写为AIDS，是由艾滋病病毒即人类免疫缺陷病毒（Human Immunodeficiency Virus，HIV）感染而引起的一种传染性疾病。艾滋病是一种目前尚无法完全治愈、死亡率极高的传染病。我国自1985年发现首例HIV感染者以来，目前已进入艾滋病加速流行期。从官方公布的数据看，"从2009年开始，艾滋病的发病数和死亡数，逐年增加，且增加的总体趋势，有加速之势"[2]。截至2018年9月底，全国报告存活艾滋病感染者85.0万，死亡26.2万例。估计新发感染者每年8万例左右。[3]

艾滋病的流行已经成为一个严重的公共卫生问题和社会问题，同时也给社会治安带来一定的影响。当前，我国感染艾滋病病毒人员以吸毒人员居多，他们中的不少人为获取毒品而实施盗窃、抢劫、抢夺等犯罪，并往

---

[1] 陈轶、杨艳：《从幼儿园杀人案看精神病患者犯罪的刑事责任》，搜狐新闻2004年8月6日，https://news.sohu.com/20040806/n221394234.shtml。

[2] 《取消艾滋病入境限制致感染者暴增？疾控中心回应》，海外网2018年11月24日，https://news.haiwainet.cn/n/2018/1124/c3541083-31444960.html。

[3] 《全国报告存活艾滋病感染者85万，性传播是主要途径》，新华网2018年11月23日，http://www.xinhuanet.com/politics/2018-11/23/c_1123757769.htm。

往以感染艾滋病病毒为由企图逃避法律制裁，也给公安机关的处置带来风险和难度。部分违法犯罪分子利用人们对艾滋病的恐慌心理实施抢夺、抢劫、敲诈勒索等行为，如一些地方出现所谓的"艾滋病扎针"事件，在群众中造成了很大的恐慌，破坏了社会稳定。还有的艾滋病感染者由于社会的歧视以及自身的心理等，对自己的前途丧失信心，心理上十分脆弱，对周围事物敏感，尤其是对身边人的反应较为敏感，容易对他人的言行产生误解，自甘堕落、无所顾忌，进而疯狂报复社会，对社会治安造成威胁。[1]

在艾滋病感染者报复社会的犯罪中，通过性行为恶意传播艾滋病的居多，司法机关处理此类行为时，如果行为人针对的对象是特定的被害人，一般以故意伤害罪论处；如果行为人针对的被害人是不特定的多数人，则构成以危险方法危害公共安全罪。但也有一些以暴力攻击方式报复他人或社会的案例。例如，2003年4月21日河南平舆县某村发生的李志星杀人案，就是典型的个人极端暴力犯罪。李志星的爱人因卖血感染艾滋病而死亡，李志星和其两个孩子也被确诊感染了艾滋病病毒。消息传出后，李志星一家受到邻居及村民的冷淡对待和歧视。村里人还多次到乡里去反映情况，要求政府采取措施，将李志星一家隔离起来。最后，李志星产生报复社会心态，挥刀砍杀邻居，导致8人死亡、1人重伤。李志星在躲避警察追捕过程中，投井自杀。[2]

预防艾滋病感染者实施个人极端暴力犯罪，需要有关部门及社会各界协同配合，广泛普及艾滋病的相关知识，在强化公众预防意识的同时，教育公众正确对待艾滋病病人，去除恐慌、歧视心理，保障艾滋病感染者的权利；政府应在社会支持下，建立和完善对艾滋病感染者的关爱、帮扶体系，努力改善其生存状况，避免其产生绝望和仇视社会的心态，进而实施报复社会的犯罪；公安机关应会同医疗机构、社区等，及时掌握辖区内艾滋病感染者的底数和基本情况，密切关注其动态，如有异常表现或者遭遇冲突纠纷等，应及时协调相关力量追踪了解，并协助艾滋病感染者解决面临的困难和问题。

---

[1] 单国：《浅议艾滋病对社会发展和治安的影响及应对》，《新疆警官高等专科学校学报》2002年第4期。

[2] 北斗、蒋鞡薇、万兴亚：《平舆艾滋病人杀死8人后自杀，原因竟是不堪歧视》，中国新闻网2004年4月12日，https://www.chinanews.com.cn/n/2004-04-12/26/424176.html。

（六）扬言报复社会人员

现实生活中，一些人出于各种动机，扬言要实施报复社会的极端行为。经分析近年来媒体公开报道的此类案例，发现有以下表现和特点：

1. 此类案件多数行为人的动机是发泄私愤或发泄对社会的不满，具体原因包括生活失意、工作受挫、到政府机关办事不顺利、受到单位批评处分、受到行政处罚或刑事处罚等。但也有个别人是由于精神空虚寻求刺激，出于恶作剧的动机。

2. 不当、有害言论的表达或发布方式，主要是通过网络社交媒体，如微博、微信群、QQ 群、网络论坛等。此外，还有其他一些方式，如：有的通过打电话、投寄信件、发送电子邮件、政务网站留言等方式，向公安机关虚假报警或者向有关政府部门反映虚假情况；有的当面向亲友、同事、邻居等诉说，或者在公众场合公开叫嚣；还有个别人通过给亲友书写遗书、绝笔信等方式流露其想法。

3. 行为人扬言报复社会的具体手段，常见的包括杀人、放火、爆炸、投毒、驾车撞人等。

对于发现或收集到的扬言报复社会的相关线索，公安机关需高度重视，应第一时间组织力量核查，在甄别信息真伪、判断行为人真实意图的基础上，及时进行处置。对于行为人虽有报复社会动机，但只是以语言方式传递虚假信息，并没有意图将真实的暴力行为付诸实施的，或者仅仅是玩恶作剧的，可以视其情节，给予行政处罚或刑事制裁。如果情节轻微、危害不大的，可以由公安机关作出行政处罚。根据《治安管理处罚法》第25条规定，对于散布谣言，谎报险情、疫情、警情或者以其他方法故意扰乱公共秩序的，投放虚假的爆炸性、毒害性、放射性、腐蚀性物质或者传染病病原体等危险物质扰乱公共秩序的，扬言实施放火、爆炸、投放危险物质扰乱公共秩序的，可以处 5 日以上 10 日以下拘留，可以并处 500 元以下罚款；情节较轻的，处 5 日以下拘留或者 500 元以下罚款。实施上述行为，情节严重，对社会造成一定程度危害的，可以按照《刑法》规定的编造、故意传播虚假恐怖信息罪等追究行为人的刑事责任。例如，山东青岛市黄岛区居民王某，因生活、工作等方面遇到挫折而对社会产生不满，多次给某边防派出所工作人员手机发短信称要"到公安局附近学校、托儿所杀人"等，并拨打市政务热线称要"报复社会，最少杀 10 个人"。为此，公安机关出动大量警力,进行摸排查找,耗费了大量警力资源,同时,当地多所学校、幼儿园的正常秩序也受到一定冲击。王某的行为虽然系胡乱编造谎言,但已严重扰乱了社会秩序,其因编造虚假恐怖信息罪,被黄岛区人民法院一审判刑1年6个月。[1]

经调查核实,行为人确有以实施暴力行为报复社会意图的,应当及时对其采取管控措施,防止可能发生的严重后果。如果行为人已经为实施暴力犯罪进行了一定的预备行为,如准备刀具、引燃物、爆炸物等作案工具,或者对作案场所进行踩点的,可以按照故意杀人罪、放火罪、爆炸罪等犯罪预备行为追究其刑事责任。如果行为人的扬言仅仅是犯罪意图的流露,还没有外化为刑法意义上的行为,则不足以构成犯罪并进行刑事处罚,但应会同行为人所在单位、社区等,对其进行必要的警告教育,以打消其犯罪意念,防止犯罪意图转化为犯罪行为。

在以往发生的一些个人极端暴力犯罪案件中,作案前行为人曾有报复社会的激烈语言表示,甚至有群众向有关部门反映,但由于没有具体危害行为的发生,未能引起有关部门的足够重视和及时反应,最终惨案发生。例如,2016年1月5日发生的银川公交车纵火案,据媒体报道,案发前的2015年12月31日晚上,马永平就留下绝笔信离家而去,家人一直没找到他。信中称"逼得我活不成"。当天晚上,其家人向几家派出所报了警,说马永平可能有极端行为,"但推来推去也没人管"。在纵火前一天晚上,马永平在朋友圈发布绝笔信照片,一同发布的还有一辆公交车的照片,文字说明里写着"宁夏银川公交车的几点火光……"其家人称,1月4日晚上11时许看到马永平在朋友圈发布绝笔信和公交车照片后,又向多家派出所报警,"我们给派出所说了前前后后,给他们看了朋友圈照片,说他可能杀人放火。派出所没有管",结果第二天早上真的出事了,"如果当时警察重视一点,看严他或者检查公交车,有可能出不了事"。[2] 这一案件暴露出基层治安防范工作存在的短板和软肋。警方对犯罪嫌疑人的网上不当言论缺乏监测,对嫌疑人家属事发前几次报警置之不理,说明有关机关及其工作人员风险防范意识严重缺失,错失了及时化解重大公共安全危机的

---

[1] 滕以庆、丁德振:《扬言报复社会男子获刑一年半》,《新黄岛》2015年12月16日,第7版。

[2] 周淇隽:《宁夏公交纵火案:事发前疑犯马永平家人曾报警遭无视》,中华网2016年1月7日, https://news.china.com.cn/domestic/945/20160107/21093074_all.html。

机会。应当从此案中吸取教训，强化基层单位及人员的风险意识，健全危机预警与应对机制，争取对公共危险早发现、早处理、早化解，这才是个人极端暴力犯罪的有效防控之道。

三、加强对危险物品的管控

根据我国相关法律及制度规定，危险物品的范围主要包括以下四类：（1）爆炸性、易燃性、毒害性、放射性、腐蚀性、传染病病原体等危险品；（2）枪支、弹药；（3）弩、管制刀具等管制器具；（4）核、生物、化学、导弹、常规武器及相关两用物项和技术。对上述危险物品，有关部门和单位应当依照法律、行政法规的规定加强安全管理。必要时，国务院有关主管部门或者省级人民政府可以决定对上述危险物品在特定区域、时间的生产、进出口、运输、销售、使用实施管制。

利用危险物品实施杀人、伤害、爆炸、纵火、投毒等攻击行为，是个人极端暴力犯罪常见的表现形式，因此加强危险物品安全管理对防范个人极端暴力犯罪意义重大。如果能在危险物品的生产、销售、运输、使用等各个环节加大管控力度，掌控危险物品的动态和流向，杜绝管理的死角和真空，就能有效防止危险物品流入犯罪分子手中，犯罪活动便难以实施或者造成的伤害和损失会大大降低。所以，危险物品安全管理是治安防控工作的重要内容，必须采取有效措施，规范危险物品的管理和使用，防止危险物品流失，及时发现和消除公共安全隐患。

我国一直重视对危险物品的管理与控制，立法机关和政府主管部门制定并颁布了一系列有关危险物品管理的法律法规，建立了严格的管理制度，如《枪支管理法》《放射性污染防治法》《民用爆炸物品安全管理条例》《烟花爆竹安全管理条例》《危险化学品安全管理条例》《放射性同位素与射线装置安全和防护条例》《核材料管制条例》等。我国公安机关持续不断地开展"缉枪治爆"专项行动，近年来，全国发生的持枪、爆炸犯罪总体呈现下降趋势。正是我国长期坚持严格的控枪政策，避免了西方一些国家因控枪不严甚至允许公民合法持枪而带来的大量枪击犯罪。如在美国，枪支泛滥已经成为一个严重的社会问题，每年死于枪下的人数超过因车祸和艾滋病死亡的人数。仅 2018 年一年，美国就发生涉枪案件 57103

件,导致 14717 人死亡、28172 人受伤。[1]

尽管我国已经建立了较为完备的危险物品管理的法律体系和工作机制,但一些相关立法存在不够细密的问题,实践中个别地方也存在执法力度不够、监管不到位的问题,危险物品管理过程中还有一些薄弱环节,容易被不法分子所利用。尤其是近年来,涉枪涉爆案件出现了境内外勾结、网上网下交织、寄递式贩运突出的新情况、新特点,增加了防控难度。2015 年出台的《反恐怖主义法》,从严密防范恐怖主义犯罪的现实需要出发,进一步细化和强化了危险物品安全管理制度。个人极端暴力犯罪和恐怖主义犯罪虽然性质有所不同,但表现相似、危害相当,故《反恐怖主义法》在危险物品管控方面的相关规定和要求,对个人极端暴力犯罪的防控同样具有促进作用。《反恐怖主义法》第 22 条、第 23 条规定了对危险物品的具体管理措施:

1. 生产和进口单位应当依照规定对枪支等武器、弹药、管制器具、危险化学品、民用爆炸物品、核与放射物品作出电子追踪标识,对民用爆炸物品添加安检示踪标识物。

2. 运输单位应当依照规定对运营中的危险化学品、民用爆炸物品、核与放射物品的运输工具通过定位系统实行监控。

3. 有关单位应当依照规定对传染病病原体等物质实行严格的监督管理,严密防范传染病病原体等物质扩散或者流入非法渠道。

4. 对管制器具、危险化学品、民用爆炸物品,国务院有关主管部门或者省级人民政府根据需要,在特定区域、特定时间,可以决定对生产、进出口、运输、销售、使用、报废实施管制,可以禁止使用现金、实物进行交易或者对交易活动作出其他限制。

5. 发生枪支等武器、弹药、危险化学品、民用爆炸物品、核与放射物品、传染病病原体等物质被盗、被抢、丢失或者其他流失的情形,案发单位应当立即采取必要的控制措施,并立即向公安机关报告,同时依照规定向有关主管部门报告。公安机关接到报告后,应当及时开展调查。有关主管部门应当配合公安机关开展工作。

6. 任何单位和个人不得非法制作、生产、储存、运输、进出口、销售、提供、购买、使用、持有、报废、销毁上述规定的物品。公安机关发

---

[1] 文扬:《让平安中国的名片更加亮丽》,《人民日报》2019 年 11 月 8 日,第 13 版。

现的，应当予以扣押；其他主管部门发现的，应当予以扣押，并立即通报公安机关；其他单位、个人发现的，应当立即向公安机关报告。

四、加强重点场所、重大活动的安全保卫

重点场所、重大活动统称为"重点目标"，即治安保卫工作的重点目标。

重点场所主要包括两大类：一是公共交通工具及交通主干道、公交车站、地铁站、机场、火车站、码头、口岸等公共交通设施；二是公众聚集场所、公共文化娱乐体育场所、幼儿园、学校、医院、金融机构、商场、超市、集市、商业街区、餐饮住宿场所、旅游景区等公共场所。这两类场所都具有人流密集或者人员集中的特点，在这些场所发生暴力袭击事件极易造成重大人身伤亡及财产损失，引发公众心理震荡，造成恶劣社会影响。因此，这些场所容易成为个人极端暴力犯罪的攻击目标，必须加强对重点场所的安全保卫，努力避免给犯罪分子可乘之机。

2014年，公安部印发了《关于进一步加强火车站等人员密集场所安全防范工作的意见》，对火车站等人员密集场所的安全防范工作提出了具体要求。2015年，中共中央办公厅、国务院办公厅印发的《关于加强社会治安防控体系建设的意见》专门就重点场所的安保工作提出了要求："加强公共交通安保工作，强化人防、物防、技防建设和日常管理，完善和落实安检制度，加强对公交车站、地铁站、机场、火车站、码头、口岸、高铁沿线等重点部位的安全保卫，严防针对公共交通工具的暴力恐怖袭击和个人极端案（事）件。完善幼儿园、学校、金融机构、商业场所、医院等重点场所安全防范机制，强化重点场所及周边治安综合治理，确保秩序良好。"

以往发生的一些个人极端暴力犯罪案件中，暴露出一些重点场所安全保卫工作薄弱的问题，这在客观上为犯罪人实施暴力行为提供了机会。例如，2010年3月23日发生的福建南平某小学门口砍杀学生案中，当时现场只有门卫和值班老师，没有保安，最后是靠周围群众挺身而出才将歹徒控制住。[1] 校园安全是我国社会安全面临的突出问题，中小学、幼儿园是

---

[1]《福建发生凶杀案学校无保安遭质疑，校方称无编制》，中国宁波网2010年3月25日，http://zt.cnnb.com.cn/system/2010/03/25/006463188_02.shtml。

未成年人聚集的地方，本身安全的脆弱性较高，如果不建设校园安全防范体系，就容易成为暴力分子袭击的目标。近年来，校园血案接连发生，警醒我们必须持续不懈地狠抓校园安全能力建设。加强校园安全防范的主要措施包括：提高安全防范意识，落实安全制度与工作责任，制定风险防控与应急管理预案；严格用人管理，确保员工政治、品行、心理等各方面的素质；强化校园警务室建设，配齐配强安保力量；严格落实门禁制度，组织师生开展安全教育及应急演练等；完善安全防护装备配备，对重要设施和重点部位实现视频监控、警报等全覆盖，设置隔离栏、减速带、升降柱等安全防控设施，强化校门及周边区域安全防范能力；在每天上学、放学等重点时段、路段，组织民警在校门口常态化开展"护学岗"行动，组织学生家长、社会志愿者在校园周边巡防，以消除潜在的安全隐患。从近几年发生的一些校园个人极端暴力犯罪看，随着校园安保措施的不断加强，犯罪分子的作案目标由校园内向校园周边扩展，如陕西米脂赵泽伟砍杀学生案和上海黄一川砍杀学生案，都选择了学校附近或孩子们集中出行的地点作案。因此，在上学、放学等时段，加强学校周边的安保措施十分重要，同时，由于警力资源有限，发动社会力量的参与是十分必要的。

　　重大活动包括大型群众性活动和其他重大活动。根据2007年国务院颁行的《大型群众性活动安全管理条例》，大型群众性活动是指法人或者其他组织面向社会公众举办的每场次预计参加人数达到1000人以上的活动，包括体育比赛活动，演唱会、音乐会等文艺演出活动，展览、展销等活动，游园、灯会、庙会、花会、焰火晚会等活动，人才招聘会、现场开奖的彩票销售等活动。其他重大活动，一般是指各级政府举办的涉及政治、经济、科技、文化、体育、宗教等领域的具有重大社会影响的活动。重大活动具有参加人数多、涉及面广、关注度高、临时性强等特点，是安全保卫工作的重中之重。当前，我国重大活动安保工作存在的主要问题是：过分依赖警力，民间安保力量不发达；安保力量的专业化程度较低，通常采取从各个部门临时抽调人员的方法，由于是临时组建的队伍，专业技能相对缺乏，处置能力较低，相互间的协调和配合也不默契。随着我国经济、社会、文化的发展，越来越多的重大活动包括国际性大型活动在国内举行，这对我国的安保工作提出了更大挑战。[1]

---

〔1〕 何杏娜：《暴力突发事件之安保应急处置》，中国人民公安大学出版社2014年版，第41页。

参考《反恐怖主义法》等法律的有关规定，在重点场所、重大活动的安全保卫方面，相关管理单位应当履行下列职责：

1. 制定防范和应对处置恐怖活动及个人极端暴力事件的预案、措施，定期进行培训和演练；

2. 建立安全保卫专项经费保障制度，配备、更新防范和处置设备、设施；

3. 指定相关机构或者落实责任人员，明确岗位职责；

4. 实行风险评估，实时监测安全威胁，完善内部安全管理；

5. 定期向公安机关和有关部门报告防范措施落实情况。

根据《反恐怖主义法》等法律规定，相关管理单位还要建立、健全以下安全管理制度：

1. 对重点目标的技防、物防制度。重点目标的管理单位应当根据城乡规划、相关标准和实际需要，对重点目标同步设计、同步建设、同步运行符合法律规定的技防、物防设备、设施。

2. 公共安全视频图像信息系统管理制度。重点目标的管理单位应当建立公共安全视频图像信息系统值班监看、信息保存使用、运行维护等管理制度，保障相关系统正常运行。采集的视频图像信息保存期限不得少于90日。

3. 对重要岗位人员的安全背景审查制度。重点目标的管理单位应当对重要岗位人员进行安全背景审查，对有不适合情形的人员，应当调整工作岗位，并将有关情况通报公安机关。

4. 对进入重点目标的人员、物品和交通工具的安全检查制度。大型活动承办单位以及重点目标的管理单位应当依照规定，对进入大型活动场所、机场、火车站、码头、城市轨道交通站、公路长途客运站、口岸等重点目标的人员、物品和交通工具进行安全检查。发现违禁品和管制物品，应当予以扣留并立即向公安机关报告；发现涉嫌违法犯罪人员，应当立即向公安机关报告。

5. 公共交通运输工具的安全保卫制度。对航空器、列车、船舶、城市轨道车辆、公共电汽车等公共交通运输工具，营运单位应当依照规定配备安保人员和相应设备、设施，加强安全检查和保卫工作。

在治安保卫实际工作中，为严格落实责任，扎实做好安全防范工作，有关管理单位应结合上述法定职责，做好以下五个方面的工作：

1. 将单位日常管理、安全生产、应急工作相结合，建立分工明确、各负其责、操作性强的防范责任体系。细化责任制度，明确反恐防范的具体职责；细化、明确责任落实方式和问责流程。

2. 加强辖区摸底调查工作，建立基础信息数据库。根据国家有关部门要求，努力将目标名称、地理位置、平面图、结构图、实景图、要害部位疏散通道、通风口、安保制度、安保负责人及其联系方式、安防设施设备、周边警力等信息收齐、录准。

3. 制定应对预案，并加强演练。针对已掌握的信息，预测可能发生的暴力袭击活动，制定并不断修改完善预防和处置突发事件的预案。对参与安保工作的武警、公安、保安、志愿者进行安全防范知识、意识、技能培训，并且通过定期、不定期的演练予以巩固、完善。

4. 建立健全督导检查长效机制，定期或者不定期组织有关成员单位和部门，对安全防范工作部署、机制建设、标准制定、措施落实等情况进行督导检查，有针对性地推动相关工作深入开展。

5. 将重点目标安保工作纳入综治维稳管理考核，科学制定考核实施细则，推动各部门、各基层力量参与相关工作，充分运用检查和考核手段，促进防范责任和措施的落实。

五、提高应急处置能力

所谓应急处置能力，是指在发生个人极端暴力事件时，有关部门、单位能在第一时间作出反应，有序地处理事件、有效地控制局面，最大限度减少事件造成的损失和不良影响的能力。采取严密有效的措施，防止个人极端暴力犯罪的发生，这是最好的治理方式和最理想的目标，然而，犯罪成因是极为复杂的，我们可以最大限度地控制犯罪，但彻底消灭犯罪是不现实的。因此，在努力做好防控工作的同时，必须做好"最坏的打算"，即一旦个人极端暴力事件发生，能快速反应、高效应对、有力处置。故提高应急处置能力，是应对个人极端暴力犯罪的一项重要内容。

个人极端暴力事件属于突发公共事件的范畴。所谓突发公共事件，也称公共危机事件，是指突然发生，造成或者可能造成重大人员伤亡、财产损失、生态环境破坏或严重社会危害，危及公共安全的紧急事件。根据其发生过程、性质和机理，突发公共事件主要分为四类：自然灾害、事故灾难、公共卫生事件和社会安全事件。个人极端暴力事件具体属于社会安全事件。

　　对个人极端暴力事件的应急处置，是公共危机管理的重要内容。危机管理，是指个人或组织在危机萌发和发展的过程中，采取各种措施和行动，以消除或减少危机可能带来的损失，尽早恢复个人正常生活和组织正常运转的活动。而公共危机管理，是指以政府为核心的公共组织，与社会其他组织和公众紧密合作，对可能发生的公共危机事件实施有效预测、预警、预报、监控和防范，并通过整合社会资源对已经发生的公共危机事件进行应急处置，化解危机并进行善后与恢复重建工作的全过程。为了有效应对公共危机事件，国务院于 2006 年 1 月 8 日发布了《国家突发公共事件总体应急预案》；2007 年 8 月 30 日，全国人大常委会进一步通过了《突发事件应对法》，明确了我国突发事件应对的原则、体制，对政府及各有关方面处置突发事件的程序进行了统一规范，包括预防及应急准备、监测与预警、应急处置与救援、事后恢复与重建等各个方面。这两部法律规范，构成了当前我国应对公共危机事件的法律基础。个人极端暴力事件的应急处置，应当遵循这两部法律规范的要求。

　　根据上述法律规范的总体要求及个人极端暴力事件的具体特点，个人极端暴力事件的应急处置应主要做好以下工作：

　　1. 制定相关预案。各地要制定个人极端暴力事件的专项应急处置预案，公安等有关职能部门和单位，应当根据职责任务及单位的具体性质和特点，制定本部门、本单位的具体处置预案。预案中应明晰各部门和相关人员的职责及处理流程。如《突发事件应对法》第 24 条规定，公共交通工具、公共场所和其他人员密集场所的经营单位或者管理单位应当制定具体应急预案。

　　2. 加强相关培训与演练。根据《突发事件应对法》的规定，县级以上人民政府应当建立健全突发事件应急管理培训制度，对政府及其有关部门负有处置突发事件职责的工作人员定期进行培训。县级以上人民政府应当加强专业应急救援队伍与非专业应急救援队伍的合作，联合培训、联合演练，提高合成应急、协同应急的能力。县级人民政府及其有关部门、乡级人民政府、街道办事处应当组织开展应急知识的宣传普及活动和必要的应急演练。居民委员会、村民委员会、企业事业单位应当结合各自的实际情况，开展有关突发事件应急知识的宣传普及活动和必要的应急演练。

　　具体到个人极端暴力事件的应急处置方面，公安等有关职能部门应当经常性开展应急处置的训练演练，包括组织多部门联合演练，以加强相关部门在应急处突方面的协作能力。公安部门尤其要对处置驾车冲撞、持刀砍杀袭击及搜（排）爆等情况进行模拟演练，提高实战能力。公共交通工具、公共场所的经营管理单位和医院、学校等人员密集单位，应当开展针对性的应急演练。

3. 及时处置。对发生的个人极端暴力事件，各地应在第一时间掌握暴力事件发生的地点场所、作案手段、使用工具、危害程度等基本信息，立刻启动应急处置预案的执行，紧急调动应急救援队伍奔赴现场开展应急处置工作。公安机关作为第一响应人，应当立即出动精干警力，根据现场情况依法采取相应的强制性措施，制止暴力犯罪活动，保护人民群众生命财产安全，尽快恢复正常的社会秩序。《突发事件应对法》第50条规定：社会安全事件发生后，组织处置工作的人民政府应当立即组织有关部门并由公安机关针对事件的性质和特点，依照有关法律、行政法规和国家其他有关规定，采取法定的应急处置措施；严重危害社会治安秩序的事件发生时，公安机关应当立即依法出动警力，根据现场情况依法采取相应的强制性措施，尽快使社会秩序恢复正常。其他单位及人员应当服从应急指挥，积极做好相关应急救援和处置工作，如消防人员立即开展排除火灾等险情工作，医疗救护机构及人员迅速开展抢救伤员工作，等等。

在处置过程中，警察发现犯罪嫌疑人正在或马上要实施严重危害公共安全的暴力行为，经警告无效的，可以使用武器；在情况十分紧急的情况下，警察可以直接使用武器，果断击伤或击毙行为人，以避免无法挽回的重大危害后果发生。[1] 例如，2018年6月25日山东烟台市发生的一起案件，烟台市公安局110接到报警称，芝罘区幸福中路8路车终点站附近，一人驾驶叉车疯狂撞人，现场1人被撞身亡、10余人受伤，多辆车受损。为保护群众生命财产安全，在多方制止无果的情况下，处警民警果断开枪

---

[1] 修改《人民警察法》已列入十三届全国人大常委会立法规划。2016年12月1日，公安部在官网发布《人民警察法（修订草案稿）》，向社会公开征求意见。该草案进一步明确和细化了人民警察使用武器警械的行为，并增加规定，民警"为了拦截危及公共安全、人身安全且拒不听从人民警察停车指令的车辆，或者为了排除危及人身安全的动物的侵害，可以直接使用武器"。这有利于人民警察更为规范地使用武器，更有效地处置暴力恐怖活动和个人极端暴力行为，更好地保卫社会安全。

将其击毙。[1] 该案处置中，民警开枪的行为是完全正当、必要的，必须保证民警在特别紧急情况下使用武器的权力，否则公共安全就无法得到充分保障。

在个人极端暴力事件的处置中，还有个别案件涉及解救人质的问题。一般来说，此类案件中的行为人处在绝望与报复的心态下，直接实施针对在场人员的杀伤行为，通过劫持人质的方式向政府或他人提条件的情况很少，但实践中也有在实施滥杀行为的同时又劫持人质的情况，此种情形下，成功解救人质、保障人质安全成为第一要务。如2004年山东莒县"9·20"伤害并劫持学生案。2004年9月20日，山东莒县农机公司工人贾庆友闯入该县第一实验小学行凶，疯狂砍伤24名小学生，当闻讯赶来的教师和公安民警对其进行制止时，贾庆友又用菜刀挟持一名9岁女学生赵某为人质，要挟政府满足其条件。后经县领导、公安干警及其亲属近两个小时的说服教育，贾庆友最终放下凶器。[2] 再如2021年昆明"1·22"砍杀群众并劫持人质案，当地警方接警后，迅速调集警力赶到现场处置，对犯罪嫌疑人开展情绪疏导工作，在对嫌疑人劝说无果的情况下，现场处置特警果断开枪将其击毙，安全解救了人质。[3] 在实践中，应当把危机谈判作为个人极端暴力事件处置的一项重要内容，培养一批高素质的谈判专家，发挥其在反劫制暴斗争中的特殊作用，全力保护公民与社会安全。

在应急处置工作中，还应关注相关人员的心理危机干预问题。个人极端暴力犯罪往往造成严重的后果，有数量较多的被害人，那些幸存者因经历了死亡、危险和伤痛而产生恐惧感和心理创伤，会给今后的生活留下难以摆脱的阴影。因此，除对伤员进行抢救治疗外，对被害人及其亲属的心理创伤也应当进行救治，通过心理医生、心理学专家等介入，为其提供心理疏导、心理救助等服务。尤其是在中小学、幼儿园发生的个人极端暴力犯罪，大量的未成年人被卷入案件，即使他们没有直接遭受侵害，目睹作案场面也会对其心理造成极大的创伤，有力的心理救助更是不可或缺。

---

[1]《烟台公安：一男子驾驶叉车疯狂撞人被击毙，致1死10余伤》，澎湃新闻2018年6月25日，https://www.thepaper.cn/newsDetail_forward_2216438。

[2]《砍伤24名小学生，贾庆友今日被枪决》，搜狐网2004年11月24日，http://news.sohu.com/20041124/n223151300.shtml。

[3] 胡远航、李嘉娴：《昆明劫持人质事件致1人遇难7人受伤，犯罪嫌疑人已被击毙》，中国新闻网2021年1月22日，https://www.chinanews.com/sh/2021/01-22/9394279.shtml。

4. 引导舆情。公安部门、宣传部门及新闻媒体应当密切配合，妥善做好个人极端暴力事件的舆情引导，掌握舆论主动权，有效应对负面舆情。对此下文将专门论述。

个人极端暴力事件的应急处置是一种事中、事后的应对工作，相关应急处置机制的完善和能力的提升是一个长期的过程。另外，个人极端暴力事件作为人为因素制造的公共危机事件，具有突发性、紧急性、不确定性等特点，应急处置的难度较大。有关部门和单位，应当把应急处置机制与能力建设，作为平时的一项重要工作来抓，只有平时工作做细、做实、做好，关键时候才能派上用场、发挥作用、取得成效。应急处置机制的建设与完善，核心目标在于建立一个信息通畅、反应迅速、责任明确、指挥得当的危机预警机制和快速反应机制，其具体内容包括风险预测与评估机制、应急预案完善机制、信息传递与沟通机制、快速反应机制、指挥协调机制、现场处置机制、社会联动机制、信息发布与舆情应对机制等。各方面力量应当围绕上述各项机制的完善来展开相关能力的训练和培养。此外，为提高快速反应能力和应对处置效能，可以考虑完善警力资源配置，构建专门的警务力量。如成都警方成立了处置街面恶性暴力案件快速反应突击队，该突击队由数十支突击小组组成，每支小组有队员 4 名，其中 3 名为着装警察，1 名为便衣警察，都是从特警支队选出来的警界精英；其任务是在较短的时间内采取果断手段，迅速处置极端暴力犯罪等严重危害公共安全的各种突发犯罪活动；该突击队采取全天候武装处突警务模式，在成都市中心城区重点部位、重点地区实行 24 小时机动备勤；每个突击小组除配备 1 辆运兵车之外，还配有国内公安特警较为精良、尖端的武器警械装备。[1]

在个人极端暴力事件应急处置能力建设中，加强对民众的安全防范教育和应急自救能力培养是重要内容。这方面，国外既有惨痛的教训，也有一些好的经验值得借鉴。在教训方面，2003 年发生的韩国大邱地铁纵火案就是典型。该案发生时，地铁调度员、司机以及乘客在突如其来的灾害面前惊慌失措，反应失当，导致了本可避免的 200 多人死亡。[2] 事后公开的调查结论指出，如此高的死伤率，同安全教育流于形式、安全意识不强有

---

[1] 《借鉴港警，成都版"冲锋队"成立》，《天府早报》2013 年 10 月 29 日，第 4 版。
[2] 余潇枫：《非传统安全与公共危机治理》，浙江大学出版社 2007 年版，第 88 页。

关。此外，许多国家的反恐宣传教育也有不少好的经验与做法。例如：英国于2007年发起"相信你的判断"和"相信你的直觉"活动，提醒民众保持警觉，警方向公众介绍如何识别可疑行为，要求公众一旦发现任何可疑情况立即向警方汇报。美国2011年相继出台《依托地方伙伴力量防范美国国内暴力极端主义的国家战略》及其配套的执行计划，旨在发挥普通民众在防范极端暴力犯罪中的重要作用，编织一张覆盖整个社会的安全防范网络。美国国土安全部还发起"可疑活动报告"和"如果你看到就汇报"的活动，强化民众的预警和举报意识。[1]

近年来，我国在反恐宣传教育方面取得了一定成效，《反恐怖主义法》对反恐宣传教育作了具体规定，明确了相关政府部门和组织、单位的责任。其实较早的时候，《国家突发公共事件总体应急预案》和《突发事件应对法》就有针对公众开展突发事件应对方面宣传和培训教育的内容，但规定比较原则。2008年，公安部反恐怖局印发《公民防范恐怖袭击手册》，指导公民如何及时发现涉恐嫌疑迹象，在面对恐怖袭击时采取正确措施规避危险，掌握紧急情况下自救和互救知识，以最大限度地降低危害程度。2014年，中国红十字会总会发布《防范恐怖袭击与自救互救指南》，从恐怖袭击事件的预防、应对和现场急救三方面给予公众指导和建议。应当借鉴反恐宣传教育的经验，面向公众开展防范和应对个人极端暴力犯罪的宣传教育。2021年，浙江省公安厅发布了《个人极端暴力案事件防范手册》，采取图文并茂、通俗易懂的方式，向公众介绍了个人极端暴力案事件的概念、类型和防范应对措施，这一做法很有意义，值得在全国进行推广普及。

应通过各种宣传教育活动，指导公民及时发现极端暴力行为的嫌疑迹象，了解和掌握有效的规避危险、自防自救及报警处置等基本常识，使其一旦面临暴力袭击，能够做到冷静应对，并采取正确及时的措施避险，保证生命安全，把损失降到最低。还要鼓励民众积极举报相关线索，从而编织覆盖全社会的打击防范网络。此外，要引导民众在个人极端暴力犯罪发生后，冷静、理性地看待犯罪现象，既要增强安全防范意识，又要避免过度恐慌；要杜绝信谣传谣，抵制对犯罪分子滥施同情甚至美化其暴行等不良现象；要根据目标人群的具体特点，有针对性地开展宣传教育，例如，

---

[1] 冯卫国：《论〈反恐法〉中的基础性防范措施》，《河南警察学院学报》2017年第4期。

对于某些特殊行业的从业人员（如在学校、幼儿园、车站、机场、影剧院、商场、超市等公共场所工作的人员），要结合他们的工作性质，在入职教育和日常业务培训中加强防恐方面的知识学习和技能训练，促进他们更好地履行工作职责，一旦面临风险，能够从容应对。

六、发展社区警务，推动群防群治

根据美国司法部社区导向警务办公室的定义，社区警务是指推动能够支持系统地应用合作关系和问题解决技术，前瞻性地解决引起公共安全问题（如犯罪、社会失序和犯罪恐惧）的直接条件的组织战略的哲学。[1] 社区警务起源于20世纪六七十年代的西方国家，当时英、美等发达国家面临警务工作高度正规化、现代化之后犯罪问题依然突出，警察每天处于高强度工作状态而公众却并不满意的困境，因此开始实施社区警务模式。社区警务的核心理念是：既然产生犯罪的根源在社会，抑制犯罪的根本力量也应在社会，故警察应该与社会合作，并充分利用警察之外的资源来预防和解决犯罪问题，促进社区的秩序稳定与人们的生活安宁。基于这一理念，社区警务主张：警察应当从被动后发地处置犯罪转向主动先发地预防犯罪；警察不仅是执法者也是社区的服务者，应尽可能通过良好的服务与社区居民搞好关系；要将警务工作融入社区，通过发动社区力量实现对犯罪的防控。

西方国家社区警务的主要做法有：指导、协助社区居民实施邻里联防计划，建立社区预防犯罪机制；改革警务巡逻方式，通过恢复徒步巡逻和发展城乡警务岗等，增加警民接触机会；加强与公众和社区团体的联系，扩大社会服务，改善警察形象，争取公民对警察工作的支持和配合。鉴于社区警务在犯罪控制方面取得的良好效果，当前各国纷纷推行，以社区警务为标志的第四次警务革命正在世界范围内兴起。

社区警务的核心理念与价值，同我国长期以来奉行的专门工作与群众路线相结合的政法工作方针基本吻合，发展社区警务已经成为我国警务改革的重要方向。近年来，我国各地公安机关借鉴国外的一些有益经验，并结合我国具体情况，扎实推进社区警务，有力地改善了警民关系，也有效

---

[1] [美]雷切尔·博巴·桑托斯：《犯罪分析与犯罪制图》，金诚、郑滋椀译，人民出版社2014年版，第53页。

地改善了治安状况。个人极端暴力犯罪往往是单独作案、突发性强，行为人有较强的隐蔽性，防控难度很大，但随着社区警务的不断发展，警力向基层下沉，警察同社区的联系更为紧密，民众参与治安防控的热情和效果不断提升，这有助于及时获取相关的案件线索，增强警察的预警与快速反应能力，更好地防范和处置个人极端暴力事件。

总结各地的探索和经验，在开展社区警务的过程中，应着重推动以下三个方面的工作：

1. 树立警民"零距离"理念，改善和密切警民关系，为社区警务的开展奠定坚实的群众基础。社区警务旨在通过警方与社会的密切合作，协力应对犯罪，共建和谐社区。而警方与社会的密切合作，必然以良好的警民关系为前提。因此，公安机关应改变长期以来形成的自成体系、自我封闭的局面，加强与社区民众的沟通与交流，以良好的公众形象，争取社会各方面的配合与支持。应当明确，在现代民主法治社会中，警察不是居高临下的"社会治安保护者"，而是"社会安全服务者"。应积极推行警务公开，严格规范执法行为，不断提高服务质量，努力为群众排忧解难，从而赢得人民群众的信赖，增进警察的亲和力；大力倡导警力下沉，立足社区、服务社区；经常性开展与社区的互动与交流，及时向群众通报有关的治安信息，宣传、普及治安防范方面的知识，与社区居民共同研究治安情况及对策，鼓励公民参与治安防范，发挥人民群众在犯罪控制中的巨大能量。

2. 加强社区民警巡防机制。应强化民警在社区的巡逻、巡查、巡访工作，提高社区居民的见警率，使群众时刻感受到警察就在身边，从而增强心理安全感。巡防民警在工作中应注意同群众的沟通，及时了解和掌握辖区内的各类治安信息，倾听群众对公安工作的意见和建议，以不断改进工作作风。

3. 完善警民共建机制。民众的参与程度关系到社区警务的成败，因此必须深入开展警民共建，充分发挥民众在预防和控制犯罪中的作用。要深入社区，开展警务工作宣传以及法律咨询活动，以此增进群众对公安工作的了解，拉近警民距离；健全群防群治网络，动员社区民众参与治安巡逻活动，以提高社区防控能力，弥补专门力量的不足；建立社区治安咨询协商机制，定期召开社区会议，向社区民众通报治安情况，共商治安防范对策，注重依靠社区化解矛盾纠纷，消除治安隐患，预防违法犯罪。在"枫桥经验"的发源地浙江诸暨，多年来活跃着一支由枫桥市民组成的"红枫义警"队伍，其就是警民共建、群防群治的典范。"红枫义警"形成了以夜间巡逻为主线，开展治安巡逻、法制宣传、安防教育、纠纷调解、文明劝导、小型活动安保等辅助性警务工作的模式，与社区民警、村警组成枫桥"三警"基础防控格局，每位成员都成为枫桥平安的"眼睛"。[1]

社区警务是一种以治本为导向的犯罪控制模式，主张警察应从被动后发地处置犯罪转向主动先发地预防犯罪，从而取得最佳的犯罪防控效果。在社区警务的推行中，警察应克服一味跟着案件走的惯性思维，纠正"重打击、轻预防"的错误倾向，当某一刑事案件或治安案件发生后，在及时处理的同时，还应注重在社区中寻找案件发生的原因，分析和思考防控此类案件再发生的对策，并借助社会力量发现、化解、消除各类治安隐患，编织一张严密的社会治安防范网络，最大限度地预防和减少违法犯罪行为的发生。[2]

七、完善公众参与犯罪防控的保障机制

在社会日益开放、治安管理难度趋大的背景下，加强犯罪控制中的社会参与是必然选择。公众参与犯罪防控活动的表现形式多种多样，如居民自发的治安巡逻，对犯罪案件的报案、举报，扭送犯罪嫌疑人，对罪犯的帮教，对刑满释放人员的帮扶，等等。广泛而积极的公众参与，有助于弥补国家刑事司法效能的不足，更有效地预防和打击犯罪。对个人极端暴力犯罪的有效防治，公众参与更是必不可少。然而，公众参与犯罪防控是需要付出一定成本的，除物质上的成本之外，有时还面临人身安全等方面的危险。对此，一方面要在民众中倡导志愿精神、奉献精神，鼓励公民无私参与；另一方面，政府应建立一定的保障与激励机制，以引导和推动犯罪控制中的公众参与。

（一）完善对报案人、举报人及证人的保护、奖励制度

举报、作证等是公民参与刑事司法的重要渠道，对于揭露和证明犯罪

---

〔1〕 贾晓雯：《红枫义警！诸暨枫桥镇有道亮丽的"枫警线"》，浙江在线 2019 年 7 月 4 日，http：//js.zjol.com.cn/ycxw_zxtf/201907/t20190704_10519263.shtml。

〔2〕 冯卫国：《转型期中国基层社会的犯罪治理——以"枫桥经验"为视角》，《山东警察学院学报》2011 年第 4 期。

意义重大。我国《刑事诉讼法》第110条第1款规定:"任何单位和个人发现有犯罪事实或者犯罪嫌疑人,有权利也有义务向公安机关、人民检察院或者人民法院报案或者举报。"司法实践中,公民的报案或者举报,是重要的立案和侦破犯罪的线索来源之一。同时,报案人或举报人往往也是重要的证人,对于查明案情、准确适用法律起着重要作用。

目前,我国对报案人、举报人及证人的保护制度还不够完善。虽然我国《宪法》和《刑法》均对打击报复举报人的问题作了规定,2012年修正后的《刑事诉讼法》明确规定了证人保护、证人补偿等制度,但相关制度缺乏实施细则与配套机制的保障,仍存在操作性不强、落实难度大的问题。在实践中,举报人遭受打击报复甚至暴力伤害的现象时有发生,导致很多人不愿意报案或举报,这也是长期以来我国刑事案件证人出庭作证率偏低的原因。为此,我国应尽快制定专门的"举报人及证人保护法"或"举报人及证人保护条例",采取有效措施保障报案人、举报人及证人的安全。

除依法保护报案人、举报人及证人之外,对于其中的有功人员,应予以适当奖励。近年来,各地纷纷推出了有奖举报犯罪线索的举措。实践证明,这一举措是行之有效的,不仅有利于调动群众积极举报违法犯罪的热情,加快破案和缉拿犯罪人的进程,而且对犯罪分子也起到了震慑作用。如震惊全国的马加爵杀人案发生后,潜逃在外的马加爵在短短20多天即被抓捕归案,政府的悬赏通缉措施起到了积极作用。另外,还应建立举报补偿制度,当举报人因为提供线索或证据而付出一定成本时,国家应及时给予认定和补偿。

(二) 加强对见义勇为者的保护

我国刑法规定了公民为制止不法侵害而实施正当防卫的权利,刑事诉讼法规定了公民有权将正在实行犯罪的人扭送至有关机关。见义勇为既是公民的高尚美德,也是法律鼓励的权利行为。虽然见义勇为者的某些权利在现行民法、刑法、诉讼法等法律中有相应的规定,但这些规定是零散且比较笼统的,不足以有效保护见义勇为者,生活中"英雄流血又流泪"的事件已不鲜见。为改变此状况,一方面,要把现行法律中的有关规定用好、用足,如对见义勇为者正当防卫的认定,不能过于机械和苛刻,认定结果应实现情理法的平衡;另一方面,有必要为见义勇为者提供专门的法律保障。当前,我国一些省市制定了保护见义勇为者的地方性规范。但从长远看，制定全国性的见义勇为者保护立法是必要的。法律应明确规定侵害人、受益人的义务和政府的职责，如规定：见义勇为的受益者负有指认违法者并作证的义务；政府应担负起保护、奖励和补偿见义勇为者的责任，使因见义勇为而负伤者得到救治，牺牲者得到抚恤，财产损失得到补偿，物质和精神奖励得到落实。通过加强对见义勇为者的保护，可以弘扬社会正气，也能对违法犯罪者起到震慑与遏制作用，提升犯罪防控的效果。

（三）一定范围内促进治安防范的市场化运作

一方面，市场经济的发展带来人财物的大流动，单靠公安机关的力量，难以承担全部的社会治安防范任务。尽管为民众提供治安服务是政府的基本职责，但社会参与势在必行。另一方面，在市场经济新形势下，主要以政治动员、行政命令的方式发动社会参与犯罪防控的做法效果不佳，仅依靠公民的社会责任感和奉献精神也是不够的，必须开阔思路，探索利用社会资源的新渠道、新形式。在一定范围内，可以采取"花钱买平安"的做法，在社会安全防范的某些领域引入市场机制，实行有偿服务。例如，雇主以契约的形式，向专门的安全防范公司购买安全防范服务，并在平等基础上约定双方权利义务关系和违约责任。从美国、日本等发达国家看，安全防范服务行业已经扩展到社会各个领域，个人、家庭、住宅社区、企业乃至政府机构都是安全防范企业的客户。当今，仅在美国，至少有200万人受雇于私营保安业，年度运营支出超过1000亿美元。[1]

2004年，北京发生一起犯罪分子闯入幼儿园行凶事件[2]之后，一些幼儿园开始聘用民营公司的女"保镖"，担当安全防范任务。这反映了社会对民营保安业务的需求。近年来，在政府的扶植、推动下，我国保安业发展迅速，在治安工作中发挥的作用越来越大。但民营保安业的发展还面临一些制约因素，存在管理不够规范、从业人员整体素质有待提高等问题，需要从立法、管理机制、队伍建设等各个方面，进一步规范和促进保安服务业的发展。

---

［1］［加拿大］欧文·沃勒：《有效的犯罪预防——公共安全战略的科学设计》，蒋文军译，中国人民公安大学出版社2011年版，第85页。

［2］《北京发生幼儿园惨案，门卫连砍15幼童》，《中国青年报》2004年8月5日，http://zqb.cyol.com/content/2004-08/05/content_922718.htm。

八、提高技防物防水平

在我国治安管理和犯罪治理实践中,一直强调"人防、物防、技防"的有机结合,在充分发挥人力资源在犯罪防控中能动作用的同时,有效利用各种物质资源和科技手段助力治安防控。

"技防"即技术防范,是指利用现代科学技术手段来提高安全防范能力,以预防违法犯罪行为和安全事故。例如:安装报警装置、门禁系统,防止犯罪分子进入特定场所作案;安装监控装置,对重要场所、部位、物品进行监视和控制;在机场、车站等场所安装安检防爆设备,对人身、场地及携带物品进行安全检查,以预防和制止爆炸、枪击、行凶等案件的发生。

随着现代科技的迅猛发展,技防的手段和设备日益先进,其在安防体系中的地位和作用也越来越重要。如在主要道路、交通枢纽、城市公共区域的重点部位,配备、安装的公共安全视频图像信息系统,也就是视频监控系统,该系统融合了信息技术及面部识别等生物认证技术,具有视频图像采集、人像比对、车牌识别、智能分析、紧急报警等多重功能。安检防爆设备除传统的 X 光安检机、安检门等之外,还出现了手持金属探测仪、爆炸物探测器、排爆机器人、危险液体探测仪等新型设备。

中共中央办公厅、国务院办公厅《关于加强社会治安防控体系建设的意见》专门提出了强化技防物防的目标和要求,包括:将社会治安防控信息化纳入智慧城市建设总体规划,充分运用新一代互联网、物联网、大数据、云计算和智能传感、遥感、卫星定位、地理信息系统等技术,创新社会治安防控手段,提升公共安全管理数字化、网络化、智能化水平;加快公共安全视频监控系统建设,逐步实现城乡视频监控一体化,加强企事业单位安防技术系统建设,实施"技防入户"工程和物联网安防小区试点,推进技防新装备向农村地区延伸;等等。

"物防"即物力防范,是指通过基础防范设施建设及其运用,预防违法犯罪行为和安全事故。"物防"主要是对犯罪目标、犯罪空间环境和可能发生治安灾害事故的部位安装防护设施,加大违法犯罪人员作案的难度,使之不易实施违法犯罪活动。同时,对一些容易发生火灾、爆炸、泄漏等治安灾害事故的重点、要害部门加设防护设施,控制和消除危险因素和危害后果。常见的"物防"措施包括:对要害单位、场所修筑并加高加固围墙，设置防护网，安装照明设备；加固门、窗等出入口，安装"三铁"，即铁门、铁窗、铁护栏，确保要害部门的门窗安全可靠；为防范犯罪分子以驾驶汽车高速冲撞的方式发动袭击行为，在火车站、客运站、医院、学校、商业中心、广场等人员密集场所设置隔离防撞设施；等等。[1]

在个人极端暴力犯罪防控实践中，必须重视各种安全防范措施、设施的综合运用，把人防、物防、技防结合起来，三者并重，并使之相互配合，这样才能获得比较理想的防范效果。

这里所讲的技防物防措施，以及前述的危险物品管控、重点目标保卫等举措，都是犯罪学上的情境犯罪预防机制的体现。情境犯罪预防机制的基本思路在于：采取措施增加犯罪被发现的风险，并使犯罪人实施犯罪更加困难，从而让他们决定不实施犯罪，或者使他们袭击特定目标的机会减少。这一机制不是直接对犯罪人施加影响，而是试图通过改变犯罪发生的环境条件来间接影响犯罪人。但是，情境犯罪预防机制也有局限性和负面影响，其作用主要是防止特定的目标遭受袭击，并不会影响犯罪人的一般动机，因此这些措施不会必然阻止犯罪人针对其他目标展开袭击，也就是说，如果安保措施强化使得某些犯罪目标难以接近，那么可能导致的结局是犯罪人转移攻击目标，即转向安保措施薄弱的"软目标"。情境犯罪预防机制在很大程度上只是一个"治标"的办法。[2]但即便如此，也不能否认情境犯罪预防机制的积极效能，起码该机制能阻止犯罪分子袭击一些安保措施严密的重点目标，对某些至为重要的公共利益起到保护作用。

九、提升涉案信息管理与舆情应对能力

首先，要完善日常治安信息工作机制。信息工作是做好治安工作的基础性条件，公安民警要强化信息意识，深入群众，随时收集有关治安的信息，并及时、有效地进行筛查、研判、核查、追踪，充分挖掘信息在治安管理与犯罪控制方面的价值。要建立公安机关同相关部门、单位的情报信息通报共享机制，实现信息的双向传递、良性流动。对于需要采取相应安全防范、应对处置措施的情况，应当及时通报有关部门和单位，并可以根

---

[1] 冯卫国：《论〈反恐法〉中的基础性防范措施》，《河南警察学院学报》2017年第4期。
[2] [挪威]托尔·布约格：《恐怖主义犯罪预防》，夏菲、李休休译，中国人民公安大学出版社2016年版，第84—91页。

据情况发出预警。要做好社会治安风险信息的综合研判，及时掌握影响社会稳定的重大隐患和突出问题。要建立治安信息工作规范，在信息的收集、整理、传递、积累、管理等方面出台专门制度，严格有关人员的责任和奖惩。要善于运用大数据、云计算等现代信息技术，着力提升情报感知、研判、分析能力，从海量的人流、物流、信息流、资金流中及时发现涉案线索，做到预警在先、预防在前，将可能的极端暴力犯罪行为消灭在萌芽阶段。

其次，要建立合理有序的犯罪信息公开制度。以往实践中，有些地方对发生的恶性案件，在案件侦破之前，很少向社会公开，甚至人为地"捂盖子"，封锁消息。这样做的后果，不利于警示百姓、预防被害；不利于发动群众、协助破案。此外，还容易引起小道消息传播，导致群众的猜测、怀疑和恐慌。例如，新中国成立后发生多起劫机案、20 世纪 90 年代新疆发生多起爆炸案，由于信息传递不够及时、透明，造成小道消息和谣言满天飞，引起了人们的极大恐慌，甚至有人在相当长的时间内不敢乘坐飞机和公共汽车。[1] 所以，对于实际发生的个人极端暴力事件，政府有关部门应及时将案情向公众通报，有助于击破谣言，稳定社会情绪，增强公民对政府的信任感。但是，对个人极端暴力犯罪的信息公开也应当有所规制。这类犯罪具有一定的特殊性，不仅后果严重、波及面广、社会影响大，而且不少行为人具有扩大事态、制造影响的目的，如果信息发布的节点、尺度把握不好，会加剧社会的恐慌心理，甚至引起极个别潜在犯罪人实施具有模仿性质的行为。鉴于个人极端暴力犯罪同暴恐犯罪在很多方面的相似性，建议参照涉恐案件的信息管控制度，对个人极端暴力事件的信息发布进行规制。《反恐怖主义法》第 63 条对涉恐信息的发布途径、报道要求等作了专门规定，这是基于重大公共利益而对媒体报道进行的合理管控，不仅是必要的，也符合国际通例。《突发事件应对法》第 53 条及第 54 条也规定，履行统一领导职责或者组织处置突发事件的人民政府，应当按照有关规定统一、准确、及时发布有关突发事件事态发展和应急处置工作的信息；任何单位和个人不得编造、传播有关突发事件事态发展或者应急处置工作的虚假信息。据此，对个人极端暴力事件相关信息的发布，应明

---

〔1〕 刘玉雁：《中国政府恐怖主义危机管理问题研究》，北京师范大学出版社 2011 年版，第 121 页。

确由特定的政府机构统一发布，任何单位和个人不得编造、传播虚假或不实的相关信息，不得报道、传播可能引起模仿的暴力活动的实施细节，不得发布暴力事件中残忍、不人道的场景，对违规擅自发布相关信息者，应当明确其法律后果与追责机制。

再次，要强化媒体责任，引导社会舆论。媒体作为社会公器，在一定意义上行使着社会权力。对于媒体报道，法律约束与政府的适度管控是必要的，但仅靠外部约束是不够的，还需要行业自律。在涉极端暴力事件的报道中，媒体应慎重把握有关界限和尺度。在引导社会舆论、培养国民良好心态方面，媒体尤其是主流媒体负有不可推卸的责任。"大众媒体在危机发生的背景下，对危机治理有着不可或缺的协理作用，有时甚至具有第二决策者的作用。危机治理走向优化还是恶化，与大众媒体的信息流和评价导向有着直接的相关性。"[1] 在当今这样的"全媒体时代"，任何个体或组织都可以借助信息网络发声，如果主流媒体保持沉默，不实信息乃至谣言就会甚嚣尘上。针对个人极端暴力事件报道的特殊性，媒体在坚持新闻工作一般规律的同时，应当更多地考虑公共利益需要和应承担的社会责任。在实践中，个别媒体为了吸引眼球，对暴力行为的某些细节过度渲染，或对事件的成因不当解读，把犯罪嫌疑人看作"受害者"，强调其弱势群体地位以及政府、社会对犯罪发生的责任，从而产生误导公众、不利于犯罪防控的负面影响。媒体应总结经验教训，促进相关的报道更加专业、更讲究策略，在坚持新闻报道客观性、及时性的同时，避免对犯罪过程和细节进行详尽描述，避免相关报道过于密集，不当地放大暴力事件的影响，一些揭示案件成因的深度报道可以延迟推出，以避免产生犯罪的模仿和传染等负面效应。

随着社会价值观念的日趋多元化，加之客观存在的利益分化、分配不公问题，以及教育等方面的缺失，导致一部分社会成员出现价值观的错乱以及认知方面的偏差。在某些个人极端暴力事件发生后，一些人颠倒是非、同情、美化甚至歌颂凶手，对政府的调查处理结论或者司法判决采取一概怀疑、否定的态度。这种非理性的声音借助网络和社交媒体的传播，一度甚嚣尘上，助长了社会戾气，引发社会的撕裂。典型的例子如杨佳案。2008年7月1日，北京籍男子杨佳持刀闯入上海市闸北区政法办公大

---

[1] 余潇枫：《非传统安全与公共危机治理》，浙江大学出版社2007年版，第51页。

楼，导致 6 名警察死亡、3 名警察和 1 名保安受伤。该案发生后，夺走 6 条无辜生命的案犯竟然获得了不少人的赞誉和声援，在一些网络社区和社交媒体上，杨佳成为一些人眼里的"侠士"和"刀客"，是反抗压迫的林冲式英雄，在短短几天之内，互联网上竟冒出"杨佳博客""杨佳圈""杨佳吧"，为其鸣冤叫屈的声音不绝于耳，甚至有上千名民众联名建议官方特赦杨佳。对此，个别媒体报道的失当客观上起到了推波助澜的作用。

强化媒体社会责任，重塑社会主流价值，捍卫人类底线伦理，这是刻不容缓的事情。在对待个人极端暴力事件的态度上，必须凝聚社会成员最基本的共识：任何非法剥夺他人生命的行为都是应该给予严厉谴责的，不管行为人是否曾经受过不公正的对待，不管社会中存在什么样的问题，滥杀无辜的行为都是践踏人类道德底线的野蛮、可耻行为，必须给予严厉的惩罚。

十、强化刑事被害人保护

关于刑事被害人的概念，理论上是一个有争议的问题，在刑法学、刑事诉讼法学、被害人学等不同的学科语境下，其范围是有所不同的。本书所探讨的刑事被害人，是指权利遭受犯罪行为侵害的人，包括受到直接侵害的人和受到间接侵害的人。但这里所指的人限定在自然人范围，不包括单位等组织体。

二战后，被害人权利保护问题逐渐得到国际社会的关注，刑事被害人学迅速兴起。在我国，司法实践中长期以来对被害人保护关注不够，无论是物质帮助还是精神救助，都存在制度欠缺、保护不力的问题，并引发了一些社会问题。例如，尽管我国刑事诉讼法设置了刑事附带民事诉讼制度，但由于很多被告人缺乏赔偿能力，许多附带民事判决成为"法律白条"，如在马加爵案、艾绪强案、邱兴华案等个人极端暴力案件发生后，受害人家属都提起了附带民事诉讼，但都未能得到应有的赔偿。许多被害人家庭因无法从罪犯那里获得赔偿而陷入生活困境。由于得不到应有的救济，一些被害人不得不四处上访，还有的被害人对法律产生失望情绪，甚至出现一些报复伤害等极端行为。这种现象，增加了社会的不稳定因素。[1] 在国外，有学者的研究表明，暴力犯罪的被害人在一定条件下，有

---

[1] 冯卫国、刘莉花：《论刑事被害人国家补偿制度之构建》，《山东警察学院学报》2008 年第 1 期。

可能随着时间的推移而转变成加害人，出现暴力循环的情形。"暴力产生暴力，以致今天的受害者可能成为明天的施暴者。"[1] 例如，张扣扣案、冀中星案等个人极端暴力犯罪案件，都属于被害人转变成犯罪人的情形。

在近年来的司法改革中，加强被害人权利保障成为改革的重要目标，刑事程序从以前的以被告人权利保障为重心，逐步转向被害人权利保障与被告人权利保障并重。在立法层面，如2012年修改后的《刑事诉讼法》，进一步完善了刑事附带民事诉讼程序，加强了对刑事被害人经济利益的保护；增加了被害人因作证而面临危险时的特别保护措施；增设了刑事和解制度，提升了被害人在刑事程序与案件处理方面的话语权。在实践层面，开始探索刑事被害人国家救助制度。2001年3月，靳如超爆炸案发生后，当地政府出面，确定由政府、企业、相关部门等共同处理遇难和受伤人员的善后工作，并对受害人给予一定的经济补偿。这可以看作我国刑事被害人补偿制度的萌芽。2004年，山东淄博在全国率先实施刑事被害人经济困难救助制度。[2] 2006年，最高人民法院在全国10个高级法院开展刑事被害人救助制度试点。[3] 2009年，由中央政法委员会牵头，最高人民法院、最高人民检察院、公安部、民政部、司法部、司法部、财政部等会签《关于开展刑事被害人救助工作的若干意见》，被害人救助制度在全国范围内初步建立。不过，由于立法滞后等，被害人救助制度的运行中存在相关部门职权划分不明、救助程序不完备、财政资金保障不到位、救助标准不统一等问题，制定刑事被害人救助的专门立法十分必要。

在刑事被害人救助制度的构建和完善中，不仅要关注对被害人的法律援助、物质帮助问题，也要关注对被害人的心理救助问题。特别是在个人极端暴力犯罪案件发生后，相关人员会产生不同程度的心理创伤，这些人员包括案件中的直接被害人及其亲属、案件的目击者、安保救援人员等。发动专业力量及时介入，对这些人员展开必要的心理辅导、心理治疗等服务，有助于减少犯罪造成的后续性损害。

---

[1] [美]安德鲁·卡曼：《犯罪被害人学导论》（第6版），李伟等译，北京大学出版社2010年版，第8页。

[2] 《淄博刑事被害人经济困难可获救助》，新浪网2006年7月6日，https://news.sina.com.cn/o/2006-07-06/08279387825s.shtml。

[3] 《中国刑事被害人救助从无到有，已步入制度化轨道》，中国新闻网2010年1月12日，https://www.chinanews.com/gn/news/2010/01-12/2066944.shtml。

第四节　个人极端暴力犯罪的社会治理路径

任何社会都不可能没有矛盾纠纷，犯罪也不可能完全消失，但是政府可以通过有效的社会治理，最大限度地缓和、化解、减少矛盾，从而把犯罪率控制在社会可以承受的范围内。导致犯罪的根源性问题可能涉及宏观的社会层面，如失业与贫穷、城市化、政治发展等。[1] 个人极端暴力犯罪的滋生，从一定意义上讲是社会治理失效的产物。"从法治国家的治理角度出发，对任何极端暴力犯罪都必须进行严厉打击，但全社会更应深刻反思，从源头上彻底铲除其产生的现实土壤。"[2] 从犯罪预防的角度看，这里所讲的社会治理也被称为犯罪社会预防，即通过干预根源问题、减少风险因素、加强防范措施来防止个体或群体走向犯罪道路。

一、更新治理理念，推动更有效的基层社会治理

社会治理的重心在于基层，基层是社会矛盾的集中地，也是治理的重点和难点。在新时代背景下，为实现更有效的基层社会治理，应当坚持以下治理宗旨与原则：

（一）坚持"以人民为中心"的治理宗旨

"以人民为中心"是党的十九大报告确立的坚持和发展中国特色社会主义的基本方略之一。在社会治理中贯彻"以人民为中心"的根本宗旨，必须坚持治理的最终目标是为了人民、服务人民，尽最大努力提升人民群众的获得感、幸福感、安全感；同时，充分释放人民群众在社会治理中的巨大能量。

人类从工业社会步入信息社会后，由于物质生产力的大发展，逐渐从"物统治人"的人性异化时代解放出来，走向"以人为本"的人本主义时代，人自身的价值不断得到提升，人的主体地位日益彰显。新时代的社会治理应当顺应这一历史潮流，坚信人是目的而不是手段，以促进人的自

---

[1] [挪威]托尔·布约格：《恐怖主义犯罪预防》，夏菲、李休休译，中国人民公安大学出版社2016年版，第50页。
[2] 李松：《底层民意：中国社会心态调查》，新华出版社2014年版，第3页。

由、实现人的解放、追求人的尊严与幸福为最终目标,努力将人文关怀渗透于社会治理的各个环节。党的十九大报告提出要"更好推动人的全面发展、社会全面进步",这体现了人本主义的发展理念。社会治理是以实现和维护群众权利为核心,发挥多元治理主体的作用,针对国家治理中的社会问题,完善社会福利,保障改善民生,化解社会矛盾,促进社会公平,推动社会有序和谐发展的过程。[1] 在社会治理实践中,要摒弃以往片面强调维稳、社会管制过度的误区和倾向,在进行必要的社会管制的同时,充分维护公民权益。

(二) 坚持法治、德治、自治融合的治理路径

推动法治、德治、自治的"三治融合",以此为基本途径来实现基层社会治理的"善治"目标,是新时期"枫桥经验"的基本内涵之一。当前,这一治理思想得到了国家层面的肯定和倡导。2017 年,《中共中央、国务院关于加强和完善城乡社区治理的意见》明确提出,城乡社区治理中要促进法治、德治、自治有机融合。

在全面推进依法治国的背景下,基层社会治理必须遵循法治原则,以法治思维和法治方式处理相关的公共事务。法治首先意味着对公权力的制约,有关公共机构及公职人员的公务活动应该在法治轨道上运行,对于法定的职责和义务必须严格履行;对于涉及公共资源配置和公民权利限制的活动,在实体和程序上都必须于法有据;对于实施违法行为的社会主体,在制裁处理时必须遵守法定原则、比例原则和正当程序原则。

法治的另一层重要含义是对私权利的保障。而对私权利的保障和对公权力的制约是相互依存的两个方面,正如一枚硬币的两面,对公权力的制约本身就意味着对私权利的保障。

尽管法治是现代社会治理的基本手段,但法治并不是万能的,亦存在一定的局限和不足,如调整的范围有限、运行的成本较高、法律适用容易产生僵化和机械性问题等。德治作为一种柔性的更加灵活的治理手段,正好能弥补法治的不足,如德治可以抵达人的内心世界,调节人的思想和情感。在我国数千年的传统社会里,伦理道德一直在基层治理中扮演着重要角色,追求情理法的统一是中华文化的一大特质。在当今的基层社会治理中,仍然要在坚持法治原则的前提下,继续发挥德治的积极作用。尤其是

---

〔1〕 周红云主编:《社会治理》,中央编译出版社 2015 年版,第 24 页。

在信息时代背景下,经济与社会的发展需要相对宽松自由的环境,法律的过度介入会遏制社会活力,抑制创新欲望,而发挥德治的柔性治理作用有助于取得更佳的治理效果。例如,对于互联网空间的炫富摆阔、低俗恶搞、语言暴力、人肉搜索、恶意差评等不良现象,法律手段往往无能为力,主要还是应通过加强互联网伦理道德建设加以遏制。

社会自治是人民群众对基层公共事务的自我管理,其管理主体是社会组织或民间组织。它是一种非政府行为,是基层民主的重要实现形式。[1] 20世纪90年代以来,随着计划经济向市场经济转轨,我国社会结构也悄然变化,政府由全能政府逐渐向有限政府转型,社会自治的空间逐渐扩大。特别是步入信息时代后,政府的运作方式由于信息流动、传递与交换方式的变革而发生变化,双向信息传递使公众意愿的表达更为直接、准确,由此提高了政治生活的开放性和民主化水平,公众对公共事务的知情权和参与权不断扩大,社会主体的自主性和自治性与日俱增。在这样的社会结构中,政府包揽一切公共事务、单方面主导社会治理的局面难以为继,良好社会秩序的形成更有赖于民众参与和社会自治。在基层社会治理中,应当重视发挥市民公约、乡规民约等非正式规范的治理功能,通过弘扬现代乡贤文化、孝德文化等,发挥优秀文化"以文化人"的作用。应当在继续强化村委会、居委会等传统基层自治组织作用的同时,发展"两新组织"[2]"新社会阶层"[3] 等,促使自治力量有序散发活力,形成法治、德治、自治有机融合的局面。对此,党的十九大报告指出,要"加强社区治理体系建设,推动社会治理重心向基层下移,发挥社会组织作用,实现政府治理和社会调节、居民自治良性互动"。

(三) 坚持多元主体、协同共治的治理理念

按照社会治理的本意,创新社会治理体制除了坚持政府主导,更强调注重发挥社会组织的作用、增强市场主体的社会责任。为形成推动社会发展的合力,需要按照共同治理原则,发挥政府、市场、社会等多元主体在

---

[1] 俞可平:《更加重视社会自治》,《人民论坛》2011年第6期。

[2] "两新组织",是指新经济组织和新社会组织。新经济组织,是指私营企业、外商投资企业、港澳台商投资企业、股份合作企业、民营科技企业、个体工商户、混合所有制经济组织等各类非国有、非集体的经济组织。新社会组织,是社会团体和民办非企业单位的统称。

[3] "新社会阶层",主要指私营企业、外资企业的管理人员和技术人员,中介组织从业人员,自由职业人员,等等。

社会治理中的协同互补作用，充分体现多方参与。[1] 党的十九大报告提出"打造共建共治共享的社会治理格局"。党的十九届四中全会《决定》进一步提出："建设人人有责、人人尽责、人人享有的社会治理共同体，确保人民安居乐业、社会安定有序，建设更高水平的平安中国。"习近平总书记也曾指出："随着互联网特别是移动互联网发展，社会治理模式正在从单向管理转向双向互动，从线下转向线上线下融合，从单纯的政府监管向更加注重社会协同治理转变。"[2] 基层治理应秉持"共建共治共享"的理念，有效汇聚各类治理主体的力量，以"共治"带动"善治"，以协同促进和谐。

首先，要落实基层政府在基层社会治理中的主体责任。虽然现代社会的治理主体是多元的，但社会治理首先是政府的责任。在走向"国家－社会"二元结构的背景下，政府不能也不可能对公共事务大包大揽，但也不能回避应承担的责任，避免权力缺位而形成"治理盲区"。另外，在我国长期以来"强政府、弱社会"的格局下，自治传统相对薄弱，社区力量发育仍不成熟，政府应当承担起扶植、保障、引导社会力量的责任，以奠定社会治理的社会基础。

其次，要推动各类社会主体参与社会治理。同社会管控、社会管理等概念不同，社会治理概念中社会不仅是治理的对象，也是治理的主体；同时，政府在某种意义上也是治理的对象，因为在法治社会中，政府的权力行使是有边界的，需要有所规制，除法律的规范和政府的自我约束外，社会参与治理也在一定程度上形成对政府权力的制衡。在新的历史条件下，参与社会治理的社会主体，除了普通公民、企事业单位、人民团体、行业协会、居委会及村委会等自治组织，还包括一些新型的社会组织，如业主委员会，各种志愿者组织，慈善基金会，基于特定兴趣、专业或特定人群形成的各种社团、协会、联谊会、校友会、同乡会等，以及以互联网为纽带的虚拟网络社团（各种网络论坛、网上俱乐部、BBS等），等等。政府既要充分发挥各类社会主体的积极作用，又要合理地对其行为加以规范和引导。

---

[1] 时立荣、王安岩：《社会企业与社会治理创新》，《理论探讨》2016年第3期。
[2] 《习近平：加快推进网络信息技术自主创新 朝着建设网络强国目标不懈努力》，中国共产党新闻网2016年10月10日，http://cpc.people.com.cn/n1/2016/1010/c64094-28763907.html。

在步入新时代的背景下，我国许多地方积极探索基层社会治理新模式，总结出不少行之有效的经验。如北京市按照抓住"一个龙头"（社会领域党建）、夯实两个基础（社区、社会组织）、建设"两支队伍"（社工、志愿者）、依靠"两个骨干"（街道办事处、"枢纽型"社会组织）、善用"两个载体"（政府购买服务、城市服务管理网络化）、推动"三维互动"（政府、社会、市场）、实现"两个全覆盖"（社会领域党建、社会服务管理）的工作思路抓落实，各项工作取得了明显成效。[1]

（四）坚持价值平衡、利益兼顾的治理原则

基层治理要面对十分复杂的利益关系，同时要追求秩序、自由、公正、效率等多元价值，这需要掌握平衡与调适的艺术和技巧，善于在价值冲突中寻找平衡点，兼顾各方主体的正当利益。在治理实践中，面临存在冲突的利益关系时，首先应当考虑从现行法律中寻找解决依据。如果立法未规定或规定不明确，则应当从法律的精神出发，在与利益相关各方充分沟通、协商的基础上，寻求兼顾各方利益的最优解决方案。例如：征地拆迁一直是许多地方矛盾纠纷的焦点，对于此类纠纷，有关部门不能仅仅考虑城市发展的需要和开发商的利益，还应当多考虑拆迁户的利益，尽力满足其合理诉求。在劳资纠纷、消费者权益纠纷的处理中，既要维护企业的正当利益，也要维护劳动者、消费者等的合法权益。一方面，"法律的天平应向弱者倾斜"，对处于弱势的劳动者、消费者等应当特别保护；另一方面，也要顾及企业的正当、合法利益，对弱势群体的利益保护不能过度，否则从长远看，各方的利益都会受到损害。

再如，在城市管理中，小商小贩占道经营、无照经营一直是一个管理难题，一些地方的城管部门采取简单的"一禁了之"做法，甚至粗暴执法，引发了诸多矛盾冲突，甚至导致血案发生。对此，管理者在执法过程中需要考虑社会底层人员的生存权益，将严格执法与人性化执法统一起来。如上海"阿大葱油饼店"的处理就是一个范例。残疾人陈阿大在里弄做葱油饼几十年，其做的饼子因好吃不贵而口碑很好，但其存在证照不全的问题。黄浦区监管部门没有简单地将这一小店关停，而是在引导其提高

---

[1] 贺勇：《创新社会治理 建设和谐宜居之都》，《人民日报》2015年9月2日，第14版。

卫生标准的同时,协助其重新选址并办理证照,很快小店又重新开张。[1]

(五)坚持科技支撑、信息引领、以人为本的治理思路

现代科技的飞速发展促进了经济增长和社会繁荣,也带来更多的风险源,促成了"风险社会"的来临。但与此同时,科技发展也为社会治理带来新的机遇。只有主动拥抱现代科技,充分利用科技手段服务社会治理,才能提高社会治理的效能,有效应对"风险社会"的挑战。当前,科技发展最引人瞩目的动向无疑是信息技术的突飞猛进,这使得人类生产和生活的各个领域都发生了巨大变革,也对社会治理带来深远影响。没有信息化,就没有现代化,没有社会治理的信息化,就没有社会治理的现代化。要善于借力现代科技,坚持科技支撑、信息引领的治理思路,使互联网、大数据、人工智能等成为促进社会治理的新增长点,实现社会治理的动能转换和效能提升。

信息引领的社会治理,意指将信息作为社会治理的基本要素和核心资源,在社会治理的各个领域、各个环节都发挥信息的支持和导向功能,从而促进决策的科学化、执行的高效化,实现最佳的治理效果。

在基层社会信息治理方面,一些地方进行了卓有成效的探索。如浙江省诸暨市努力打造"脚板+鼠标""面对面+键对键"的人民调解新模式,努力让老百姓"少跑腿、多按钮,问题解决在家门口"。该市依托互联网,建立起基层治理综合信息系统和综合信息指挥室,通过微信、手机APP等网络平台,把遍布全市的信息员(网格员)连接起来,实现信息采集全覆盖,使矛盾纠纷预警排查机制更趋智能化、便捷化、精准化。诸暨市人民法院开通"在线法院调解"平台,使纠纷调解"最多跑一次"成为现实。[2] 浙江省江山市立足于社会治理的大联动中心和大数据中心两大目标定位,建成了江山市综合指挥中心,该中心通过平台、人员、数据、视频的大整合,使得信息反馈更及时、信息流转更稳定、信息处置更有力。尤其是依托"雪亮工程"建设,整合了全市视频监控资源,实现了人脸动态识别系统上线运作,并接入火车站进出站口等重点区域的视频信号,增强

---

[1] 蒋萌:《网红"阿大葱油饼"要规范更要帮扶》,人民网2016年9月28日,http://opinion.people.com.cn/n1/2016/0928/c1003-28747761.html。

[2] 冯卫国:《"大调解"体系建设的"枫桥经验"——完善多元化纠纷解决机制的新探索》,《山东科技大学学报(社会科学版)》2018年第6期。

了实时的数据抓取能力和风险预警能力,全面提升了各类风险防控的科技化、信息化、智能化作战水平。

需要强调的是,在科技革命的背景下,要处理好人和技术在社会治理中的关系,既要充分发挥现代科技对社会治理的强大支持作用,又不能高估和过度依赖科技的作用,须知,人在社会治理实践中永远扮演着主体角色、发挥着关键作用,科技只是辅助手段。[1]

二、推进社会建设,促进社会公平

社会建设是指社会主体根据社会需要,有目的、有计划、有组织地进行的改善民生和推进社会进步的社会行为与过程。社会建设主要包括两大方面:一是实体建设,如社会事业建设、社区建设、社会组织建设、社会环境建设等;二是制度建设,如社会结构的调整与构建、社会流动机制建设、社会利益关系协调机制建设、社会保障体制建设、社会安全体制建设等。[2] 在党的十八大报告提出的"五位一体"总体布局中,加强社会建设是十分重要的一个方面,是社会和谐稳定的重要保证。社会建设被纳入国家核心发展战略,这是我们党深刻把握经济社会发展规律作出的重大战略决策和部署。

自改革开放后,我国将工作重心由原来的阶级斗争转向经济建设,全国上下集中精力抓经济发展,在短短的40多年时间里,创造了世界经济史上的奇迹。但是,我国在经济飞速发展的同时也面临一些问题,其中突出的问题是社会建设相对滞后于经济发展,不少地方"GDP主义盛行,非经济方面的发展大多被大大忽视,导致环境恶化,资源大量浪费,贫富差异和社会分化严重"[3]。由此进一步引发了一系列社会问题,如高自杀率、精神疾病多发、人际关系冷漠、社会暴力快速蔓延等。当前的社会暴力更多地直接源于社会公平正义的缺失和社会某些道德底线的失守。[4] 正义是社会制度的首要价值[5],社会建设的核心目标就是实现公平正义,通过推

---

〔1〕 冯卫国、苟震:《基层社会治理中的信息治理:以"枫桥经验"为视角》,《河北法学》2019年第11期。

〔2〕 朱力:《何谓社会建设》,《群众》2011年第3期。

〔3〕 郑永年:《大趋势:中国下一步》,东方出版社2019年版,第297页。

〔4〕 郑永年、杨丽君:《中国崛起不可承受之错》,中信出版集团2016年版,第99页。

〔5〕 信春鹰:《正义是社会制度的首要价值》,《读书》2003年第6期。

动社会改革、发展民主法治、促进机会平等，让广大人民群众共享改革发展成果，促进社会稳定与和谐。社会建设尽管是一个长期努力的过程，但对于个人极端暴力犯罪的治理是意义深远的治本之策。

社会建设包含的内容极其广泛，以下方面是当前我国社会建设应当重点关注、优先考虑的内容：

（一）发展社会事业

社会事业也被称为公共服务，具有公众性、公用性、公益性和非营利性等特征，其涉及众多领域，很多方面与基本民生密切相关，如教育、医疗卫生、劳动就业、住房与社会保障等。党的十七大报告提出"以改善民生为重点的社会建设"。党的十八届三中全会通过的《中共中央关于全面深化改革若干重大问题的决定》提出"推进社会事业改革创新"的目标，其核心内涵就在于更好地保障和改善基本民生，努力实现全民幼有所育、学有所教、劳有所得、病有所医、老有所养、住有所居、弱有所扶。党的十九届四中全会《决定》提出："坚持和完善统筹城乡的民生保障制度，满足人民日益增长的美好生活需要"，"注重加强普惠性、基础性、兜底性民生建设，保障群众基本生活"，"满足人民多层次多样化需求，使改革发展成果更多更公平惠及全体人民"。十八大以来，党中央把社会保障体系建设摆到更加突出的位置上。加强顶层设计，统筹城乡居民社保体系建设，推进全民参保计划，积极发展养老、托幼、助残等福利事业，基本医疗保险覆盖13.6亿人，基本养老保险覆盖近10亿人。在全社会共同努力下，我们建成了世界上规模最大的社会保障体系，为人民创造美好生活奠定了坚实的基础。[1]

从当前人民群众最关心，也是最直接、最现实的利益出发，以下四个方面是民生工作的重中之重：一是要把做好就业工作摆到突出位置，不断拓宽就业渠道，创造就业岗位；二是要进一步完善最低生活保障制度，改革和健全社会保障体制；三是要不断加大教育方面的投入，提升教育质量，促进教育公平；四是要构建覆盖城乡的医疗保障网络，切实解决群众看病难的问题。

（二）优化社会结构

社会结构制约着社会的稳定与发展。优化社会结构的基本路径，在于

---

[1] 习近平：《促进我国社会保障事业高质量发展、可持续发展》，《求是》2022年第8期。

通过深化社会改革，调整社会政策，加强对社会弱势群体的生存保障与权利保护。要逐步改变城乡二元结构，促进农业、农村发展，不断提高广大农民的生活质量。在城市，要加强对农民工的权利保障，逐步推动给农民工以市民待遇，使其摆脱在城市和农村的夹缝中生存的"边缘人"处境，从而顺利融入城市，实现安居乐业。要继续完善人口与计划生育政策，改善人口结构，构建新型养老保障制度，加强对老年人群体的关爱和保护。以上问题的解决思路，在近年来党和政府的决策中都有具体明确的体现。例如：为解决城乡发展不平衡问题，中共十六届五中全会提出推进社会主义新农村建设；党的十九大报告进一步提出实施乡村振兴战略；党中央从2004年至2024年，连续21年发布以"三农"为主题的中央一号文件，强调"三农"问题在我国社会主义现代化建设中的特殊重要地位；党的二十大报告指出"全面推进乡村振兴"，"坚持农业农村优先发展"，提出要以"中国式现代化"指引乡村振兴，开启了建设中国式乡村现代化的新征程。

  优化社会结构的重要目标，在于大力改善低收入者经济状况与生活质量的同时，推动中等收入者比重逐渐上升，培育形成合理的社会阶层结构。现代社会学界普遍认为，橄榄形结构是一种比较理想的、有利于社会稳定的社会结构，即社会结构呈现两头小中间大的特征，具体指以中等收入群体为主的社会。优化社会结构首先体现为减少贫困人口。改革开放40多年来，我国在扶贫减贫方面取得举世瞩目的成就。根据2018年世界银行发布的《中国系统性国别诊断：推进更加包容、更可持续的发展》，1978年至2014年，中国人均收入增长了16倍，中国的极端贫困率由1981年的88.3%大幅降至2013年的1.9%，这意味着中国经济腾飞使超过8.5亿人摆脱了贫困。[1] 尤其是党的十八大以来，党中央发起全国范围的脱贫攻坚战行动，大力推动精准扶贫，每年减贫1300万人以上。[2] 2021年2月25日，在北京召开的全国脱贫攻坚总结表彰大会上，习近平总书记庄严宣告："我国脱贫攻坚战取得了全面胜利，现行标准下9899万农村贫困人口全部脱贫，832个贫困县全部摘帽，12.8万个贫困村全部出列，区域性整体贫困得到解决，完成了消除绝对贫困的艰巨任务，创造了又一个彪炳史册

---

[1] 世界银行：《中国系统性国别诊断：推进更加包容、更可持续的发展》，https://documents1.worldbank.org/curated/en/190251521729552166/pdf/113092-CHINESE-SCD-P156470-PUBLIC.pdf。

[2] 《十八大以来全国每年平均减贫人数在1300万人以上》，人民政协网2017年10月10日，https://www.rmzxb.com.cn/c/2017-10-10/1831306.shtml。

的人间奇迹！"[1]

同时应该看到，虽然我国完成了消除绝对贫困（或称"生存贫困"）的任务，广大人民群众的吃穿、义务教育、基本医疗、住房安全等基本生存问题得到解决，但因收入差距产生的相对贫困人口仍然数量庞大。要继续推行和完善最低工资保障制度和最低生活保障制度，减少相对贫困人口，并努力扩大中等收入群体。对此，党中央有着清醒的认识，并作出了具体的安排。党的十八届三中全会通过的《中共中央关于全面深化改革若干重大问题的决定》提出，要"努力缩小城乡、区域、行业收入分配差距，逐步形成橄榄型分配格局"。党的十九大报告在论述新时代中国特色社会主义发展的战略安排时，提出了从2020年到2035年"中等收入群体比例明显提高"的目标要求。党的十九届四中全会《决定》进一步提出了"建立解决相对贫困的长效机制"的战略目标。在脱贫攻坚目标任务完成后，党中央审时度势，将"三农"工作重心转向全面推进乡村振兴。2021年1月14日出台的中央一号文件《中共中央、国务院关于全面推进乡村振兴加快农业农村现代化的意见》，提出要"加强农村低收入人口常态化帮扶"，"对有劳动能力的农村低收入人口，坚持开发式帮扶，帮助其提高内生发展能力，发展产业、参与就业，依靠双手勤劳致富。对脱贫人口中丧失劳动能力且无法通过产业就业获得稳定收入的人口，以现有社会保障体系为基础，按规定纳入农村低保或特困人员救助供养范围，并按困难类型及时给予专项救助、临时救助"。

（三）完善社会服务功能

社会建设的主体是多元的，包括政府、事业单位、社会组织与公民等，但政府负有首要责任，尤其是在落实基本民生保障、维护社会公平正义方面，政府更是责无旁贷。改革开放以来，我国社会中出现的一些问题，如老百姓看病难、买房难、子女上学难等，同市场经济发展过程中政府一些职能的缺位、错位不无关系。如教育、医疗和住房等领域，都需要政府出台相关的政策并进行一定的财政投入，但较长时间内这些领域被过度地市场化、商业化，给普通民众的生活带来巨大压力和消极影响，"上学难、看病难、住房难"成为新的"三座大山"，一些人沦为所谓的"房

---

[1]《习近平：在全国脱贫攻坚总结表彰大会上的讲话》，求是网2021年2月25日，http://www.qstheory.cn/yaowen/2021-02/25/c_1127140420.htm。

奴""孩奴"。此外，一定范围内存在的公权滥用、行政效能低下、司法不公乃至司法腐败等问题，破坏了社会公平正义，损害了党和政府的威信及法律公信力，这也是造成一些社会问题的深层次原因之一。随着经济与社会发展，人民群众的温饱问题基本得到解决，小康社会逐步建成，人民群众的基本需求不再仅仅局限于物质层面、个体层面，而越来越多地涉及生态环境、社会风气、司法公正、行政服务质量与效能、政府信息公开、社会事务公众参与等方面。面对多样化的、更高层次的民生需求，有关机关必须进一步提升服务意识和服务水平，不断提高行政效能，促进司法公正，为社会提供更高品质的公共产品与社会服务。"做好民生工作的同时，要加紧建设对保障社会公平正义具有重大作用的制度，逐步建立权力公平、机会公平、规则公平为主要内容的社会公平保障体系，扩大民生保障的普惠均等。政府在决策和公共政策的制定上，要着力解决人民群众最关心、最现实、最直接的利益问题，要以保障权利为导向，不仅要关注民生，也要关注民主，关注少数人的利益，注重政策的连续性、协调性和公正性，避免因政府失当造成的损失转嫁到普通群众身上。"[1] 要建立和完善社会应急救助体系，形成常态的应对物价上涨、事故灾害、失业、重大疾病、伤亡等方面困难困境的社会救助体系，使民众在面临危难时可以得到来自政府和社会的物质帮助和精神帮助，缓解其承受的巨大压力。这有助于减少一定范围内存在的"官民对立"现象，改善干群关系，提升公众对政府与法律的信赖感，从而缓和或减少矛盾纠纷，也有利于预防个人极端暴力犯罪的滋生。

完善社会服务的一个重要方面，就是提高公职人员的服务意识和服务水平，这是提供优质、高效的公共服务的前提。实践中，一些政府工作人员缺乏服务意识，对前来办事的群众"冷、横、硬、推"，加剧了干群关系对立，甚至造成矛盾的激化。各级政府应当通过不断改进工作作风、提高办事效率、提升服务质量，来赢得民众的信赖和认同，增进社会的稳定与和谐。

（四）扶植和促进社会组织发展

现代社会的健康、可持续发展，需要处理好政府、市场和社会三者之

---

[1] 刘二伟主编：《社会矛盾指数研究——创新信访工作的新路径》，中国民主法制出版社2013年版，第242页。

间的关系。进入 21 世纪以来，我国政府提出了由"全能政府"走向"有限政府"的思路，以适应社会变革和现代化发展的要求。"有限政府"的提出，意味着政府的权力和管理范围要适当收缩，政府不该管或管不好的事情，应当交给市场和社会来解决。在当代西方，学者们提出了"多中心治理"理论和"公民治理"理论作为二元社会背景下的社会治理范式。"多中心治理"理论认为，在日益开放和活跃的现代社会中，任何单一的治理机制都难以独自完成善治或者良治的目标，即使是强大的政府也会力不从心。因此，传统的治理核心——政府必须接受社会的配合。英国哲学家迈克尔·博兰尼（Michael Polanyi）最早提出"多中心"（polycentricity）的概念，美国公共管理学家埃莉诺·奥斯特罗姆（Elinor Ostrom）将该理论加以改造和发展，推广到广泛的公共事务治理分析中。她认为，社区作为一种自组织机制也能够持续高效地生产和供给公共服务，政府、市场和社区在治理公共事务中也并不是互斥排他的关系，而是相辅相成和相反相成的关系。"多中心治理"理论迎合了放松规制、权威下移、自治参与的公共管理趋势，目前在国外成为一种广受推崇的公共治理范式。"公民治理"理论认为，20 世纪及其之前的政治思想家一致倡导建立最大限度的中央控制和高效率的组织结构，以强化社会管理的有效性；然而，21 世纪的政治思想家则强调创建以公民为中心的治理结构，以促进社会协同发展。[1]"公民治理"强调公民的自主治理，政府应被定位为一种"服务型政府"，加强与公民的合作。公民在公共事务中应扮演积极的主人角色，公民参与权的保障是解决社会问题的关键；行政人员应转换成帮助公民表达利益诉求并满足其共享利益，而不是试图控制社会的角色。20 世纪 90 年代中期开始的全球治理变革进一步将公民治理提到了更高的地位。1995年，全球治理委员会的报告指出："治理是各种公共的或私人的个人和机构管理其共同事务的诸多方式的总和。"[2] 这就把公民及私人机构摆到与政府平等的政治地位上，使其成为公共治理的直接主体。

在我国，自改革开放以来，为适应经济转轨与社会转型的趋势，国家实际上一直在推进社会自治的发展。通过 1982 年《宪法》及后来的一系

---

〔1〕［美］理查德·C. 博克斯：《公民治理：引领 21 世纪的美国社区》，孙柏瑛等译，中国人民大学出版社 2005 年版，第 10 页。

〔2〕《关于现代国家治理的文献综述》，华中科技大学国家治理研究院网，http://isg.hust.edu.cn/info/1039/1176.htm。

列法律，村委会和居委会两大基层自治组织的法律地位得以确立，这两大组织在中国基层社会的治理中发挥着积极作用，也成为国家防控犯罪的重要依靠力量。但是，应该看到，我国的基层群众自治制度尚存在诸多不足之处，例如其同党的领导权力及行政管理权力之间的边界不够清晰、民主选举程序不够健全、自治权利的救济路径不畅通等，从而影响自治的水平。有学者指出，在农村，由于政府的力量强力介入乡村社会，实践中的乡村关系"行政化"了。[1] 在城市，某些地方政府将居委会看作政府行政职能的延伸，从而使得其行政职能严重泛化，这也就影响了它的自治地位和实际功能的发展。[2] 此外，随着市场经济的发展与社会开放度的提高，人口流动日益频繁，传统的基层群众自治组织的社会整合功能呈现弱化趋势。而且，在村委会和居委会两大基层自治组织之外，自发产生一些新型的社会自治力量，如依托物业小区的业主协会及某些非政府组织等，这些新的自治力量更具有参与公共事务的热情与活力，但因法律地位尚未得到确认，其发展受到一定限制，在社会治理中的积极能量还没有完全释放出来。

在新的社会形势下，要走出"只有依靠强化政府责任、增加经济社会成本，才能维持秩序"的怪圈，更有效地治理社会、控制犯罪，必须进一步推进社会改革，通过改革提高社会自治的水平，构建国家、社会、公民相对分离而良性互动的新型社会结构。我国已经深刻地认识到这一问题，党的十五大、十六大、十七大一再强调在基层开展自治活动的原则和政策，提出保证人民群众直接行使民主权利，依法管理自己的事情，是发展社会主义民主的基础性工作。党的十七大还将基层群众自治制度纳入中国特色社会主义政治制度体系。《中共中央关于全面深化改革若干重大问题的决定》明确提出，要鼓励社会力量参与，以改进社会治理方式、创新有效预防和化解社会矛盾体制，并阐述了改革的总体理念和部署。例如："坚持系统治理，加强党委领导，发挥政府主导作用，鼓励和支持社会各方面参与，实现政府治理和社会自我调节、居民自治良性互动"；"激发社会组织活力。正确处理政府和社会关系，加快实施政社分开，推进社会组

---

[1] 项继权：《乡村关系行政化的根源与调解对策》，《北京行政学院学报》2002 年第 4 期。
[2] 陈捷、卢春龙：《共通性社会资本与特定性社会资本——社会资本与中国的城市基层治理》，《社会学研究》2009 年第 6 期。

织明确权责、依法自治、发挥作用。适合由社会组织提供的公共服务和解决的事项，交由社会组织承担"。党的十九大报告进一步提出："加强社区治理体系建设，推动社会治理重心向基层下移，发挥社会组织作用，实现政府治理和社会调节、居民自治良性互动。"扶植和促进社会组织的健康发展，充分发挥社会组织在社会建设中的积极作用，有利于合理配置社会资源，提高社会治理的效能。[1]

三、加强全民道德建设与普法教育

重塑适应时代与社会发展需要的道德体系，推进全民道德建设，提升公民的道德素养与精神境界，是新时代国家治理与社会治理的基本内容之一。党的十八大以来，中央大力推动以"培育和弘扬社会主义核心价值观、弘扬中华传统美德"为主旨的道德建设，这对于凝聚民族精神、提高国家文化软实力意义重大。

根据伦理学原理，道德是有层次性的，存在基本道德与崇高道德之分。例如：大公无私、舍己为人、见义勇为等属于崇高道德；而在追求自身利益的同时，不损害他人利益与公共利益，则属于基本道德，或称之为"道德底线"。在思想道德教育工作中，一方面，应以培养最低限度的道德为基本目标，即致力于使公民接受社会共同生活最基本的行为规范，包括社会公德、家庭美德、职业道德等；另一方面，可努力倡导公民不断提升自己的道德境界，向崇高道德的层次迈进。不可把思想道德教育的目标定得过高，简单地以先进模范人物所达到的道德标准来要求每一个人是不现实的。思想道德教育工作应当从实际出发，强调实际效果，不能片面追求形式；要注意贴近实际，使用直观生动、灵活多样的宣传教育方法，实现打动心灵、感染灵魂的效果，避免简单地灌输崇高的政治理想与道德信念，使教育变成空洞的说教。

青少年时期是道德养成的关键阶段，道德建设必须从娃娃抓起。无论是家庭教育、学校教育还是社会教育，都应当把培养青少年健康的人格、正确的生活态度作为教育的重点内容。长期以来，我国青少年教育中存在重应试教育、轻素质教育，以及思想道德教育流于形式等问题。许多家庭

---

[1] 冯卫国：《寻求更加有效的犯罪治理——走向国家与社会合作共治》，《甘肃理论学刊》2015第1期。

在孩子刚懂事的时候，就灌输"考名牌大学、将来出人头地"的思想，从小学到大学乃至从学前教育开始，成绩、排名、升学率等成为压倒一切的"指挥棒"，而孩子们功课之外的生活和成长却被忽略了。正如李玫瑾教授所言："我们现在的教育当中最值得反省的是，我们一直有一种精英教育的思维模式，我们的教育是金字塔形的，这有一个什么特点呢？就是过了塔身一半以上，人就越来越少，下面的人全是挫折感。还有一个问题就是，选拔性教育不能解决人最基本的生存问题。"[1]

青少年教育改进的方向之一，就是应当把生活指导引入思想品德教育体系，把培养健全人格、合格公民作为教育的首要目标。生活指导的主要内容包括：（1）生活态度指导。帮助青少年正确认识人生的意义和价值，培养其积极向上的生活态度。（2）品行与礼仪指导。帮助青少年掌握社会的基础文明规范和基本的道德准则，包括明文规定的和约定俗成的标准、规则、礼仪等。（3）人际关系指导。指导青少年建立和谐的人际关系，包括：正确处理家庭关系，尊重和体谅父母；正确对待友谊、爱情；尊重和关心弱者；理性地解决人际冲突；等等。（4）健康卫生与安全指导。帮助青少年获得保护和维持身心健康、保障安全等方面的知识和能力，尤其要重视保持心理健康、正确面对挫折方面的能力培养。

值得一提的是，必须警惕"暴力文化"对青少年的不良影响。暴力文化是反映暴力行为发生过程、后果及暴力行为规范的文化，属于亚文化范畴，暴力文化是暴力犯罪的诱因。多年来，"暴力文化"在我国呈蔓延之势，影视作品、网络游戏等中大量充斥着暴力血腥的内容。暴力文化导致了一些青少年对生命的麻木、对暴力的崇尚，由此带来日益严重的校园欺凌行为，催生了大量的违法犯罪现象。据上海警方的调查，80%以上的青少年犯罪案件中，网游成为他们违法犯罪的直接或间接诱因。[2] 因此，应当采取有针对性的措施，净化文化娱乐市场，抵御和消除暴力文化对青少年的不良影响。在青少年的教育培养过程中，不论是家庭教育、学校教育还是社会教育，都应当注重怜悯、同情、理解、尊重、关爱、宽容这些良好情感与品行的养成，努力使青少年摆脱仇恨思维、暴力思维的侵扰，对

---

[1] 李玫瑾：《幽微的人性》，北京联合出版公司2019年版，第100页。
[2]《上海：八成青少年犯罪与暴力网络游戏有关》，新浪网2004年10月15日，https://news.sina.com.cn/o/2004-10-15/16553934365s.shtml。

于社会上存在的暴力现象，能够理性地面对。据报道，2010年福建南平校园凶杀案发生后，当地一所学校让学生以写信的方式谈对血案的看法，有学生在给凶手郑民生的信中写道："我看着那些无辜的小伙伴受到伤害，就想把你碎尸万段，你要真忍不住仇恨，你就去杀那些贪官。"[1] 这一事例反映出仇恨思维、暴力思维对青少年幼小心灵所产生的深刻影响。如果一个社会中埋下了大量仇恨的种子，那么这个社会必然处于危险的境地。"从心理学的角度讲，当一个人陷入仇恨思维，他们必然会脱离秩序的轨道和道义的原则，容易把每一个人，甚至整个社会当成敌人，那么，每个无辜的人，都将有可能成为仇恨思维的受害者。"[2]

应在青少年中强化以非暴力形式解决争端的教育。国外一些学校专门开设了这方面的课程，还有民间组织致力于这方面的宣传教育。如"理解冲突和倡导非暴力青年组织"（Youth Organizations Understand Conflicts and Advocate for Nonviolence，YOUCAN）是加拿大的一个青年组织，旨在对有冲突的青年进行培训，其走进校园，培训了超过1.6万名儿童和青年，教他们不诉诸武力来解决冲突，发展健康的社区关系。[3] 国外的研究表明，一个人如果年少时在家庭遭受虐待或者目睹家庭暴力、不接受适当教育、曾经受到过暴力威胁，就很容易有暴力倾向。[4] 因此，减少家庭暴力、校园暴力现象，提高家长的养育能力和学校的管教水平，有助于促进青少年健康成长，预防暴力犯罪的发生。国外开展了一些旨在预防青少年暴力犯罪的"蓝图项目"，值得我们借鉴。这些项目的主要内容包括：引导家长科学地养育子女，关心和促进孩子的身心发展；帮助未成年人掌握沟通技巧、提高情感水平，以正确理解、表达和控制情感；为单亲家庭中的青少年提供家庭顾问，提供心理和行为辅导；推动家长、孩子和校方共同应对校园暴力；等等。[5]

---

[1] 曹林：《反思血案，拒绝"何不去杀贪官"的仇恨》，凤凰网2010年4月1日，https://news.ifeng.com/opinion/society/201004/0401_6439_1593063.shtml。

[2] 李松：《中国社会病》，华夏出版社2013年版，第4页。

[3] [加拿大] 欧文·沃勒：《有效的犯罪预防——公共安全战略的科学设计》，蒋文军译，中国人民公安大学出版社2011年版，第61页。

[4] [加拿大] 欧文·沃勒：《有效的犯罪预防——公共安全战略的科学设计》，蒋文军译，中国人民公安大学出版社2011年版，第34—44页。

[5] [加拿大] 欧文·沃勒：《有效的犯罪预防——公共安全战略的科学设计》，蒋文军译，中国人民公安大学出版社2011年版，第34—44页。

现代文明社会同时应当是法治社会。我国正在大力推进法治国家、法治政府、法治社会一体化建设，而法治社会的形成，不仅仅有赖于一套严密的法律制度和法律规范，更仰仗于全民的法律意识和法治信仰。正如美国学者哈罗德·伯尔曼所言："法律必须被信仰，否则将形同虚设。"我国党和政府高度重视全民普法教育，早在1985年就启动了全民法制宣传教育活动，至今已先后制定了八个"五年普法规划"。我国的普法教育取得了显著成效，公民的法律知识水平和用法律维护自身权益的能力普遍提升，但大多数公民对法律的认识还停留在工具价值的层面，法律思维、法律信仰还没有普遍形成，距离法治国家、法治社会的要求还有相当差距。今后的普法宣传教育活动，在普及法律常识的同时，应更加注重培养和提升全民的法治素养，引导公民理解和接受现代法治蕴含的人道信念、民主思想、平等精神、公正价值、诚信原则、理性态度等，从而逐渐将法治内化为一种思维方式、生活信条，不仅学法、守法、用法，而且信法、尊法、崇法，为法治发展奠定良好的社会基础。法治与暴力是天然不相容的，法治的进步必然会压缩暴力的滋生空间，减少个人极端暴力犯罪的发生。

四、创新基层社会治理模式与方式

（一）实行网格化管理

近年来，我国一些地区纷纷探索网格化管理，从而促进了基层治理的精细化，打通了社会治理的"最后一公里"。例如，"枫桥经验"的发源地诸暨市将全市村（社区）划分为1000多个细密的网格，每个网格由若干名网格员责任包干，整合基层各类协管人员，建立起由网格长、专职网格员和兼职网格员组成的网格队伍，明确网格员工作职责，实现一员多用，履行上下联络、信息采集、隐患排查、矛盾调解等职责。网格员每日进行巡查走访，对发现的小问题、小矛盾，尽力当场解决，不能当场解决的，第一时间将相关信息上传信息平台，由有关责任人员协调解决。以智能手机作为终端，网格员的巡查轨迹会被自动定位并记录，信息采集上报、受理、流转、办理、结案，处处留痕。网格员身兼政策法规宣传员、民情信息采集员、社情民意联络员、矛盾纠纷调解员、社会事务管理员等多重角色，成为平安建设和基层治理的重要力量，做到了"大情小事不出网格，服务覆盖每个角落"。截至2018年年底，诸暨市共有网格1203个、网格员2148名，工作内容涵盖了矛盾化解、公共安全、违法监管等100余项具体事务。自2017年以来，诸暨市各网格累计采集的信息达52万余条次，事件按时办结率达100%。[1] 该市还促成镇乡（街道）的各类网格整合，拓宽网格功能，实现多元合一，推进基层社会治理"一张网"建设。浙江省江山市充分发挥网格化管理在基层社会治理中的基础性作用，着力建设全民共治的社情"监测网"，实现了村（社区）全科网格全覆盖，全面整合网格事务，拓宽网格事务范围，推出了"网格+检察""网格+警务"等工作机制，有力促进了基层社会治理水平的提高。

（二）依托"互联网+"推动智慧治理、民主治理

面对互联网给社会治理带来的挑战和机遇，应全力打开"互联网+"背景下社会治理转型新通道，探索形成上下打通信息化、内外打通扁平化、条块打通一体化的"互联网+"社会治理新模式。

积极推进实行网上办公、网上办案。推动各类信息、各项工作在网上流转，实现相关部门之间、公共机构与公众之间的信息共享；对群众反映的各种问题实行网上分流、网上交办、网上结报。通过运用线上线下一体化模式，努力发挥互联网优势及信息资源整体效应，争取实现政务、法务、村务、事务"一键通、一张网"，以有效提高工作效率，提升服务质量。

努力推动"阳光政务"。将互联网作为信息发布的主渠道，完善信息发布体系，健全事前发布、预警发布、动态发布"三个发布"机制，做到让信息资源公开共享。

积极开展"网络问政"。坚持"民意走在决策前"，对政府重大决策敞开"网路"，实施重大民生实事网上征集、重大事项网上听证、重大决策网民参与；全力打造网络监督平台、畅通民意反映渠道，实施网络发言人制度；充分利用微博、微信等新媒体，有效联通政府和群众；及时回应网民诉求，实施限时办理工作机制，做到不推让、不拖拉、不糊弄，确保网民的诉求件件有落实、事事有回应。

（三）强化网络空间治理

网络空间治理是当前社会治理的重点，也是难点。党的十九大报告提出，要"加强互联网内容建设，建立网络综合治理体系，营造清朗的网络

---

[1] 孙金良、干婧、汤国建：《让"全科网格"直达基层"惠处"》，《浙江日报》2018年11月10日，第11版。

空间"。应当主动掌握话语权,不断提高网络舆情引导与处置能力。对各类不稳定信息先期预测、先期研判、先期介入。按照分类采集、分析预警、分流处置的要求,依托网站、版主和信息员,建成舆情采集分析系统、舆情导控平台,打造统一高效的网络安全预警体系。对重要时间节点、重要舆情苗头、重大舆情事件进行全方位引导,努力形成上下联动、协调顺畅的舆论导控格局,全力挤压负面信息的传播空间。[1]

(四)建设熟人社区、和谐社区

改革开放后,我国社会结构的一个明显变化就是,传统的以血缘、居住地或单位为基础形成的熟人社会逐步演变为一个陌生人社会。新中国成立后至改革开放前,我国对基层社会治理的核心制度,在城市主要是单位制度,在农村则是人民公社制度。在计划经济时代,单位作为城市社会结构的基本单元,对单位成员工作、生活的方方面面产生着巨大影响。在传统单位制度下,单位成员对单位存在很强的依附关系,单位成为国家控制和整合城市社会的主要手段。在农村,以"政社合一、党政合一"为基本特征的人民公社,不仅是一个劳动组织,也是一个高度集权的社会管理组织。借助于人民公社,国家权力渗透到乡村社会的每一个角落。人民公社制度曾在一定时期对农村的发展起到促进作用,但这一制度的弊端也显而易见:由于农民丧失了生产和经营的自主权,农村经济长期在低水平上徘徊;农民被阻断了向外流动和向上流动的通道,形成城乡对立的社会结构,造成广大农民的经济贫困和权利失衡。单位制度和人民公社制度,对于造就改革开放前中国社会的低犯罪率功不可没,但改革开放以后,单位的社会控制功能不断弱化,单位成员逐渐摆脱了对单位的高度依附,实现了从"单位人"向"社会人"的身份转化;人民公社制度则因为阻碍农村社会的发展而逐渐退出历史舞台,农民逐渐摆脱了土地的束缚,实现了一定范围内的自由迁徙和流动,集中体现为大量农民进入城市成为"外来务工人员"。

在大量社会成员摆脱单位或地域束缚的同时,城市的居住环境也发生了巨大变化。随着房屋的商品化,传统意义上的居民片区或单位家属院逐渐萎缩,因为拆迁、购房、租住等,许多人搬进了陌生的居住环境。此

---

[1] 冯卫国、苟震:《基层社会治理中的信息治理:以"枫桥经验"为视角》,《河北法学》2019年第11期。

外，现在以单元楼为主的居民建筑，与多年前的四合院、筒子楼、大杂院等建筑格局有很大不同，在生活功能齐全的同时又具有很强的封闭性，生活空间相对独立和分隔，住在同一层楼但不来往的现象十分普遍。有人指出："与传统农村村落社区相比，现代社区缺乏宗族血缘等牢固的联系纽带，与传统单位型社区相比，现代社区又缺乏业缘关系、邻里关系等支撑，现代社区是在传统社区全面瓦解的基础上形成的'陌生人社区'。"[1]其他国家也经历过这样的一个变化过程。如日本学者上田宽指出，日本在进入城市化时代后，"都市空间的高度利用和居民的匿名化相互作用，城市的死角将会增多，市民夜间活动时间的增加，可能成为受害者的独居老人以及独居女性的增加，近邻关系的弱化，交通设施的发达，都助长了犯罪者从外部侵入和移动"[2]。在这样的"陌生人社区"中，村委会等基层自治组织的社会整合功能被大大削弱，社区成员之间发生纠纷后，缺乏熟人社区当中那样有威望的调处者及时化解纷争，居民之间的互不往来客观上也给治安防范、紧急救助等带来了一定障碍，这给基层治理增加了难度。

在国外，不少学者认为，社区在犯罪预防过程中具有关键性作用，正是现代化进程中"社区的瓦解"造成了犯罪和违法行为的大量滋生。在20世纪20年代至30年代，诞生于美国的芝加哥学派就曾提出，应当认识到社区的无组织性和贫困与犯罪的产生和犯罪率的不断攀升之间存在本质联系，社会共同规范的缺失是理解犯罪的关键所在；反过来，犯罪预防的关键是社会组织性和凝聚力的加强，以及社区的开放。[3] 为了弥补城市化进程中国家基层治理能力的不足，许多国家纷纷转向"社区主义"的治理思路，以社区为基础的犯罪预防策略日益受到青睐，主要举措包括扶植和发展有助于公共治理的各种社区自治组织、调动并利用社区内的各种资源、组织居民改善自己的环境、培养居民的自主与互助精神等。如英国的"社区睦邻组织运动"、丹麦的"邻里守望制度"、美国的"社区救灾反应团

---

[1]《〈关于加强和完善城乡社区治理的实施意见〉政策解读新闻发布会在南昌举行》，江西省人民政府网2018年3月26日，http://www.jiangxi.gov.cn/art/2018/3/26/art_5862_216745.html。

[2] [日] 上田宽:《犯罪学》，戴波、李世阳译，商务印书馆2016年版，第114页。

[3] [英] 戈登·休斯:《解读犯罪预防——社会控制、风险与后现代》，刘晓梅、刘志松译，中国人民公安大学出版社2009年版，第148页。

队"等。[1] 在美国20世纪60年代末兴起的社区预防犯罪计划中,一个重要举措就是,由地方政府聘请一批年轻大学生,接受培训后来到社区,说服居民请自己的近邻来家里做客,以增进相互理解,进而发动居民参与"居民守望项目",预防社区内发生犯罪行为。最早开展这一项目的西雅图取得了很大的成功,据统计该项目实施后,西雅图的入室盗窃案件削减了近50%。[2]

在我国,社区是社会的基本单元,是党和政府政策措施落实的"最后一公里"。如果社区居民大都画地为牢,处于孤岛状态,势必增加治理的成本,影响治理的效果。要发挥社区在基层治理中的巨大潜能,首先应增进社区的团结和凝聚力。西方社会学理论认为,一个组织有序的社区具有以下特征:一是团结一致,社区成员在基本的规范和价值观上存在内部共识;二是凝聚力,邻里之间有很深的联系,如居民相互认识并喜欢彼此;三是整合,定期进行社交互动,如居民能彼此在一起共度时光。[3] 多年以来,我国各地努力改进社区治理,推动"和谐社区""安全文明小区"建设。"和谐社区""安全文明小区"的前提是社区成员之间存在良好的交流互动。为此,一些地区进一步提出了打造"熟人社区"的构想,即通过各种方式和途径,增强居民对社区的认同感和归属感,推动居民之间的交往互动,进而促进居民参与社区公共事务,建立社区协商平台与机制,推进"共建共治共享"的社区治理格局。例如:发挥基层党组织的引领作用和社区自治组织的牵头作用,开展扶困助残、关爱老人和未成年人等社区服务,提高社区的凝聚力;开展丰富多彩的文体活动,组建各种兴趣性团队或志愿者服务队,吸引居民从家里走出来,与其他居民交往互动,通过兴趣活动或公益活动而走到一起变成志同道合的熟人;积极利用QQ群、微信群等,为居民搭建信息交流平台,社区居民利用平台发布需求、共享资源;制定村规民约、社区文明公约等群众自律性规范;发动社区居民开展治安联防等活动。

课题组成员就基层社区治理问题,对西安市新城区万达社区、铜川市

---

[1] 余潇枫:《非传统安全与公共危机治理》,浙江大学出版社2007年版,第89页。
[2] [加拿大]欧文·沃勒:《有效的犯罪预防——公共安全战略的科学设计》,蒋文军译,中国人民公安大学出版社2011年版,第78—80页。
[3] [美]亚历克斯·皮盖蓉主编:《犯罪学理论手册》,吴宗宪主译,法律出版社2019年版,第160—161页。

王益区红旗社区、深圳市光明区光明社区等进行了走访调研，这些社区在促进矛盾纠纷多元化解、创新基层社会治理模式方面，都作出了有益的探索。2015年以来，西安市新城区万达社区形成了居民代表、物业代表、社区干部、社区民警、城管执法队员等五方力量参与的"五位一体"社区小区协商议事制度，着力构建温馨型、服务型、平安型的"三型"小区，努力做到"三个不出"，即"小事不出片区、困难不出小区、问题不出社区"，社区环境有很大改观。铜川市王益区红旗社区以城市基层党建引领基层治理，积极探索以"网格化管理、智慧化服务、联动式共建"为主要内容的大联动大共建机制，实现党建工作与社会治理的无缝对接，增强了社区治理合力，被誉为城市社区治理的"红旗经验"。深圳市光明区光明社区以党群服务中心为依托，借力社会各方面资源，为社区居民尤其是老年人、青少年等提供专业化、多元化、个性化的一站式服务，以促进个人发展、家庭和睦、社区和谐。

五、畅通群众利益诉求表达渠道

步入改革深水区，我国社会的利益格局正在深刻变化调整，利益主体日益多元，利益诉求日趋复杂多样，而利益问题的有效处理和解决，是以畅通的利益表达机制为前提的。同时，"公共政策的合法性和效果最终将取决于广大公民的参与和认同程度。拓宽民众利益诉求表达途径，提高对民众诉求的回应效率，则能为公共政策得到更多的认可提供可能"[1]。

然而，我国目前以信访为主渠道的利益表达机制存在一定不足，不能适应社会发展和形势需要，出现了一定范围的底层民意表达"堰塞湖"现象，导致社会不满情绪聚集和蔓延，给社会稳定埋下隐患。为此，应当进一步拓宽群众利益诉求表达渠道，构建畅通、高效的利益表达机制，这有助于党和政府及时了解社情民意、及时化解矛盾纠纷，提高公共服务与社会治理水平。

群众利益表达机制的科学构建，应当注重以下方面的内容：

1. 采取积极主动态度，将工作向前延伸，即对于同群众利益密切相关的重要公共决策、重大社会事项，应当依法及时公开，采取召开听证会、

---

[1] 刘二伟主编：《社会矛盾指数研究——创新信访工作的新路径》，中国民主法制出版社2013年版，第242页。

公开征求意见等方式，保障群众知情权，并倾听利益攸关者的意见和诉求，尤其要多聆听来自弱势群体的声音，给他们更多的话语权和平等表达机会，在决策及实施中多关注他们的处境和利益。通过让相关群众早知道、多参与、提意见、想点子，避免决策不当风险，将可能发生的矛盾纠纷消解于未然。

2. 积极搭建各种表达平台，拓宽群众诉求表达渠道。除信访制度外，还应推行领导干部接待群众制度，完善党政领导干部和党代表、人大代表、政协委员联系群众制度。在信息社会背景下，网络舆情成为民意表达的重要表现形式，对此应给予足够重视，在充分研判的基础上予以及时回应。

3. 注重发挥新闻媒体的桥梁作用。现代社会中，新闻媒体作为公共议题的设置者和舆论监督的主阵地，实际上行使着一定的公共权力，同时也是社会各阶层表达利益诉求的公共渠道。新闻媒体对一些有关利益纷争的社会事件的客观报道，有助于政府部门及时获悉相关情况，并快速处理问题。新闻媒体必须加强行业自律，担当社会责任，既要坚持公益精神和人文情怀，又要秉持客观、公正的立场，力戒先入为主与情绪化表达，努力构建理性表达、增进理解、化解矛盾的公共沟通平台。

4. 要鼓励代表公共利益和弱势群体利益的社会组织的介入，如工会、基金会、慈善机构等公益组织、环保团体等，发挥其专业化的利益表达功能，促进政府与民众之间的良性互动与合作。社会组织是社会安全阀机制的重要组成部分，能够充当化解社会矛盾的"润滑剂""稀释剂"，从而起到减轻冲突影响、避免冲突力量积累的作用。[1]

在解决劳资纠纷、维护劳动者权益方面，工会扮演着重要角色，但现阶段我国工会在劳资关系中发挥的作用，离劳动者维权的普遍要求有着不小的差距。国有企业的工会带有明显的行政色彩，其主要职能往往停留在为职工提供福利上而不是维权方面；在民营企业中，工会组织更是存在明显的不足，在劳动者集体争议中，工会经常失声，表现软弱，有的甚至站在雇主的立场上。[2] 应当进一步推动工会组织建设，强化工会职能，发挥

---

[1] 郑振远主编：《社会矛盾化解法治化研究：以北京市为例》，中国法制出版社2017年版，第26页。

[2] 吴忠民：《治要之道：社会矛盾十二讲》，山东人民出版社2017年版，第124—125页。

其在职工维权和劳资纠纷化解中的应有作用。如大庆油田公司工会在坚持完善劳动争议调解、劳动法律监督网络的同时，不断完善职工诉求利益表达渠道。利用职工代表巡视、职代会提案、工会干部大调研等方式，切实解决职工普遍关心的问题。公司下属的二级单位工会采用"民众恳谈会""民主联系人""职工代表巡视"等多种方式，及时了解和反映职工利益诉求，预防和减少矛盾纠纷发生。

此外，应搭建对话渠道，促成不同利益群体间的沟通、交流与协商，增强利益诉求表达的现实合理性，促进各方利益协调与矛盾化解。

5. 对利益诉求表达渠道进行合理规范。党的十八大报告中指出，要"畅通和规范群众诉求表达、利益协调、权益保障渠道"。利益诉求表达是宪法赋予我国公民的一项基本权利，在依法保障群众行使这一权利的同时，也要依法对权利行使的方法、途径等进行规范，引导群众以合理合法的方式来表达自己的意愿和主张，避免背离法治精神的激进化、极端化利益表达方式。对于采取违法手段进行利益表达的，应进行必要的说服教育；对于严重破坏社会秩序的，依法追究法律责任；即使行为人利益诉求具有正当性，在依法解决其合理的利益诉求的同时，也要对其违法的手段行为依法追责，不能以目的的正当性否定其手段的违法性，这样才有利于塑造公民的法治意识。

6. 改革信访制度。信访是"人民群众来信来访"的简称。信访制度起始于新中国成立之初，至今已经走过70多年的历程。作为体现社会主义民主的独具中国特色的制度，信访具有多方面的功能和作用：对于党和政府来说，它是联系人民群众、了解社情民意的桥梁和窗口，有助于政府发现问题、改进工作；对于公民来说，信访是法律赋予的一项权利，是公民反映对政府工作的意见、表达利益诉求的重要途径，是公民直接参与社会治理、监督政府行为的基本形式之一。但在社会转型的背景下，信访工作面临诸多困惑与问题。例如：上访数量持续增加，集体上访、赴京上访现象突出，产生了一些以上访为"业"的专业户，被称为"上访村"的北京访民聚集地高峰时曾达万人之多；以谋取利益为目的的缠访、闹访时有发生，个别上访人员在国家举办重要会议、重大活动之际借机上访，给地方政府施压，有的还实施一定的偏激行为，造成了不良影响，也破坏了正常社会秩序；各级信访部门对信访数量有统计和通报制度，一度还实施排名制度，导致一些地方通过弄虚作假的手段"销账"，因此还产生一些信访部门的腐败现象；还有很多地方派人拦截上访群众，即"截访"，引发了一些非法限制人身权利的现象。而最大的问题在于：涉法涉诉的上访数量曾占相当比重，一些没有明显错误的生效裁判因信访而被改判，助长了民众"信访不信法"的心态；也有少数地方政府迫于压力，对一些无理上访人员无原则地妥协让步，使其获得不应得到的利益，对社会风气造成了不良影响。

应当承认，在当今时代，信访制度仍然具有一定的积极功能，尤其是在社会矛盾纠纷高发的情况下，信访制度能起到"出气孔""减压阀"的作用，在一定程度上缓解社会矛盾。"市场经济带来的贫富悬殊，法制不完善造成的权力腐败给人们带来很大程度的不满和怨恨，一些'官二代''富二代'使一些人感觉到一种强烈的受挫感和不公平感，心理失衡后便引起对整个社会的不满。在这种社会矛盾尖锐对立的情况下，信访制度中的社会矛盾纠纷排查机制，就扮演着社会安全阀的作用，使得公民的不满情绪有地方发泄，减少对体制的敌意，进而争取时间去改革体制，从根本上解决利益冲突点。"[1] 实践中，各级信访部门应当不断改进工作，努力做到信访事项"事事有回音、件件有结果"，切实发挥信访制度听民声、察民情、解民苦、排民忧的作用。一些地方在改进信访工作方面走出了新路子，取得了好效果。如2011年以来，浙江省诸暨市在全市范围内推广"三诊工作法"，即党政领导班子成员轮流在信访接待大厅"坐诊"，带领机关干部下村入户"出诊"，一把手牵头"会诊"解决重大问题。该机制促成了"有访必接、有接必办、有办必果"的效果，使一些重大矛盾纠纷得以及时妥善解决。[2] 再如吉林石化公司建立了信访事项"三会"机制：通过信访事项协调会，调动各职能部门积极参与信访问题的解决，把合理的诉求解决到位；通过信访对话会，由管理专家、员工代表、律师等耐心向信访人作出解释，保证对不合理的诉求解释到位；通过信访事项听证会，面向社会邀请人大代表、政协委员及各方专家参加，就影响较大的信访事项征求意见，保证信访事项处理的公平公正、合情合理。

此外，必须清醒地认识信访制度本身的局限性，以及前述在实践中暴

---

[1] 赵威：《信访学》，辽宁大学出版社2010年版，第282页。
[2] 冯卫国：《"大调解"体系建设的"枫桥经验"——完善多元化纠纷解决机制的新探索》，《山东科技大学学报（社会科学版）》2018年第6期。

露出来的问题。对于大量体制性、机制性问题引发的社会矛盾，通过信访途径实际上是无力解决的，而大量涉法涉诉问题进入信访渠道，会造成信访功能的异化。在全面推进依法治国的时代背景下，必须对信访制度进行全面改革。首先，应进一步推进信访工作的规范化和法治化。在修改完善2022年出台的《信访工作条例》基础上，适时制定"信访法"，明确信访的性质定位、适用范围与程序、相关部门的权限与义务等。其次，应当推行诉访分离，避免涉法涉诉问题涌入信访渠道，以维护司法权威，同时缓解信访压力。党的十八届四中全会《中共中央关于全面推进依法治国若干重大问题的决定》中，专门就此问题进行了安排，即"落实终审和诉讼终结制度，实行诉访分离，保障当事人依法行使申诉权利。对不服司法机关生效裁判、决定的申诉，逐步实行由律师代理制度。对聘不起律师的申诉人，纳入法律援助范围"。再次，应提高信访渠道的便捷性，如推行"网上信访""专线电话""视频接访""信访代理"等做法，方便群众表达诉求，提高信访工作效率。近年来，一些地方还积极探索律师和法学专家参与化解和代理涉检信访案件工作。如2017年，西安市长安区人民检察院与区司法局、西北政法大学刑事法学院共同会签了《关于建立律师、法学专家参与化解和代理涉检信访案件工作实施办法（试行）》，组织律师和法学专家参与化解和代理涉检疑难信访案件，有效解决了一批信访积案，取得了良好的社会效果和法律效果。

六、健全公民权利救济机制

权利救济，是指在公民权利遭受侵害的情况下，采取一定的补救措施消除侵害、恢复权利，或者使权利人获得一定的补偿或赔偿，以弥补受到的物质损失或精神损害。有权利必有救济。实现对公民权利的充分保障，离不开有效的权利救济机制。权利救济可以分为私力救济与公力救济。私力救济，是指公民依靠自身力量，通过实施自卫行为、自助行为或者与侵权人自行协商等方式来实现权利。公力救济，是指权利受损害者寻求公共机构的帮助来实现权利，如通过仲裁、行政复议与行政裁决、信访、诉讼等途径主张权利。

回顾人类历史，可以发现由私力救济走向公力救济是一个总体趋势。在人类历史早期，私力救济是主要的权利救济手段，甚至出现过同态复仇式的私力救济方式，即所谓"以眼还眼，以牙还牙"。后来由于国家力量的不断加强与人类文明的发展，私力救济日渐式微，近现代以后随着法治的兴起，以法律救济为主要形式的公力救济逐步占据主导地位。但是，这并不意味着私力救济的完全消亡，其在一定范围内仍有存在的必要，因为公共权力毕竟具有局限性，这决定了公力救济并不是完美无缺的模式，存在运行成本较高、反应相对滞后等问题。在一些紧急情况下，权利受损者来不及寻求公力救济，对此必须容忍一定程度的私力救济，如刑法上规定的正当防卫，以及刑法虽无明文规定，但理论和实务中都承认的公民自救行为，都具有私力救济的性质。另外，随着现代社会中矛盾纠纷的激增，司法机构不堪重负，不得不引导公民寻求诉讼以外的纠纷解决方式，包括倡导当事人之间通过自行协商来解决民事纠纷、实现权利，这实际上是一种法律允许的"私了"。

当然，在法治社会中，私力救济只是一种辅助性的权利实现手段，其行使的条件和范围必须受到法律的约束，对于违法的私力救济，法律不予保护，如果损害公共利益或他人权利，则应当追究行为人相应的法律责任。例如：民事领域的私力救济，必须遵循公序良俗原则；刑法上的正当防卫，有严格的适用条件的限制。使用暴力反击限于制止正在进行的不法侵害，任何人都不享有制裁和处置犯罪人的权利。也就是说，现代法治是反对暴力复仇行为的，这种行为不具有法律上的正当性，实施暴力的行为人必然面临刑事制裁的风险。例如，被害人或其亲属对刑事判决结果不满，认为法院未判被告人死刑不公正，因而自行处死被告人，行为人的行为无疑构成故意杀人罪。在某些个人极端暴力犯罪案件中，行为人似乎有私力救济的性质，即通过诉讼、信访等合法途径未能实现自己的权利，或者对行政裁决、司法判决等不满意，在愤怒、绝望等情绪下实施极端暴力行为。但是，这种行为逾越了伦理与法律的底线，实际上并不具有私力救济的属性，因为暴力行为的对象被无限制扩大，指向了无辜者或同案件关联度不大的其他人，这已经不是单纯的暴力复仇行为，而是一种暴力性的社会泄愤行为，是个人极端暴力犯罪，张扣扣案就属于此种情形。

从犯罪防控与社会治理的视角看，完善公民权利救济机制有利于减少个人极端暴力犯罪。当公民权利遭受侵害后，能得到及时有效的法律救济，如通过行政复议、行政裁决、诉讼等渠道，使案件得以公正处理，当事人权利得以充分保障，损失得到合理赔偿，在被告人无力赔偿的情况下，通过国家补偿、社会救助等途径帮助被害人度过生活困境，则其对社会的不满情绪会因权利的满足而得以纾解，犯罪发生的概率就会有所降低。

在公民权利救济机制中，司法救济是权利保障和实现公平正义的最后一道屏障。公正是司法的生命线，没有公正就没有稳定，司法不公、司法腐败对社会和谐具有致命性的破坏作用，是不稳定事件乃至暴力犯罪的诱因之一。当前，我国正在深入推进新一轮司法改革，改革的基本内容就是严格规范司法行为，促进独立司法和司法公开，加强人权司法保障，进而实现习近平总书记提出的目标要求，即"努力让人民群众在每一个司法案件中感受到公平正义"。在司法活动中，要特别关注对社会弱势群体的权利保护，"当法律失去保护弱者的作用时，愤怒就会泛滥，而愤怒会进一步削弱法律的价值"[1]，由此可能引发的后果之一就是社会暴力的滋长，社会失去稳定和安全。

司法公信力的提升，不仅有赖于司法的过程和结果本身的公正性，也有赖于全民法治意识的增强与社会整体法治环境的改善。目前，司法实践中，一些判决从程序到实体并没有问题，当事人仅仅因为判决结果对自己不利就指责判决不公，怀疑司法人员背后有腐败行为，甚至采取极端方式进行报复。近年来，多地相继发生了伤害、杀害司法人员的恶性事件，如2016年北京发生的法官马彩云被枪杀案件，2018年重庆发生的女法官在法院门口被捅伤、见义勇为的监狱民警被捅伤致死案件，等等。屡屡发生的此类惨案提醒社会：一方面，要不断提高司法的公正性、合理性，增强判决的说理性和可接受性，同时加强对司法人员的履职保障与人身安全保障；另一方面，要努力培育民众的法治意识和遵从司法权威的观念，引导当事人理性地对待判决结果，避免简单地将不利判决结果归咎于司法不公。

七、完善矛盾纠纷多元化解机制

实践中发生的个人极端暴力事件，相当一部分是由日常生活中的矛盾纠纷引发、激化而成的。有效地预防和化解社会矛盾纠纷，有助于从源头上防止个人极端暴力犯罪的滋生。

---

[1] 郑永年：《保卫社会》，浙江人民出版社2011年版，第182页。

需要明确，任何社会中都必然存在一定的矛盾纠纷，尤其是当一个国家处于工业化、城镇化、现代化的进程之中时，社会中的矛盾纠纷增多是正常现象。当前，我国改革已经进入攻坚期和深水区，矛盾纠纷的增多与加剧不可避免。我们不可能把矛盾纠纷彻底消除，也不可能退回到改革开放前的封闭状态，在高度封闭的社会中，表面上看矛盾纠纷较少，社会呈现稳定状态，但是，公民的权利受到过多限制，经济活力被抑制，人民生活质量低下，这种稳定是脆弱的，看似社会纠纷较少，实际上背后隐藏着更深的社会矛盾。可以说，矛盾纠纷增多是经济繁荣和社会开放的伴生现象，但是，通过良好的制度设计、有效的社会治理，完全可以把矛盾纠纷控制在一定范围之内。

新时期矛盾纠纷的不断增多和日益复杂化，给社会治理带来了巨大挑战。面对利益主体多元化、矛盾种类多样化、纠纷表现复杂化的局面，必须致力于构建和完善多元化的矛盾纠纷解决机制。现代社会中，纠纷解决的手段是多种多样的，且各有其优势，但各自也存在一定的局限，只有根据具体情况选择最适合的纠纷解决手段，同时加强各种手段之间的衔接与配合，才能实现纠纷解决的最佳效果。为此，党的十八届四中全会《中共中央关于全面推进依法治国若干重大问题的决定》明确提出，要"完善调解、仲裁、行政裁决、行政复议、诉讼等有机衔接、相互协调的多元化纠纷解决机制""完善人民调解、行政调解、司法调解联动工作体系"。党的十九届四中全会《决定》进一步提出："完善正确处理新形势下人民内部矛盾有效机制。坚持和发展新时代'枫桥经验'……完善社会矛盾纠纷多元预防调处化解综合机制，努力将矛盾化解在基层。"

当前，应当正确认识和深刻把握新形势下我国社会矛盾纠纷的发生机理、表现形式与演变态势，认真梳理总结我国各地预防化解矛盾纠纷的成功经验，在此基础上，科学设计有效预防化解矛盾纠纷的总体对策，推动相关立法及运行机制的完善。应当明确不同性质和形式的纠纷解决手段的法律地位、法律效力、适用范围及其相互关系，使公力救济、社会救济、私力救济的分工与边界相对明晰；应当完善调解、仲裁、行政裁决、行政复议、诉讼等有机衔接、相互协调的多元化矛盾纠纷解决机制；健全党委统一领导、政府大力推动、相关部门密切配合，以社会为依托、以基层为重心、以司法为引领、以法治为保障的工作机制，着力提升矛盾纠纷解决的法治化、专业化、社会化水平，努力从源头上预防和减少社会矛盾纠纷，对发生的矛盾纠纷能依法、及时、有效地加以解决，防止其恶化、升级，从而促进社会成员和谐相处，保障社会安定有序，实现国家长治久安。

在多元化矛盾纠纷解决机制的构建与完善中，应当坚持以下基本原则：

（一）法治原则

各种矛盾纠纷解决手段都须在法治的轨道上运行。必须坚持依法治理，发挥法治的引领与保障作用，努力运用法治思维和法治方式化解社会矛盾。任何情况下，都不能为了追求社会秩序的稳定而背离法治原则，牺牲法律的权威与公正。例如，以往一些地方采取压制性的或"和稀泥"的方式促成调解，但损害了当事人的权益，在公正缺失的情况下，不可能真正化解矛盾。另外，还有一些地方在处理一些无理缠访、闹访事件时，无原则地妥协让步，导致公正、效率皆失，其教训应当记取。新时代的"枫桥经验"特别注重矛盾纠纷的依法化解、公正化解，坚决抵制损害当事人权利及不问是非的强调、乱调，对于不适宜调解的案件，及时引导当事人寻求诉讼等途径解决，从而保证调解工作的法治化运行，提升法治公信力。[1]

（二）统一领导、协调联动原则

构建与完善多元化矛盾纠纷解决机制，应当在各级党委的统一领导下，发挥政府的主导作用，促使公安、民政、信访等政府职能部门及人民检察院、人民法院等司法机构各司其职、各负其责，并加强相互之间的协同配合，同时应促成调解、仲裁、行政裁决、行政复议、诉讼等各种纠纷解决手段之间的衔接互动，促进各种纠纷解决力量有机整合、功能互补、顺畅运作。

（三）源头治理、注重预防原则

应当坚持源头治理，标本兼治、重在治本，通过不断完善社会治理，从根本上减少矛盾纠纷的发生。应当坚持"抓早、抓小、抓苗头"，通过构建有效的预警排查机制，努力做到及时发现、提前介入、早期治理，把

---

[1] 冯卫国：《"大调解"体系建设的"枫桥经验"——完善多元化纠纷解决机制的新探索》，《山东科技大学学报（社会科学版）》2018年第6期。

矛盾纠纷尽可能解决在萌芽状态。例如，课题组在诸暨市调研时，了解到了该市供电局强化矛盾纠纷源头治理的电力"枫桥经验"，即强调涉电矛盾纠纷的化解要实现由事后处置、被动应付向事前预防、主动掌控转变，从源头上解决矛盾问题。为此，该局推出了一系列具体措施。例如：全面建设治理完善、经营合规、管理精细、守法诚信的法治企业，以"制度有效、制度执行、执行有效"为核心，扎实推进业务规范性建设，将涉法风险管控纳入中层干部、班组长培训，提升依法治企能力，从而减少涉电纠纷的产生；以"电木柁"自媒体为平台、以企业法律顾问为依托，开通"法治快车"，在线为员工提供法律咨询，及时化解员工之间的矛盾纠纷。该局还建立了重大电网工程风险评估机制，对所有重大电网工程，供电局都邀请第三方专家系统梳理电力重点工程建设既有经验和相关问题，分析电网工程建设各个阶段的相关方及其影响和诉求，将社会风险评估融入电网工程的立项审批、规划设计、政策处理、施工建设和运行维护全过程，并针对可能存在的风险，制定防范与控制的预案。

（四）权利保障原则

"由社会管理走向社会治理，必须要把以维稳为核心的价值诉求转向以维权为核心的价值诉求，赋予和实现群众表达利益的权利、维护利益的权利、实现利益的权利。"[1] 化解纠纷、维护稳定的最终目标应当是促进经济繁荣、社会发展和人民幸福。矛盾纠纷预防解决工作应充分体现"以人民为中心""坚持人民主体地位"的理念，将"维稳"和"维权"有机统一起来，坚持化解矛盾纠纷与保护公民权利并重。正如习近平总书记在2014年1月中央政法工作会议上所指出的："要处理好维稳和维权的关系，要把群众合理合法的利益诉求解决好。"[2] 要改变个别地方以往存在的片面强调平息矛盾纠纷、忽视甚至损害当事人权利的不当做法，对于群众合理合法的利益诉求，应当认真对待并努力解决好，防止因工作不当、权利受损而引发新的矛盾纠纷。在保护群众实体性权利的同时，对群众依法进行的申诉、控告、信访、诉讼等程序性权利予以同等保护，保障群众合理

---

[1] 姜晓萍：《社会治理现代化的内涵转变与关键环节》，载俞可平主编：《推进国家治理与社会治理现代化》，当代中国出版社2014版，第76页。

[2] 《习近平：处理好维稳和维权关系 解决群众利益诉求》，中国新闻网2014年1月8日，https：//www.chinanews.com.cn/gn/2014/01-08/5713994.shtml。

合法的诉求依照法律规定和程序能得到合理合法的解决。这样，有利于公众法治信仰的形成，推进法治社会的构建。

（五）社会参与原则

矛盾纠纷来源于社会生活，矛盾纠纷的预防化解离不开社会的参与和支持。应当在发挥国家主导作用、强化政府职能责任的前提下，充分发掘社会资源，鼓励、扶植、引导社会力量介入矛盾纠纷的预防化解工作。例如：诸暨市广泛吸收各界志愿者及社会组织参与调解工作，全市所有乡镇街道都建立了调解志愿者队伍，知名的有枫桥镇的调解志愿者联合会、牌头镇的"乡贤调解会"、江藻镇的"詹大姐帮忙团"等。[1] 深圳市福田区采取了政府购买法律服务的方式，由中标律师事务所派遣专业人员担任调解员，体现了调解服务的市场化、契约化、专业化和社会化，有效提高了矛盾纠纷化解的效能，被称为人民调解的"福田模式"。[2] 2017 年，《最高人民法院、司法部关于开展律师调解试点工作的意见》印发，在全国范围内推动律师参与调解工作。佛山市南海区在调解力量建设方面，除依靠居委会或村委会干部，退休老教师、老干部、老法官，德高望重的社区长者等传统力量外，还注意吸收律师、社会工作者、医生、心理咨询师及相关社会组织的介入，努力培育专业志愿调解队伍，不断推进调解力量的社会化、专业化。[3]

（六）司法终局原则

司法是维护社会公正的最后一道防线，也是其他纠纷解决方式的后盾和保障。应当在保证司法公正、提高司法公信力的前提下，引导全社会尊重和维护司法的权威。对于司法机关依法作出的生效判决，必须遵守和执行；对于确有错误的判决，也应当通过审判监督程序等司法程序加以纠正。要坚决抵御各种非法治因素对司法既判力的破坏，真正使司法成为解决社会矛盾纠纷的最后手段。

（七）情理法相结合原则

在遵循法治原则、依法处理矛盾纠纷的同时，要避免机械适用法律，

---

[1] 冯卫国：《"大调解"体系建设的"枫桥经验"——完善多元化纠纷解决机制的新探索》，《山东科技大学学报（社会科学版）》2018 年第 6 期。

[2] 冯卫国：《转型社会中的人民调解制度：挑战及其应对》，《法治研究》2014 年第 7 期。

[3] 冯卫国：《"大调解"工作的南海探索》，《人民法治》2019 年第 16 期。

应当参酌个案的具体情况，在法度之中适当融入情理因素，把情理法有机结合起来，通过摆事实、讲道理、析法律，以理动人、以情感人、以法服人，达到矛盾纠纷解决的最佳效果。要重视发挥道德规范、市民公约、乡规民约、行业规章、团体章程等社会性规范在社会治理及矛盾纠纷化解中的积极作用。

(八) 重在基层原则

基层是社会矛盾纠纷的聚集地，有效预防化解矛盾纠纷，关键在基层，重点在社区。"小事不出村，大事不出镇，矛盾不上交"，这是"枫桥经验"的基本内容。在新时代，仍然应当坚持依靠群众就地化解矛盾这一有效经验。各相关部门要将工作重心下沉，充实一线工作力量，同时使资源配置向基层倾斜，逐步解决基层公共服务尤其是法律服务资源不足的问题，不断完善基层社会治理体系，提升基层预防化解矛盾纠纷的能力。要继续发挥居委会、村委会等基层群众性自治组织的积极作用，争取使矛盾纠纷就地化解。除城市社区和乡村外，企业也是矛盾多发地和基层治理的重点之一。笔者在赴吉林石化公司的调研中发现，该公司结合企业特点，形成了具有特色的矛盾纠纷多元化解机制。班组设立"沟通站"，设立调解员，调动老党员、老工人的积极性，突出个人的影响力，把班组生产生活中的矛盾及时化解掉；车间设有"说事点"，着重调处车间管理出现的奖金分配、绩效考核、评先选优、岗位调整等矛盾；工厂设有"调解室"，由劳资、人事、安全、工会、法律等专业人员担任调解员，着重调解工厂薪酬分配、保险费用缴纳、工伤待遇、干部作风等政策性较强的问题引发的矛盾；公司设有"调解中心"，聘请企业及社会上在信访、法律、保险、工伤、仲裁等方面有影响力的专家担任调解员。多层级的调解组织网络，对于及时化解矛盾纠纷、促进企业的稳定发展起到了积极作用。

第五节 个人极端暴力犯罪的心理防治路径

通过对大量个人极端暴力案件的行为人状况进行考察可以发现，暴力行为的生成，不仅有道德缺失、价值观错位等因素，心理因素也是十分重要的一个方面，绝大多数人存在心理上的问题，如性格孤僻、认知偏狭、思维片面、不善交往、缺乏自控力、耐挫折力差等。因此，个人极端暴力犯罪的防控体系中，心理防治也是重要的环节。心理防治的具体路径，包括完善公共心理健康服务体系、健全社会心理预防与干预机制、健全对重点人员的心理救助、加强社会心态建设等。犯罪心理防治的核心目的是培养公民健全的人格，而良好的社会认知能力、社会适应能力和自我控制能力是人格获得健全发展的重要标志。[1]

一、完善公共心理健康服务体系

根据世界卫生组织的定义，"健康是一种身体上、精神上和社会适应上的完好状态，而不是没有疾病及虚弱现象"[2]。人的健康包括身体健康和心理健康两个方面，二者密切相关、同等重要，这已经成为现代社会的共识。一般认为，心理健康的主要标志有：能正确地认识自我、能保持良好的人际关系、能适度地表达和控制自己的情绪、对挫折具有一定的耐受力、具有良好的社会适应能力等。

伴随着经济社会的发展，尤其是城市化进程的加速，人们的工作与生活节奏加快、压力增大，越来越多的人产生心理上的问题，被各种不良心理所困扰，如孤独、忧郁、焦虑、自卑、暴躁、嫉妒、敏感多疑等。由于缺乏必要的心理咨询、心理帮助，一些人的心理问题不断恶化，演变为比较严重的心理疾病甚至精神障碍。心理问题的极端化表现，就是自杀行为和暴力攻击行为，近年来由心理异常和个人极端情绪引发的恶性案（事）件频频发生，成为当前社会安全的重大隐患。此外，目前我国的心理健康服务体系尚不健全，政策法规不够完善，服务管理能力滞后，不能满足群众需求和社会发展要求。国家的发展本质上是人的发展，而人的发展离不开心理的健康发展，构建和完善公共心理健康服务体系刻不容缓。

近年来，我国党和政府加紧了心理健康服务体系的建设工作。2006年，党的十六届六中全会通过的《中共中央关于构建社会主义和谐社会若干重大问题的决定》首次明确提出，构建和谐社会要"注重促进人的心理和谐，加强人文关怀和心理疏导"，要"加强心理健康教育和保健，健全

---

[1] 储槐植、许章润等：《犯罪学》，法律出版社1997年版，第325页。
[2] 《什么是健康》，泉州师范学院官网2013年4月18日，https：//www.qztc.edu.cn/js-fzzx/2013/0418/c2270a155469/page.htm。

心理咨询网络"。党的十九大报告正式提出要"加强社会心理服务体系建设"。党的二十大报告进一步强调"重视心理健康和精神卫生"。相关部门也相继出台了心理健康服务体系建设的指导意见和具体方案。2016 年 12 月 30 日，国家卫生计生委、中宣部等二十二个部门联合印发《关于加强心理健康服务的指导意见》；2018 年 11 月 16 日，《全国社会心理服务体系建设试点工作方案》正式印发。根据《关于加强心理健康服务的指导意见》和《全国社会心理服务体系建设试点工作方案》的部署，我国逐渐把心理健康服务融入社会治理体系及平安中国、健康中国建设，大力推动各领域、各行业普遍开展心理健康教育及心理健康促进工作，积极促进心理咨询和心理治疗服务发展，努力搭建基层心理健康服务平台，建立健全心理援助服务平台，力争使生活失意、心态失衡、行为失常等导致的极端案（事）件明显减少。

公共心理健康服务体系的构建中，心理健康教育是一项基础性工作，对于心理疾病的预防具有积极意义。应面向社会公众，全面普及和传播心理健康知识，强化公众心理健康意识。要注重人文关怀和生命教育，把与人和谐相处、合理管控情绪、理性面对逆境等作为教育的重点内容，这有助于预防和减少自杀、暴力攻击等个人极端案（事）件。心理健康教育必须从娃娃抓起，家庭教育、学前教育和各类学校教育中，都应当特别强调心理素质的培养，这对于促进儿童和青少年的健康成长，提升全民的心理素质至为重要。

心理健康服务平台与网络的建设是另一项关键性工作。应当推动各机关和企事业单位开展心理健康服务工作，为职员提供健康宣传、心理评估、教育培训、咨询辅导等服务，传授情绪管理、压力缓解等自我心理调适方法，尤其是对于某些工作负荷重、心理压力大的特殊职业群体，如警察、法官、检察官、信访干部、基层公务员等，应提供经常性的、有针对性的心理疏导和减压服务。心理健康服务网络应覆盖城乡基层，尤其要大力发展农村地区的心理健康服务。心理健康服务应当注重惠及社会弱势群体及社会边缘人群，如老年人、妇女、儿童、残疾人、城市外来务工人员、在押罪犯、刑满释放人员、戒毒人员、社区服刑人员，等等。应当强化心理健康人才队伍建设，扶植社会化的心理健康服务机构，通过政府购买服务等方式，满足群众的心理服务需求。

二、健全心理危机干预与心理救助机制

心理危机干预，是指当事人因遭受自然灾害、事故灾难、社会安全事件及家庭、生活重大变故或其他方面的生活挫折，面临巨大心理压力与精神痛苦，生活陷于危机状态之时，由专门机构与人员及时介入，提供紧急性的专业服务，使之尽快摆脱心理困境，恢复心理平衡与动力。心理危机干预的核心就是心理救助，包括心理疏导、精神慰藉、心理治疗等。

当社会成员遭遇心理危机时，其生理、情绪、认知和行为方面都会受到一定程度的影响，危机事件往往会引发一些消极心理与负面情绪反应，如焦虑、烦躁、恐惧、忧郁、悲伤、沮丧、怀疑、仇恨、绝望、愤怒等。我国医学专家针对校园突发极端暴力事件的研究表明，极端暴力事件会对受伤害的师生、现场目击者等带来不同程度的心理影响，使之产生意识范围缩窄、面部表情呆滞、情感麻木或惊恐万分等心理创伤后应激反应（PTSD）。而且，过分的恐惧紧张、惊跳反应以及闪回、噩梦不断等心理障碍也会导致受害人难以继续完成学业或者工作，甚至可能出现愤怒、憎恨、易冲动乃至反社会等心理或行为。[1] 在一些灾难事件发生后，受影响的个体可能在消极心理与负面情绪支配下实施自杀、攻击等过激行为。例如，2004年俄罗斯别斯兰人质惨案发生后，仇外情绪在该国年轻人中蔓延，发生了一系列针对外国人的袭击事件，以至于俄联邦旅游局一度暂停外国人的入境游。[2] 相当多的个人极端暴力事件的发生源于行为人面临生活挫折而不能正确应对，陷入心理危机无法自拔，进而实施针对他人乃至无辜者的暴力攻击行为。如果在其心理危机发生之时，能及时发现并实施干预，开展有效的心理救助，就有可能将行为人从心理危机的泥沼中解救出来，从而避免惨剧的发生。一些国家对灾后心理危机干预工作比较重视，形成了比较健全的响应机制，"心理重建"成为灾后重建工作的重要内容之一。如美国"9·11"事件发生后，大量心理学专家活跃在救援第一线。各国实践表明，建立高效的心理危机干预与心理救助机制极为重要。我国也开始关注这方面的工作，在一些严重自然灾害或人为灾难事

---

〔1〕 姜汪维、张懿：《校园突发暴力恐怖事件后的心理危机干预》，《校园心理》2015年第2期。
〔2〕 《俄别斯兰人质惨剧致仇外情绪在年轻人中蔓延》，新浪网2004年10月20日，https://news.sina.com.cn/w/2004 - 10 - 20/06273975366s.shtml。

件，如大连"5·7"空难、汶川大地震、新疆"7·5"事件发生后，都开展过专门的灾后心理救援。但总体而言，这方面的工作目前仍是我国心理健康建设中的薄弱环节，亟须加大建设力度。

根据《全国社会心理服务体系建设试点工作方案》的要求，应当将心理危机干预和心理援助纳入各类突发事件应急预案和技术方案，加强心理危机干预和援助队伍的专业化、系统化建设。在自然灾害等突发事件发生时，立即组织开展个体危机干预和群体危机管理，提供心理援助服务，及时处理急性应激反应，预防和减少极端行为发生。在事件善后和恢复重建过程中，对高危人群持续开展心理援助服务。

心理危机的干预主要包括四个方面的工作：一是进行个体心理健康的咨询工作，不仅针对灾难幸存者，还针对灾难的救助者、照顾者、目击者和受灾人家属与亲友等。通过提供咨询服务有效地抚慰他们的精神创伤，恢复其正常心态。二是进行团体心理健康的疏导工作，通过多种方法的干预、救助，在同情、理解、关心的基础上，激发身处灾难中的人们重新鼓起热爱生命、热爱生活的勇气，弘扬团结友爱、互助自强的精神。三是进行社会健康的引导工作，通过电话、网络、媒体对公众在危机中的心理、经济、法律问题提供援助和服务，通过政府的政策宣传、善后的行为导向满足公众的信息需求与秩序需求。四是进行杜绝谣言传播、实施健康舆论的心理导向工作。面对危机爆发的复杂状态，政府和新闻媒体应避免在信息公开与公民知情权保护上"缺位"或"失灵"，及时采取有效的制止与疏导措施，做到稳定公众心态、疏导公众心理。[1]

在实践中，应当特别关注对某些重点人群的心理危机干预与心理救助工作。例如，失独父母、空巢老人、留守儿童、流浪儿童、遭遇校园暴力的中小学生、遭受家庭暴力的妇女及未成年人、犯罪被害人、下岗失业人员、重病患者、监狱服刑人员、刑满释放人员等，这些人群属于容易出现心理危机的高危人群。有关机构及基层社区应当密切配合，在摸排查找的基础上，将上述相关人员列入重点关注对象，注意掌握其生活状况及思想、心理动态，发现心理波动问题及时介入，通过有效的心理援助疏导他们的情绪，化解他们心中的忧惧与不满，避免心理问题向恶性转化，演变为极端事件或反社会行为。

---

〔1〕 徐伟新主编：《国家和政府的危机管理》，江西人民出版社2003年版，第36—40页。

三、构建危险人格的评估和预警机制

个人极端暴力犯罪的行为人,大多数是具有严重反社会危险人格的人。如果能在日常生活中,借助心理学、犯罪学等专业知识和手段,实现对人危险人格的有效评估和预警,那么对于预防个人极端暴力犯罪的发生具有积极意义。

人格评估是以人格测验为依据,对被试的人格进行评价的心理学方法。通过人格评估可以测出人在一定情境下经常表现出来的典型行为和人格品质。建立危险人格的评估机制,有助于鉴别具有危险人格和暴力倾向的人,进而对其采取适当的救治、管控等措施,以实现犯罪的早期预防。

根据危险人格的心理指标体系,可以构建一个预警信息机制。这个预警机制可以制定包括智力发展、个性倾向、行为方式等在内的一系列指标,以此来衡量哪些人是具有暴力犯罪倾向的高危人群,将一些情绪不稳定、表现异常、行为怪异的人纳入公众的视线,对其给予关注和帮助。也可以设立预警信息监测点,以社区为单位,由居委会和干警采集信息,发现问题后及时上报有关部门,并对公众尽到提醒的责任。另外,对预警对象应实行重点管理,汇总、筛选那些行为异常、有犯罪人格行为表现的人的各种背景资料与动态信息,并分类登记到预警档案里,由专门人员对其进行跟踪指导、强化监控,防止其违法犯罪。这样可以对相关人员的危险人格进行有效预警,防止其危险人格的进一步升级,阻止严重暴力犯罪行为的发生。

对人的危险人格的评估和预测,可以借鉴犯罪侦查中的心理画像技术。所谓犯罪心理画像,也称犯罪人特征描绘或者犯罪人人格特质评估,是指根据警方掌握的案件情况和信息,对犯罪嫌疑人的行为动机、心理过程、人格特点等进行分析和描述,以帮助警方寻找犯罪嫌疑人,提高破案效率。美国联邦调查局(FBI)最早研究和使用犯罪心理画像技术。20世纪70年代初,联邦调查局行为科学组的特勤人员即利用案发现场所搜集到的资料展开罪犯特征的描绘工作,以过滤嫌疑人、缩小侦查范围,提高破案率。由于所描绘犯罪人的特征被证实对犯罪人的辨认十分有用,这一技术日益受到重视,并得以不断发展。1981年,美国联邦调查局针对各地调

查站所展开的评估工作显示，心理画像技术对于 77% 的案件有所帮助。[1]当然，将这项技术应用于危险人格的评估工作，目的是筛选和测定具有暴力行为风险的高危人员，从而配合有关机构和人员开展有针对性的心理干预和社会支持措施，以提高社会治理的精准性，但这并不意味着对尚未实施犯罪行为的人进行有罪推定，更不能对评估对象的权利造成不当侵害。需要强调，危险人格评估与预警机制的构建，必须以恪守法治原则与人权保障原则为前提，其方式和手段不能逾越法律底线，构成对公民权利的不当、过度侵扰。对于发现和确认的有危险人格和暴力倾向的人员，如果其尚没有实施危害社会的行为，则主要应由社区、社会组织等工作人员在充分了解相关情况的基础上，采取一些有针对性的措施，如思想开导、心理疏导、困难帮扶等。只有在相关人员有严重威胁社会的行为时，才能由警方等介入，采取具有一定强制性的措施，以保障社会安全。

四、加强社会心态建设

社会心态是一个社会中多数成员表现出的普遍性的心理特点、思维模式、社会认知、行为倾向和情绪情感体验等。"社会心态产生于社会个体心理，又以整体的形态存在，进而影响着每个社会成员的社会价值取向和行为方式，影响着国家经济政治和社会发展大局。"[2] "积极健康的社会心态具有降低社会交往成本、减少矛盾冲突、维护社会秩序等功能，是良好的社会'黏合剂'。"[3] 党的十九大报告提出："加强社会心理服务体系建设，培育自尊自信、理性平和、积极向上的社会心态。"党的二十大报告进一步强调"重视心理健康和精神卫生"。社会心态建设成为我国完善社会治理体系的重要内容。

随着我国社会建设、文化建设等的不断加强，人民群众的安全感、获得感和幸福感在逐步提升，社会心态总体上呈现良性发展的态势。但是，由于收入分配不公、经济社会发展不均衡等问题尚未得以彻底解决，住房、医疗、教育等领域的改革还没有完全到位，普通民众仍然面临较大的

---

[1] [美] 罗伯·K. 雷斯勒、安·W. 伯吉丝、约翰·E. 道格拉斯：《变异画像——FBI 心理分析官对异常杀人者调查手记》，李璞良译，法律出版社 1998 年版，第 1—2 页。

[2] 肖汉仕：《什么叫社会心态》，中国全民健心网 2014 年 6 月 27 日，http://jianxin-wang.net/1060/。

[3] 王华：《培育积极健康的社会心态》，《人民日报》2018 年 11 月 1 日，第 7 版。

生活压力，负面社会心态仍在相当范围内存在。例如：非理性的仇富、仇官、仇警等社会敌意情绪；非此即彼的简单判断，不合即骂的暴戾心态；追求娱乐至上，恶意地"拒绝崇高""消解权威""颠覆传统""解构英雄"；盲目地怀疑一切，社会中蔓延着"信任危机"；等等。这些负面的社会心态冲击着社会的主流价值观，腐蚀了社会风气，助长了一些越轨行为乃至违法犯罪行为。如个人极端暴力犯罪不断发生的背后，可以看到社会中蔓延着的深层敌意情绪与暴戾之气起到了推波助澜的作用。社会心态建设虽然是潜移默化的长期过程，作用不可能立竿见影，但在犯罪治理与社会治理中的重要作用不容忽视，必须保持定力，持之以恒地加以推进。

社会心态建设的首要内容，应当是建立健全社会心理预警体系。社会心态虽然具有动态性和复杂性，但作为一种客观的社会现象，在一定程度上是可以被感知、测量并加以把握的。例如，通过开展民意调查、分析网络舆情、梳理和研判信访矛盾等途径，可以监测和发现社会心理、社会情绪的变化状况与趋势，从而进行社会风险预警，为实施有效的社会治理提供决策参考。社会心理预警体系的建设，应当整合公安、信访、宣传、网信等相关部门的力量，并明确责任主体。同时，应当吸纳社会组织的力量，如委托专业的调查公司、社会智库等进行相关的调查与研究。在此方面，已经取得了一定的进展和成果。2009年，北京市信访矛盾分析研究中心正式获批成立，该中心承担对信访矛盾和通过信访渠道反映的社会矛盾的动态性、预测性、前瞻性研究工作，也开展社会心理方面的调查研究工作。2011年5月4日，中国社会科学院社会学所发布了我国首部社会心态蓝皮书《2011年中国社会心态研究报告》之后，每年都发布这方面的研究报告。

在健全社会心理预警体系的同时，应当推动建立常态化的社会心理预防与干预机制。社会心理问题的特殊性决定了这一机制应当是服务导向的一种柔性管理机制，应当将其纳入有关政府部门的日常管理工作，强化部门联动和社会协同，致力于动态地疏导社会情绪，面向社会各界培育积极健康的社会心态，促进社会风气与社会心理环境的改善。

社会心态建设与文化建设、伦理道德建设等密切关联，都属于国家软实力的组成部分，都属于柔性的治理方式，且在内容上也有一定的交叉，但其具体目标与路径是有所不同或有所侧重的。既要整合相关资源与力量，推进社会心态建设与其他方面建设的同步发展，又要强调社会心态建设的特殊性和灵活性。特别需要注意，社会成员一些消极心态、负面情绪的公开表达，如果没有对国家安全、社会秩序、他人权利等造成现实的损害或威胁，则仍属于言论自由的范畴，如网上的一些"段子""帖子"，即使表达的内容是非理性的或者错误的，也不应动用法律等国家强制手段加以干预，否则效果适得其反，反而会加剧民众对公权力的不信任心态。社会心态建设更多地应当采取宣传、引导、讨论、说理、感染、熏陶等方式，切忌采取简单的封堵、禁止、批判、删帖、销号等方式。在信息时代，公民的表达借助于信息网络而更加自由便捷，在依法治理网络空间、打击涉网违法犯罪的同时，应当保障公民合法的言论自由和表达权利，保持网络空间适度的开放、自由与活力。社会舆论是社会心态的重要表现形式，网上的一些舆论表达，虽然有非理性的成分，但在某种意义上起到了改革发展"风向标"、社会建设"晴雨表"的作用，有助于社会的决策者、管理者从一个侧面了解社情民意，本着"有则改之，无则加勉"的精神不断改进工作，对于确实存在的政策与工作的偏差、缺陷，适时进行校正与弥补，努力避免因决策失误、工作失当、信息不公开而引发群众的不信任和不满，甚至形成"群体性怨恨"。此外，舆论表达本身是社会情绪宣泄、社会压力释放的一个通道，起到一定的"安全阀"作用，在合理引导、总体可控的前提下适度放开，反而有利于社会稳定，促进社会的有效治理。

参考文献

一、著作类

1. 储槐植、许章润等：《犯罪学》，法律出版社 1997 年版。
2. 麻国安：《中国的流动人口与犯罪》，中国方正出版社 2000 年版。
3. 王智民等：《当前中国农民犯罪研究》，中国人民公安大学出版社 2001 年版。
4. 朱力等：《社会学原理》，社会科学文献出版社 2003 年版。
5. 贺寨平：《社会网络与生存状态——农村老年人社会支持网研究》，中国社会科学出版社 2004 年版。
6. 周路主编：《当代实证犯罪学新编——犯罪规律研究》，人民法院出版社 2004 年版。
7. 皮艺军主编：《越轨社会学概论》，中国政法大学出版社 2004 年版。
8. 翟中东：《犯罪控制——动态平衡论的见解》，中国政法大学出版社 2004 年版。
9. 任惠华：《法治视野下的侦查效益问题研究》，群众出版社 2009 年版。
10. 钱再见：《失业弱势群体及其社会支持研究》，南京师范大学出版社 2006 年版。
11. 张远煌主编：《犯罪学》，中国人民大学出版社 2007 年版。
12. 周庆刚、董淑芬、李娟等：《弱势群体社会支持网络与社会和谐》，东南大学出版社 2007 年版。
13. 余潇枫：《非传统安全与公共危机治理》，浙江大学出版社 2007 年版。
14. 李树苗、杜海峰、杨绪松等：《农民工的社会支持网络》，社会科学文献出版社 2008 年版。
15. 张彩萍、高兴国：《弱势群体社会支持研究》，兰州大学出版社

2008年版。

16. 吴宗宪：《西方犯罪学史》（第2版），中国人民公安大学出版社2010年版。

17. 吴宗宪、曹健主编：《老年犯罪》，中国社会出版社2010年版。

18. 刘祖云主编：《弱势群体的社会支持——香港模式及其对内地的启示》，社会科学文献出版社2011年版。

19. 郑永年：《保卫社会》，浙江人民出版社2011年版。

20. 刘玉雁：《中国政府恐怖主义危机管理问题研究》，北京师范大学出版社2011年版。

21. 章恩友、宋胜尊主编：《犯罪心理学》，河北大学出版社2011年版。

22. 李锡海：《人性与犯罪研究》，中国人民公安大学出版社2013年版。

23. 王凯主编：《信访制度与国外相关制度分析研究》，中国民主法制出版社2013年版。

24. 杨靖：《犯罪治理——犯罪学经典理论与中国犯罪问题研究》，厦门大学出版社2013年版。

25. 李松：《中国社会病》，华夏出版社2013年版。

26. 刘二伟主编：《社会矛盾指数研究——创新信访工作的新路径》，中国民主法制出版社2013年版。

27. 邓国良主编：《公共安全及风险应对》，法律出版社2014年版。

28. 李松：《底层民意：中国社会心态调查》，新华出版社2014年版。

29. 何杏娜：《暴力突发事件之安保应急处置》，中国人民公安大学出版社2014年版。

30. 张卓：《攻击与暴力犯罪的神经心理学研究》，中国政法大学出版社2014年版。

31. 于阳：《城市青少年犯罪防控比较研究：基于英美国家的理论和实践》，天津社会科学院出版社2015年版。

32. 李春雷、靳高风主编：《犯罪预防学》，中国人民大学出版社2016年版。

33. 墨羽编著：《犯罪心理学》，清华大学出版社2016年版。

34. 胡洁人：《使和谐社区运转起来——当代中国城市社区纠纷化解研

究》，上海人民出版社2016年版。

35. 郑振远主编：《社会矛盾化解法治化研究：以北京市为例》，中国法制出版社2017年版。

36. 李开复、王咏刚：《人工智能》，文化发展出版社2017年版。

37. 王燃：《大数据侦查》，清华大学出版社2017年版。

38. 宋胜尊、章恩友等：《暴力倾向与暴力行为矫正：循证、方法与程序》，法律出版社2017年版。

39. 胡向阳：《犯罪现场分析》（畅销3版），中国法制出版社2018年版。

40. 吴宗宪：《犯罪心理学分论》，商务印书馆2018年版。

41. 汪世荣主编：《"枫桥经验"：基层社会治理的实践》（第2版），法律出版社2018年版。

42. 李玫瑾：《幽微的人性》，北京联合出版公司2019年版。

43. ［英］迈克尔·希尔：《理解社会政策》，刘升华译，商务印书馆2003年版。

44. ［美］乔治·B.沃尔德、托马斯·J.伯纳德、杰弗里·B.斯奈普斯：《理论犯罪学》（原书第5版），方鹏译，中国政法大学出版社2005年版。

45. ［美］罗伯特·J.桑普森、约翰·H.劳布：《犯罪之形成——人生道路及其转折点》，汪明亮、顾婷、牛广济等译，北京大学出版社2006年版。

46. ［印］阿马蒂亚·森：《身份与暴力——命运的幻象》，李风华、陈昌升、袁德良译，中国人民大学出版社2009年版。

47. ［英］戈登·休斯：《解读犯罪预防——社会控制、风险与后现代》，刘晓梅、刘志松译，中国人民公安大学出版社2009年版。

48. ［美］安德鲁·卡曼：《犯罪被害人学导论》（第6版），李伟等译，北京大学出版社2010年版。

49. ［美］詹姆斯·B.雅格布、吉姆伯利·波特：《仇恨犯罪：刑法与身份政治》，王秀梅译，北京大学出版社2010年版。

50. ［加拿大］欧文·沃勒：《有效的犯罪预防——公共安全战略的科学设计》，蒋文军译，中国人民公安大学出版社2011年版。

51. ［美］雷切尔·博巴·桑托斯：《犯罪分析与犯罪制图》，金诚、郑滋椀译，人民出版社 2014 年版。

52. ［日］冈田尊司：《不正常人类研究所》，曹逸冰译，天津社会科学院出版社 2015 年版。

53. ［美］斯蒂芬·平克：《人性中的善良天使：暴力为什么会减少》，安雯译，中信出版集团 2015 年版。

54. ［英］阿德里安·雷恩：《暴力解剖：犯罪的生物学根源》，钟鹰翔译，重庆出版社 2016 年版。

55. ［美］亚历克斯·梯尔：《越轨社会学》（第 10 版），王海霞、范文明、马翠兰等译，中国人民大学出版社 2016 年版。

56. ［德］扬·菲利普·雷姆茨玛：《信任与暴力：试论现代一种特殊的局面》，赵蕾莲译，商务印书馆 2016 年版。

57. ［美］布丽奇特·L. 娜克丝：《反恐原理：恐怖主义、反恐与国家安全战略》（第 4 版），陈庆、郭刚毅译，金城出版社、社会科学文献出版社 2016 年版。

58. ［美］兰德尔·柯林斯：《暴力：一种微观社会学理论》，刘冉译，北京大学出版社 2016 年版。

59. ［日］上田宽：《犯罪学》，戴波、李世阳译，商务印书馆 2016 年版。

60. ［美］考特·R. 巴特尔、安妮·M. 巴特尔：《犯罪心理学》（第 9 版），王毅译，上海人民出版社 2018 年版。

61. ［美］亚历克斯·皮盖惹主编：《犯罪学理论手册》，吴宗宪主译，法律出版社 2019 年版。

62. ［美］贝思·M. 许布纳、蒂莫西·S. 拜纳姆主编：《犯罪学与刑事司法测量问题手册》，付欣、程乐、孟超等译，法律出版社 2020 年版。

二、期刊类

1. 黄政钢：《个人恐怖犯罪与社会公共安全对策研究》，《福建公安高等专科学校学报》2003 年第 4 期。

2. 于建嵘：《中国的社会泄愤事件与管治困境》，《当代世界与社会主义》2008 年第 1 期。

3. 邵云飞、欧阳青燕、孙雷：《社会网络分析方法及其在创新研究中的运用》，《管理学报》2009 年第 9 期。

4. 陈晓娟：《新时期我国个体反社会性犯罪的预防对策》，《山东警察学院学报》2009 年第 5 期。

5. 王文华：《美国反"仇恨犯罪"刑事法研究》，《中国刑事法杂志》2010 年第 1 期。

6. 汪明亮：《以一种积极的刑事政策预防弱势群体犯罪——基于西方社会支持理论的分析》，《社会科学》2010 年第 6 期。

7. 张继东：《浅析个人极端暴力犯罪》，《公安研究》2010 年第 9 期。

8. 王瑞山：《"报复社会"型危害公共安全行为研究——以 2005 年以来的 22 个案例为考察对象》，《法学杂志》2011 年第 S1 期。

9. 郭建安：《弱势群体犯罪的理论阐释》，《犯罪与改造研究》2014 年第 4 期。

10. 王文华：《"仇恨犯罪"若干问题研究》，《河北法学》2011 年第 4 期。

11. 董士昙：《个体极端暴力犯罪及其心理问题剖析——以校园暴力袭童案为主要分析样本》，《山东警察学院学报》2011 年第 6 期。

12. 陈雄飞、陈宝友：《论犯罪学视角的弱势群体界定》，《犯罪与改造研究》2011 年第 9 期。

13. 魏猛：《社会排斥与社会融合：泄愤型个人极端暴力犯罪的社会学思考》，《北京人民警察学院学报》2012 年第 4 期。

14. 于阳：《西方犯罪学社会支持理论研究及其借鉴意义》，《犯罪研究》2012 年第 5 期。

15. 陆娟、汤国安、张宏等：《犯罪热点时空分布研究方法综述》，《地理科学进展》2012 年第 4 期。

16. 靳高风：《当前中国个人极端暴力犯罪个案研究》，《中国人民公安大学学报（社会科学版）》2012 年第 5 期。

17. 靳高风、吴敏洁、赵文利：《个人极端暴力事件防控对策研究》，《中国人民公安大学学报（社会科学版）》2013 年第 5 期。

18. 莫洪宪、吴爽：《论个体报复社会型犯罪的概念及发生原因》，《河南警察学院学报》2013 年第 4 期。

19. 李春雷、任韧：《报复社会型个人极端暴力犯罪的历史演变与综合防治（1978—2013）》，《贵州警官职业学院学报》2014 年第 3 期。

20. 兰迪：《仇恨犯罪与恐怖主义犯罪的比较研究——在中国语境下的考察》，《中国人民公安大学学报（社会科学版）》2015 年第 1 期。

21. 莫洪宪：《我国报复社会型犯罪及其预防》，《山东大学学报（哲学社会科学版）》2015 年第 2 期。

22. 曾赟：《论独狼恐怖主义犯罪的构成要素》，《政法论坛》2016 年第 5 期。

23. 张旭、施鑫：《我国当前仇恨犯罪的原因解析——以 2010 年以后仇恨犯罪典型案例为研究样本》，《吉林大学社会科学学报》2017 年第 3 期。

24. 冯卫国、王超：《个人极端暴力犯罪及其防控机制研究：基于 75 个犯罪案例的实证分析》，《河南警察学院学报》2015 年第 6 期。

25. 冯卫国、王敏芝：《个人极端暴力犯罪及其防范治理——基于 100 起犯罪案例的实证分析》，《浙江工业大学学报（社会科学版）》2018 年第 2 期。

后　记

　　个人极端暴力犯罪是当前我国犯罪治理的重点和难点之一。虽然个人极端暴力犯罪与普通暴力犯罪、暴力恐怖主义犯罪等具有一些共同的特征和规律，但其在生成机理与外在表现方面也存在一些自身的特点，因此防范和控制的难度更大。党的十八大以来，党和政府对个人极端暴力犯罪问题高度关注，且随着社会治安防控体系乃至整个社会治理体系的不断完善，此类犯罪多发频发的势头得到一定程度的遏制，但犯罪成因的复杂性决定了此类犯罪治理绝非一朝一夕之功，需要持续发力、久久为功，而相关的理论研究也是助推犯罪治理不可或缺的动力资源，这正是作者撰写此书的初衷。

　　本书由冯卫国和王超共同完成。冯卫国撰写第一章、第二章、第五章、第六章，王超撰写第三章、第四章。全书由冯卫国拟定写作大纲并统稿，王超完成本书的审校工作。本书的出版得到"陕西高校人文社会科学青年英才支持计划"的资助，也得到知识产权出版社的大力支持，责任编辑为本书的出版付出了大量心血，在此表示真挚感谢！

　　本书尝试对个人极端暴力犯罪现象及其防控与治理进行系统探究，但由于掌握的第一手资料有限、研究样本不够充分、自身研究能力不足，以及实证研究方法本身的局限性等，本书在论点、论据、论证等方面，都存在不少缺陷或者可供商榷之处。期待理论界、实务界的各位同人批评指正，共同推动个人极端暴力犯罪的学术探讨和治理实践。

冯卫国　王超
2023 年 9 月 16 日